实战情报大数据

邓劲生 黄金锋 黎珍 编著

清华大学出版社

北 京

内 容 简 介

通过大数据手段搜集挖掘情报信息,已成为国际上专业情报领域的重要手段。本书选取网络舆论、社会事件、开源人物、用户行为、科技动态、视频图像、公共卫生等多个具有代表性的情报大数据领域,围绕大数据背景下情报的采集、存储、管理和分析等方面,从技术实现途径进行全方位详解,以帮助读者学习掌握在海量数据中提炼出高价值情报的方法。

本书适合高等学校数据科学与大数据、计算机、软件工程、人工智能等本专科教学使用,也适合作为对情报大数据感兴趣的研究生、工程师和研究人员的学习资料。

图书在版编目(CIP)数据

实战情报大数据/邓劲生,黄金锋,黎珍编著.—北京:清华大学出版社,2021.1(2025.1重印)
ISBN 978-7-302-56708-0

Ⅰ.①实… Ⅱ.①邓… ②黄… ③黎… Ⅲ.①数据处理-应用-情报处理 Ⅳ.①G254.37

中国版本图书馆 CIP 数据核字(2020)第 203477 号

责任编辑:白立军
封面设计:傅瑞学
责任校对:李建庄
责任印制:刘 菲

出版发行:清华大学出版社
　　　　　网　　址: https://www.tup.com.cn, https://www.wqxuetang.com
　　　　　地　　址: 北京清华大学学研大厦 A 座　　　　　**邮　　编:** 100084
　　　　　社 总 机: 010-83470000　　　　　**邮　　购:** 010-62786544
　　　　　投稿与读者服务: 010-62776969,c-service@tup.tsinghua.edu.cn
　　　　　质量反馈: 010-62772015,zhiliang@tup.tsinghua.edu.cn
　　　　　课件下载: https://www.tup.com.cn,010-83470236
印 装 者:天津鑫丰华印务有限公司
经　　销:全国新华书店
开　　本: 185mm×260mm　　　**印　　张:**17　　　**字　　数:**403 千字
版　　次: 2021 年 1 月第 1 版　　　**印　　次:** 2025 年 1 月第 4 次印刷
定　　价: 59.80 元

产品编号:089007-01

前　言

"知己知彼,百战不殆",情报领域开山之作和集大成者《孙子兵法》如是说。无论军事、商贸还是工业,详尽的情报分析一直是重大决策之前不可或缺的步骤,古今中外,概莫能外。进入到大数据时代,各行各业都毫无悬念地迎来了巨大变革,情报的采集、存储和管理以及分析方法等都正在发生天翻地覆的变化。

古人云:"吹尽狂沙始到金",如何从海量数据中快速有效地提炼出高价值的情报,一直是决策者面临的最大问题。比起常规大数据分析而言,情报大数据分析更为复杂,数据容量更大,要求结构设计更加合理,数据处理更为高效,能够基于特定专业领域需求进行数据融合,产生专用的数据服务产品并予以直观展现,同时还要注意信息防御和数据安全管理。

水无常形,大数据时代的情报获取和分析方法更为丰富。一方面,采集手段不断多样化,数据来源渠道大为拓展,可获取更多复杂维度的数据。另一方面,研究对象不断扩大化,大量非结构化或半结构化数据涌入,包含样式繁多的异构信息。这些多源异构情报数据聚合在一起形成巨大的数据流,同时也带来种类庞杂、数量冗余、业务纷扰、难以分析等棘手问题。

对于情报学科的研究和学习,目前普遍偏重于"信息",例如信息计量、信息构建、知识管理、信息资源评价、可视化、资源共享、信息鸿沟、信息行为、信息政策、信息生态以及网络传播等。在掌握面向情报业务所需知识和技术手段方面略显薄弱,对情报学科的前沿交叉性体现不足。关于重大决策所需的情报支持,小到具体基层单位的情报资料咨询和战略发展规划,大到根据一系列不稳定因素触发可能引发社会冲突、制约经济发展的预警机制,更是情报大数据的迫切现实需求。

为了适应情报大数据技术的发展,满足相关人才培养的迫切要求,作者团队在多个应用工程的实践基础上,整理最近的相关前沿科技资料,融汇有关教学科研成果,并结合行业需求背景和实现途径,以实战实训为核心理念,全面系统地描述了情报大数据采集、处理和分析的开发流程及关键技术,既注重知识框架的构建,也注重业务分析能力的培养。在内容组织上,力求学习体系完整、逻辑结构合理、重点和要点突出,以有利于读者掌握在海量数据中提炼出高价值情报的方法。

本书选取多个具有代表性的情报大数据领域,以网络舆论情报、社会事件情报、开源人物情报、用户行为情报、科技动态情报、公共卫生情报领域为实战案例,围绕大数据背景下情报的信息采集、存储、管理、分析和展示等方面,分别从总体设计、环境搭建、业务开发和可视化分析等方面展开,多维度、多角度反映情报大数据的相关技术全貌,从技术实现的途径全方位详解 Hadoop、MapReduce、HDFS、Hive、Elasticsearch、Spark、Kafka、Flink 等的综合运用和应用实施。

本书是跨域大数据智能分析与应用重点实验室团队协同努力的成果。整体由邓劲生和黄金锋进行框架设计,黎珍负责组织实施,主要内容分别由邓劲生(第 1 章)、黎珍(第 3 章、

第 4 章)、唐钧中(第 6 章、第 8 章)、陶应娟(第 2 章)、熊炜林(第 5 章)、王良(第 7 章)执笔,乔凤才、李孟力、常春喜、刘娟、伏西平等参与其中部分章节的编写,田野、宾洁、吴铁军等参与校对。部分内容来自于参考文献和网络资源,未能逐一溯源和说明引用,特在此向相关作者表示感谢。

由于作者的自身水平、项目经验和表达能力有限,虽然力求尽量准确,仍然在所难免存在一些不足之处,还望各位读者不吝赐教。联系邮箱是 32491353@qq.com。

编　　者

2020 年 10 月于砚瓦池

目　　录

第 1 章 情报大数据概述

人类社会信息化发展正进入划时代的大数据时期。大数据不只是当前的一个流行概念和时髦话题,而是在以惊人的深度和广度,强力影响着社会、经济、政治和文化等方方面面,让许多模式发生了天翻地覆的改变。这个时代浪潮让传统的情报传播和采集方式发生了巨大的变化,在给情报分析发展带来方便的同时也带来很多挑战。

之所以有大数据这个概念,本质上是由于目前的数据环境与以前相比发生了巨大变化。数据其实一直伴随着人类社会发展,只不过长期以来由于技术受限,人类能够获得以及处理的数据量很少而已。这种情况随着技术的不断发展,特别是近几十年来,随着计算机以及网络的逐步普及后发生从量变到质变的飞跃,并在移动互联网之后更是进入了信息爆炸的时代。除了数据量增大之外,更主要表现在数据种类向非结构化、低信息含量发展,并对数据处理速度要求不断提高,同时各种设备给物联网带来的信息变革使得记录人类行为痕迹的能力空前提高。而这些都是大数据的价值所在,对生产经营、科学研究、政府决策都会产生深远的影响。

在情报领域,随着数据信息量的空前丰富和数据流通技术手段的突飞猛进,如何利用数据信息增强组织机构的竞争力,如何采取大数据方法了解掌握全球产业的发展动向,如何进一步支持战略性的创新和研发活动,以及传统业务如何转型,使得情报大数据既是一个严峻的挑战,更是一次巨大发展的历史机遇。

1.1 大数据方法对情报的颠覆性影响

大数据的影响已渗透到社会管理、生产经营、技术研发和学术研究等各领域,并且正在深刻改变人们的经营理念和生产模式。很多场景中因为数据规模过于巨大,已经无法得到及时而有效的利用。因此,如果无法在浩如烟海的数据中找到具备利用价值的情报,这些数据的存在也就没有现实意义了。这为情报分析理论与实践的发展带来新的挑战,更提供了重要的发展契机。

存储技术的发展与计算方法的进步,使得数据保存与使用变得更加方便,但是随着时间的推移也将会逐渐衍生出新问题。新技术可以帮助人们对各类数据资料进行收集,然后通过相应的计算方法对事物的运行与发展趋势进行评估预测。

1.1.1 大数据时代的情报新特点

大数据的特征经常被概括为 4 个 V:Volume(体量大)、Velocity(高速产生)、Variety(类型多样)和 Value(价值密度低),用它们来描述大数据带来的全新数据视野,从而使得情报分析所面临的环境和以往相比具有强烈的时代特点。

1. 从批量数据到持续数据流

移动终端、物联网、社会化网络等新型网络应用的快速发展,导致数据总量以空前的速度急剧膨胀,数据类型以几何级数增加。很多领域的数据都以惊人的速度增长,催生了超越以往任何年代的巨量数据,大大超出传统信息技术的计算处理能力。例如淘宝网站每天的数据产生量超过 50TB;百度公司每天大约要处理 60 亿次搜索请求,数据量达几十皮字节(PB)。根据麦肯锡全球研究院(MGI)预测,到 2020 年,全球数据使用量预计达到 35ZB。如此惊人的增长速度,势必会对情报工作造成很大的冲击,急需其数据动态检测和应变能力的快速提升。

大数据的特征 Velocity,主要是指数据以"流"的形式快速产生和传送,这显然不同于传统数据结构化存储在关系数据库中以"数据包"形式的呈现。数据流来自于各种感应器与记录仪器等在使用过程中产生的数据信息,如 RFID、工业传感器、指纹采集、视频监控、网站点击量、移动终端设备和社交媒体等,在日益复杂的有线、无线高速网络上实时产生和传递。例如传统决策系统刚刚根据一批数据得出决策,但是面临源源不断流入的新数据,可能立即面临已经过时的尴尬局面。

动态数据流产生于各种数据的即时传播,要求情报工作快速响应,在动态变化的环境中快速完成数据抓取和分析工作,确保数据分析结果的时效性。在对数据流进行分析时,大数据管理技术会将已经获得的数据转化为情况描述,这种运作模式可以对情报环境中存在的问题或是事件发展的方向进行提前预测,使得在获取数据的同时,以最快速度对事件发展的趋势进行分析,并及时采取措施,对问题进行反应,控制问题影响的范围。

对数据流进行实时监测,不仅能够实时反映目标当前的情况,更重要的价值在于对数据流进行实时分析能够有助于第一时间发现环境的异常,提醒用户实时决策并及时采取措施防范或扭转不利局面,保证利益最大化或将损失降至最低。虽然对数据流的实时分析是大数据分析的一大难题,但它携带的巨大价值是推动研究和实践进程的强大驱动力。

2. 信息粒度日益细小

信息粒度指的是信息单元的相对大小或粗细程度。大数据信息粒度越小,表示信息细化程度越高,信息内容越具体详细。大数据的数据来源和数据类型呈现前所未有的多元化,来自不同数据源的各种不同类型的数据从不同角度反映问题和揭示真相。如果把来自这些多源异构的数据综合起来,就可能形成对一个事物接近完整的描述,就像显微镜一样从更细微的视角认知目标。

无处不在的数据传播渠道,使得同一事件的数据产生和传播于不同渠道,或相关数据分散于不同系统,数据碎片化现象明显。在大数据时代,每个个体的各种活动都会在各种场合留下"数据脚印",如果将不同信息系统记录的各种"数据脚印"集成关联起来,让数据之间彼此印证和互相解释,就能再现个体运行的轨迹和全景。数据存在方式的碎片化、动态化,要求情报工作必须能快速地适应相关业务更新频率加快的需求,实时进行数据动态关联分析。

情报大数据一方面凸显了个人信息的情报价值,另一方面使得个人信息安全形势变得更为复杂多变,也使得二者之间的矛盾越来越突出。大数据环境下的情报分析工作,既要挖掘个人信息的情报价值又要保护个人信息安全,很难在两者之间把握平衡。因此,情报分析工作要明确大数据环境下个人信息的内容和呈现的新特征,了解大数据环境下情报分析方法可能对个人信息安全带来的威胁,思考从情报分析的角度如何保护大数据环境下的个人信息安全。

例如,911 事件之后,美国情报界积极推动对网络信息的搜集和监控,典型范例是美国国家安全局的 Xkeyscore 计划。它是个绝密网络监控项目,借助六大洲 150 个站点的数千台服务器,几乎可以监控互联网用户的一切行为,包括元数据、电子邮件内容、计算机 IP 地址、互联网浏览活动、网上聊天记录、发送的文件等,其情报采集与分析能力非常强,同时引起了各国的普遍非议。

3. 情报问题更为动态复杂

情报数据来源或承载的方式愈加多样化,物联网、移动互联网、车联网、传感网、智能终端、网络自媒体等,整个世界的数据构成发生了根本性的变化。非结构化数据成为主体,数据类型剧增,不仅包括普通文本、照片、动画、音频与视频等,还有位置信息、感应信息、链接信息等新类型的数据。

情报问题变得动态、复杂是由很多因素导致的。首先,时代的发展让情报的定义变得更加广泛,同时涉及的领域也更多,情报需求不再专属于政治、军事领域,也不再局限于科研和商业机构,情报需求主体变得更为多样化,使得情报处理过程中可能遇到的问题随之更为复杂,涉及的要素更为多元化和细化。此时社会背景下的情报问题会呈现出动态性的变化。由于不是以较为固定的模式运转,情报研究人员想要通过分析规律的方式进行解决,难度就会异常大,问题的规则因动态变化的复杂性使得归类与总结操作难以进行。

其次,由于国家、地区、组织、机构和人群之间的联系增多且更为密切,人、物体和数据之间的流动速度更快,相互交流更频繁,各种人为因素导致的环境事件、突发灾难、极端行为等更为复杂,造成的损失可能会影响全球经济和社会的正常运行。诸多事件背后都隐藏着更深层的关联,信息环境瞬息万变,蝴蝶效应表现得更为明显。

另外,随着网络、通信和计算机技术的高速发展和数据发布门槛的降低,部分机构和个人借此契机具备了对数据产生和传播过程进行人为扭曲的能力,例如影响舆论宣传导向、混淆模糊事实真相甚至操纵国家大选结果,都使得当今情报问题呈现出前所未有的复杂性和动态性特征,决策难度加大,对数据综合处理能力、信息鉴别和情报分析能力都提出更高的要求。

4. 分析技术百花齐放

情报工作处理的数据类型包括用户数据、交易数据、线上数据和线下数据等。这些数据大部分是非结构化或半结构化数据,既无特定的描述模型,数据结构具有不固定、不完全或不规则等特点。大数据背景下急剧增长的新的数据类型,结构各异,对情报工作提出了新的考验,急需新的数据收集方法、数据存储和计算技术、数据分析模式。

在处理海量异源异构数据上,大数据技术突破了传统情报分析方法存在的局限性,能够有效进行多源数据融合,对海量异构多模态数据进行阅读、识别、抽取、关联、分析与理解,深度分析以挖掘数据间的关联性,提升数据价值,在短时间内快速阅读并理解开源信息、资源和数据中蕴含的有价值的情报,并且基于先进的人工智能技术,实现更高的情报分析效率,进而利用规则和知识进行智能化推理以形成情报。

对大规模的异构数据集进行处理和分析的需求,强力驱动了数据获取、存储、整合、分析和管理相关技术的发展,顺时代潮流应运而生的新技术层出不穷。在这个风起云涌的大时代背景下,业界引起了对技术和工具的密切关注和热议,市场上形成了异常繁荣的产品景象,动辄几十种分析技术和工具。如何选择合适的技术和工具来完成自己的数据处理和分析任务,已经成为情报大数据处理和分析机构及个人的一大困惑。

以 Palantir 公司为例,其专门针对政府机构和大型金融机构的需求,通过帮助客户整理、分析、利用不同来源的结构化和非结构化数据,创造一种人脑决策和计算机智能共生的大数据分析环境及工具系统,提升情报的决策能力。该公司帮助奥巴马政府追捕到本·拉登及帮助多家银行追回纳斯达克前主席麦道夫庞氏骗局的数十亿美元的两个事件,已成为大数据技术支撑情报分析的经典案例。

1.1.2　大数据时代情报工作新思维

大数据时代提供了一个全新的数据生态环境,改变了数据结构和使用方式,给情报工作带来深刻的影响。随着数据环境和信息空间的巨大不同,数据获取、分析和使用模式都发生了天翻地覆的变化,使得情报工作思维模式也需要转变以适应时代发展趋势,下面略举几例。

1. 全样本思维

样本正在由抽样数据转变为全部数据。过去受限于信息传播技术和媒体渠道,一般采取抽样调查的方法获取数据,虽然具有一定的代表性,但结论无法全面准确,更加难以展示数据背后的真相。到了大数据时代,围绕情报全面数据需要进行全样本分析,用全数据样本思维方式思考问题和解决问题。统计学基本概念认为,尽量全部样本才能更好地找出规律。对海量数据进行深度挖掘将有助于掌握规律特性,对未来不确定状态进行预判,从而帮助做出科学的决策。

全样本带来了真实性迷雾。大数据环境给情报分析工作带来便利的同时,庞大的数据群体让信息甄别上的难度变大。因此,情报分析人员可能会遇见所谓"大数据陷阱"现象,表现为有一些故意或者无意识的具备导向性的错误信息,也有"否定之否定"辩证角度的主观解读。由于无论是真实信息还是虚假消息都会发生关联关系,并且有可能由于人为因素操纵从而放大,从而导致研究人员被表面现象所迷惑,就可能在情报分析处理中出现一些致命的方向性错误。

2. 多源融合思维

"横看成岭侧成峰。"大数据背景下情报数据来源广泛、类型多样的特点,促使多源数据融合情报思维的出现。多源数据融合指的是把不同渠道、多种采集方式获取的不同数据结构的数据汇聚到一起,形成具有统一格式、面向多种应用的数据集合。如微博、短信等实时数据流,交易数据、网站访问日志等即时数据,都是十分重要的情报源。将这些大量相关的数据聚合在一起,经过数据清洗和数据互补,形成复杂的数据网络,再通过数据可视化等技术进行展示,可以很好地揭示数据之间的关系,预示发展趋势,提供决策参考。以直观的可视化图形展示的大数据,有助于分析者全方位、多角度洞悉数据背后隐藏的信息并转化为有效情报,使其更为易于理解和运用。

盲人摸象困境难解。在大数据环境中获取情报虽然变得更加容易,但数据会呈现更为分布的状态。有些可能是主观上故意发布的虚假错误信息,有些可能词不达意掩盖了真正意图,或者可能言行不一致而行动背道而驰。数据本身会撒谎,导致数据间呈现虚假关联,若仅专注于对数据关联而不考虑其深层次的原因,情报分析工作就有可能被误导,导致众说纷纭,陷入片面理解难题,面临"罗生门"困境。多源融合思维采用比如回归分析方法、关注理论和情景、充分认识数据的局限、了解数据产生和改变的深层次原理等,以尽量还原现实全貌,力图结论可靠有效。

3. 动态监控思维

唯一不变的就是变化本身。数据碎片化、动态化是大数据时代十分明显的特点,增加了情报工作难度,必须要有大数据动态监控思维。随着各种数据源源不断地产生,原有信息很快就会被这种海量的、异构的、多样的、有噪声的数据所淹没,如交易数据、网站访问日志、社交网络互动数据等,瞬时性和动态性突出。在动态开放的大数据生态系统中,关键在于动态情报数据监控,依据一定的监控规则,采集被监控者的相关情报数据并进行比较分析,根据情报的目标对监控对象和监控内容进行动态调整,监测其中的新现象、新情况,发现其中的规律特点和战略意图等,并将这些内容"填充"到情报分析结果,目标是能够即时感知、随时发现并迅速行动。

指标需要体系化监控。为了防止研究人员在对大量的数据信息进行处理时出现认知错误,有效降低因分析人员主观偏颇所导致的分析失误,应该建立一些具有数据归类作用的指标体系,进行数据来源和数据内容的可靠性研判、情报问题相关情境的有效构建、决策模式的建立和选择。除了数据筛选标准和实时决策类型指标以外,还需要较为全面的指标集来帮助分析数据的考量性和可靠性,从而进行过滤、信息概括、种类分析等处理。

4. 关注相关性思维

逻辑正在由因果关系转变为关注相关性。过去的因果思维是找到一个严密逻辑关系的推理,通过严谨的分析从原因得到结论。这种分析方法采取拟合算法和推演模拟,花费较大的时间代价才能找到这个因果关系。但在情报大数据时代,茫茫数据海洋中找到明确的因果关系十分困难,而是偏向于找到相关关系和趋势迹象。对碎片化数据进行高效的动态监控,注重数据之间以及数据与目标之间的相关性分析,从而为快速决策提供数据支持。例如著名的超市案例,通过分析购物清单大数据,创新性地将啤酒与尿不湿放在一起销售,神奇的同时又提高了两者的销售额。

外行跨界可能成为常态。只要是能够从足够多的情报大数据中发现强相关性,先不要问"为什么",相关性本身就是原因和结果。当然,这里面或许隐藏着暂时不知道的规律,只是目前局限于认知水平。这些规律有可能不是双边的、线性的直接因果关系,而是非线性的、多元的认识模式,为外行跨界提供可能性。一个案例就是酒庄葡萄酒年度品质,商业情报大数据分析师根本不懂品酒师那些酒香、酒回甘、挂杯等指标,却可以根据冬天的降水量、生长期的平均气温、收获季节的降雨量、土壤的成分等给出大致准确的结论。

1.1.3 情报大数据的分析流程

传统的情报分析流程包括计划与指示、搜集、分析与处理、报告撰写、研究传递等过程。大数据环境下的情报分析流程除了原有的过程之外,更加强调信息搜集与分析处理,具体包括情报需求定义与制订情报计划、信息检索与数据采集、多源信息融合与清洗、信息分析与内容挖掘、信息展现与情报提炼、报告撰写与情报传递等一系列过程,如图 1-1 所示。

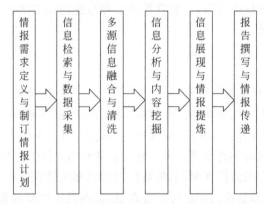

图 1-1　情报大数据分析流程

首先要明确情报任务的类型,确定情报任务的主题,分析情报任务的情境,捕捉情报用户的特点,然后把情报需要转化成情报需求,并明确地给予定义。

在明确了情报需求以后,根据需求确定情报流程、构建指标体系、计划情报时间、组建情报队伍、选择合适的研究方法、选配相应的技术与工具。根据情报任务计划确定信息检索与数据采集的来源渠道、范围、规模、类型,然后制定收集策略并实施收集,对收集的数据结果进行评估,包括数据规模、时效性、真伪等。

对数据进行预处理,把多种来源、不同结构的数据进行融合,重复的数据进行过滤,对重名、别名等问题进行识别,对数据进行拆分提取、查漏补缺、数据降维等一系列操作。

经过预处理的数据可以进行分析挖掘,形成有决策支持或参考价值的情报报告,在恰当的时间以合适的方式传递准确的情报。

情报大数据从不同视角反映人物、事件或活动的相关信息,把这些数据融合进行相关分析,可以更全面地揭示事物联系,挖掘新的模式与关系,从而为产生情报产品提供有力的数据支撑与决策参考。

1.2 "棱镜"计划案例简介

"棱镜"计划(PRISM)是一项自小布什时期起开始实施的绝密电子监听计划,正代号为US-984XN。英国《卫报》和美国《华盛顿邮报》2013 年 6 月 6 日报道,美国国家安全局

（NSA）和联邦调查局（FBI）于 2007 年启动了一个代号为"棱镜"的秘密监控项目，直接进入美国网络公司的中心服务器里挖掘数据、收集情报，包括微软、雅虎、谷歌、苹果等在内的 9 家网络巨头皆参与其中，监控着全球网络和计算机通信。

根据报道，"棱镜"计划能够对即时通信和既存资料进行深度监听。许可的监听对象包括任何在美国以外地区使用参与计划公司服务的客户，或是任何与国外人士通信的美国公民。"棱镜"计划在最初的 6 年经历了爆炸性增长，到曝光之日，国家安全局约七分之一的情报报告依靠"棱镜"提供原始数据，《每日情报简报》一年中共有 1477 个条目使用这一项目所获的数据。"棱镜"计划的曝光使得世界各国一片哗然，同时受到美国国内外各方面的强烈反对。

与此同时，美国大数据研究计划主动公开。2012 年奥巴马政府发布了"大数据研究和发展倡议"，正式启动"大数据发展计划"，并为此投入两亿美元以上资金。该计划将提升美国利用收集庞大而复杂的数字资料提炼知识的能力，推进和改善联邦政府部门的数据收集、组织和分析的工具及技术，以提高从大量、复杂的数据集中获取知识和洞见的能力，强化美国国家安全，协助加速科学、工程领域创新步伐，转变学习和教育模式。

把这两件事情关联在一起不难想到，如何针对大数据进行有效的分析与处理，更好地挖掘出有价值的情报，为制定国家的战略规划提供必要的情报支撑，是从情报视角看"棱镜"计划的重点。"棱镜"计划针对哪些大数据、通过哪些分析、实现了何种战略目标，非常值得关注与讨论。作为情报研究人员需要思考，如果拥有如此大规模的数据，是否能够完成相应目标的情报分析？面对这些大数据与情报任务，该如何开展工作？经过哪些步骤？需要运用哪些方法？

下面将从技术视角管中窥豹，全面展示"棱镜"计划的数据基础、分析过程与方法、实施目标等，作为案例剖析。

1.2.1　数据基础

根据披露的相关文件，美国国家安全局通过"棱镜"计划可以接触大量个人聊天日志、存储的数据、语音通信、文件传输和个人社交网络数据。

1. 数据来源

"棱镜"计划监视范围很广，参加"棱镜"计划的公司有近十家，包括（按加入项目的时间）微软（2007 年）、雅虎（2008 年）、谷歌（2009 年）、Facebook（2009 年）、Paltalk（2009 年）、YouTube（2010 年）、Skype（2011 年）、美国在线（2011 年）以及苹果公司（2012 年）等，如图 1-2 所示。

图 1-2　加入"棱镜"计划的公司编年图

　　这些公司都是典型的大数据公司,通过不同的方式掌握着海量用户的信息。在数据的采集方式或来源方面,当前主要包括访问日志采集、社交网络数据、过程行为数据、传感网络数据、智能终端数据,移动终端、视频采集、语音通话等数据。数据获取技术的革命性进步,使得传感器等自动采集的数据、Web 2.0等用户生成数据(UGC)以及移动设备生成的数据(位置、移动和行为信息等)等多源数据生产迅速、数据存量庞大。

2. 数据类型

　　受到"棱镜"计划监控的信息主要有10类:电子邮件、即时消息、视频、照片、存储数据、聊天语音、传输文件、会议视频、登录时间和社交网络资料,如图1-3所示。

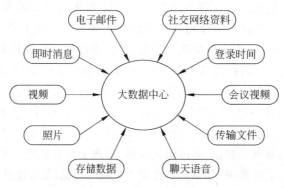

图1-3　"棱镜"计划监控的主要数据类型

　　除了这些内部数据之外,美国国家安全局还可从公共和商业等来源扩大数据,来源包括银行代码、保险信息、社交网络档案、乘客名单、选举名册、GPS坐标信息,也包括财产记录和未具体说明的税务资料。这些线上线下大数据的整合碰撞,能够对特定目标人物、组织和人群进行更有价值的洞察与分析。

　　技术的发展极大地扩展了信息的传播媒介和传播能力,印刷媒介(报纸、杂志、宣传册等)、电子媒介(电视、广播、电影、电话等)、网络媒介(社交网站、视频分享网站、博客等)、展示媒介(陈列、橱窗、广告等)和其他媒介(政府数据、航拍图片和学术信息)等形成了多位一体的公开信息来源渠道。

　　据美国中央情报局发布的消息,在2007年的情报收集总数中就已经有超过80%来自公开信息。公开信息有多种渠道与来源,把不同渠道、利用多种采集方式获取的具有不同数据结构的信息汇聚到一起,形成具有统一格式、可以面向多种应用的数据集合,称之为多源信息融合。

　　同一个事实或规律可以同时隐藏在不同的数据形式中,也可能是每一种数据形式分别支持了同一个事实或规律的某一个或几个侧面,这既为数据和信息分析结论的交叉验证提供了契机,也要求分析者在分析研究过程中有意识地融集各种类型的数据,从多种信息源中发现潜在价值与情报。

　　因此,综合利用多来源、多形式的数据是现代科学决策的鲜明特点。"兼听则明,偏信则暗",多维度、多源数据的分析才有说服力。

3. 数据规模

"棱镜"计划的每个数据源,其数据规模都是巨大的,是典型的大数据。例如当时
Facebook 有 10 亿节点和千亿连边,YouTube 月独立访问人数超过 8 亿,谷歌每天都会收到
来自全球超过 30 亿条的搜索指令,每个月处理的数据量超过 400PB。雅虎数据中心的
Hadoop 云计算平台有 34 个集群,总存储容量超过 100PB。

据美国《连线》杂志报道,美国国家安全局在盐湖县与图埃勒县交界处建造有数据中心,
占地 48 万平方米,耗资 17 亿美元。在这个巨大的数据中心里,有 4 个 25 000 平方英尺(1
平方英尺约为 0.093 平方米)的大厅将用来存放服务器,每 6 小时可以收集 74TB 的数据,如
此计算下来,仅这一个数据中心里,收集的未经编辑的原始数据几乎每 24 小时便能填满 4
个美国国会图书馆。

"棱镜"计划较好地体现了大数据前沿技术的已知最大规模应用。如何处理超大规模的
网络数据、移动数据、射频采集数据、社会计算数据,正是当前科研学术界和产业界亟待解决
的关键科学技术问题。

1.2.2　情报分析

早在 1983 年,阿尔文·托夫勒就在《第三次浪潮》(*The Third Wave*)中讲到"谁掌握了
信息,控制了网络,谁就将拥有整个世界。"美国通过"棱镜"计划,抓住在全球各个网络节点
穿越的信息流和数据流,其监视范围之广、程度之深和数据量之大,无不体现了强大的情报
分析能力,在情报大数据的监控、收集、挖掘和分析方面具有绝对的技术领先性。

1. 分析理念

数据具有累积性和关联性,单个地点或单一来源的信息可能不会暴露用户的隐私,但是
如果有办法将某个人的很多行为从不同的独立地点聚集在一起时,他的隐私就完全曝光,因
为有关他的信息已经足够多,完全可以精确到每个地点、每个行为,这就是"棱镜"计划中大
数据的原理。

例如,通过谷歌的检索日志可以获取关注信息的兴趣点以及关注热点的变化,通过
Facebook、Paltalk 等社交网站可以了解人际网络与活动动态,通过微软、雅虎可以掌握联机
工作的时间、方式以及内容等。把这些信息融合到一起,就可以较为全面地认识并掌握某个
用户或某类群体的信息行为特征。

有个被"棱镜"计划阻止的恐怖袭击案例。2009 年,当 911 事件八周年时,美国政府发
现一个巴基斯坦的电子邮件地址可能与基地组织有关,而该地址同丹佛地区的某个地址
njbzaz@yahoo.com 有来往。政府发现,纳吉布拉·扎基通过该邮件地址向巴基斯坦人发
信,询问如何在自己的家里用化学物质制出炸弹。而该基地组织成员处于英国政府的监控
之下,位于美英情报共享的名单中,从而使得纳吉布拉·扎基引起了美国政府的注意并被成
功抓捕。

信息时代,人们频繁地使用互联网联系,都会以为自己的隐私是安全的,但事实并非如
此。因为这些数字信息仍然留在互联网公司的服务器或者说"云"上。这些数字痕迹被政府

利用特殊法案和计划,迫使这些公司提供指定数据。大数据时代下的情报研究,正在从单一领域情报研究转向全领域情报研究、综合利用多种数据源、注重新型信息资源的分析、强调情报研究的严谨性和智能化等。

2. 分析流程

"棱镜"计划的具体工作原理一直没有明确的说法,根据已有材料来看,猜测有可能是这样工作的:思科公司设备默默地监听网络上来往的流量,包括电子邮件、即时消息、传输文件、社交网络资料等所有明文传输的东西,用户在谷歌、雅虎、微软等搜索引擎上的搜索关键字自然也会被监控。而"棱镜"计划,正如这个名字所暗示的,将海量信息中一些"特殊信息"集中、过滤并记录下来。

如果通信的信息是经过加密的,而中情局又认为这些信息十分重要,那么再联系美国的外国情报调查法院,依据《外国情报调查法》向这些公司提出秘密要求,让其提供指定账号的数据信息。举例来说,一个从伊朗 IP 地址登录的用户,使用谷歌搜索一些信息,或使用MSN 发送一条信息,提到了"爆炸"这种敏感词,思科公司的设备就会把通信信息记录下来,如果是明文信息,则可直接分析通信内容;如果信息加密了,则向谷歌、微软、苹果等公司提出请求,让其提供该用户的电子邮件信息和资料。

根据《华盛顿邮报》披露的文件大致可以揭示分析工作流程,包括美国国家安全局和美国联邦调查局的审查和监管权限,以及该项目与所涉互联网公司的互动方式。

首先,FBI 使用装在微软、雅虎等公司的政府设备检索匹配的信息,并且对于已存储的通信记录(非实时监控)进行数据库查询,确保筛选器不会匹配知名美国人,再提交给NSA 分析员在"棱镜"计划中建立新监控目标。该请求会自动发送到审查搜索关键词的主管。如果分析员"意见合理",即声称收集数据时指定目标为海外的外籍人士,则主管必须批准。

然后,从网络公司获取到通信信息后,由专门的系统处理语音、文字、视频以及地理位置、监控目标的设备特征等"数字网络信息"。不同的模块分别负责自动数据流调节、数据分类、协议解析、文本内容识别、视频分析、音频分析、通话记录分析、网络记录分析等,再过滤美国公民的数据。

随后,为每个目标分配一个案例代号。"棱镜"计划的案例代号格式反映了实时监控和存储内容的可用情况,如图 1-4 所示。每当监控目标登录或发送电子邮件时,NSA 可收到实时通知,另外还可实时监控语音通话和文字消息,具体情况视"棱镜"计划数据提供方而定。

接着,搜索"棱镜"计划的数据库。根据当时曝光的消息,反恐数据库中已有 11.7675 万活跃的监控目标,它未显示监控这些目标的过程中"无意"收集了多少其他互联网用户以及多少美国人的通信信息。

1.2.3　情报目标

拥有数据的规模和运用数据的能力,将成为一个国家综合国力的重要组成部分。对数据的占有和控制,也将成为国家之间和集团之间新的争夺焦点。如在赛博战领域如何利用

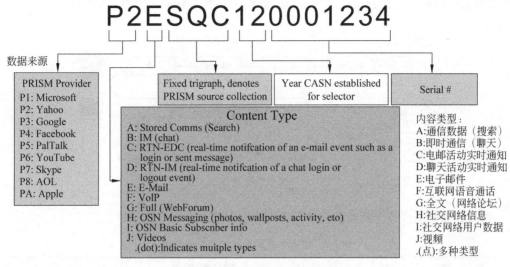

图 1-4 "棱镜"计划的案例代号格式

大数据分析实现赛博态势感知、在电子战领域如何实现有源与无源情报的分类与融合等。此外,随之而来的诸多新类型情报也有待进一步研究,如移动情报、云情报、社会情报和混成情报等。

情报大数据分析人员需要围绕情报任务与需求,广泛搜集各类相关信息、运用多种工具与方法进行内容分析,监测其中的新现象、新情况、新异常,并根据蛛丝马迹发现其中的规律本质和战略意图等,并将这些内容按预定的模型组织形成情报分析报告。这样的情报大数据分析可以跟踪对手动态,分析战略部署,把握主要趋势与次要趋势,厘清长期战略与近期目标,从而完成趋势判断、动向感知、前瞻预测、情景研判等情报目标,实现"耳目、尖兵、参谋"的功能。

从某种角度来说,"棱镜"计划成功地运用情报大数据手段,提升了反恐预防技术能力,体现出对重大科学决策与国家发展战略的掌控水平。针对数据来源广泛、结构类型复杂、数据规模庞大等复杂情形,实现有效地获取、融合并进行关联、聚类、孤立点、模式、网络、演化等一系列分析,从中发掘出有价值的情报,为执行特定行动和战略决策提供全面准确、客观有力的支撑与参考服务,是大数据时代情报分析的典型案例,也是国家层面情报大数据的关键能力所在。

1.3 情报大数据平台常用框架

情报大数据平台面向海量的结构化、半结构化、非结构化数据,进行采集、存储、计算、统计、分析处理,数据量通常是太字节(TB)级甚至是 PB 级或更多的数据。这是传统数据仓库工具无法处理完成的,其涉及的技术有分布式计算、高并发、高可用、集群和实时性计算等,汇集了当前信息领域最热门的各类技术。

按照处理流程的不同阶段来划分,情报大数据平台主要包括数据源采集、大数据预处理、大数据存储和大数据分析挖掘等阶段。情报大数据典型实现如图 1-5 所示。

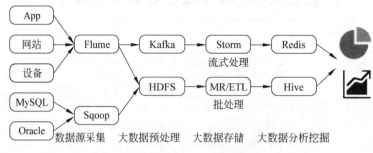

图 1-5　情报大数据典型实现

情报大数据平台各个阶段的具体任务如表 1-1 所示。

表 1-1　情报大数据平台的各阶段任务

阶　　段	具 体 任 务
数据源采集	数据来源包括系统中可以采集到的数据，如用户数据、业务数据等，也包含系统运行时产生的日志数据等。不同数据源生成数据类型格式存在差异，在数据采集前可能增加数据总线对业务进行解耦
大数据预处理	包含实时的业务逻辑处理以及离线的数据整合存储等。大数据框架多采用主从架构，存在单点故障的问题，需要实现高可用性
大数据存储	主要由分布式文件系统（面向文件的存储）和分布式数据库（面向行/列的存储）构成
大数据分析挖掘	结合业务需求，合理选择算法模式（包含机器学习）深入分析当前累积的海量数据，挖掘数据背后价值。通过一系列复杂的数据处理，最终通过应用展示数据的价值

1.3.1　数据源采集

数据源采集是大数据生命周期的第一个环节，它通过 RFID 射频数据、传感器数据、社交网络数据、移动互联网数据等方式获得各种类型的结构化、半结构化及非结构化的海量数据。由于可能有成千上万的用户同时进行并发访问和操作，因此，必须采用专门针对大数据的采集方法，主要包括以下 3 种。

1. 数据库采集

一些企业会使用传统的关系数据库 MySQL 和 Oracle 等来存储数据。用得比较多的工具有 Sqoop 和结构化数据库间的 ETL 工具，当然当前对于开源的 Kettle 和 Talend 本身也集成了大数据内容，可以实现和 HDFS、HBase 和主流 NoSQL 数据库之间的数据同步和集成。

2. 网络数据采集

网络数据采集主要是借助网络爬虫或网站公开 API 等方式，从网站上获取数据信息的过程。通过这种途径可将网络上非结构化数据、半结构化数据从网页中提取出来,并以结构化的方式将其存储为统一的本地数据文件。

3. 文件采集

对于文件的采集,用得比较多的是使用 Flume 进行实时的文件采集和处理,对于 ELK (Elasticsearch、Logstash、Kibana 三者的组合),虽然是处理日志,但是也有基于模板配置的完整增量实时文件采集。如果仅仅是做日志的采集和分析,那么 ELK 解决方案就已完全够用。

1.3.2　大数据预处理

数据的世界是庞大而复杂的,自然会有残缺、虚假、过时等情形。想要获得高质量的分析挖掘结果,就必须在数据准备阶段提高数据的质量。大数据预处理可以对采集到的原始数据进行清洗、填补、平滑、合并、规格化以及检查一致性等,将那些杂乱无章的数据转化为相对单一且便于处理的类型,为后期的数据分析奠定基础。数据预处理主要包括数据清理、数据集成、数据转换以及数据规约。

1. 数据清理

数据清理主要包含遗漏值处理(缺失感兴趣的属性)、噪声数据处理(数据中存在错误或偏离期望值的数据)、不一致数据处理。主要的清洗工具是 Kettle 和 Potter's Wheel。

遗漏数据可用全局常量、属性均值、可能值填充或者直接忽略该数据等方法处理;噪声数据可用分箱(对原始数据进行分组,然后对每一组内的数据进行平滑处理)、聚类、计算机人工检查和回归等方法去除噪声;对于不一致数据则可进行手动更正。

2. 数据集成

数据集成是指将多个数据源中的数据合并存放到一个一致的数据存储库中。这一过程着重解决 3 个问题: 模式匹配、数据冗余、数据值冲突检测与处理。来自多个数据集合的数据会因为命名的差异导致对应的实体名称不同,通常涉及实体识别需要利用元数据来进行区分,对来源不同的实体进行匹配。数据冗余可能来源于数据属性命名的不一致,在解决过程中对于数值属性可以利用皮尔逊积矩来衡量,绝对值越大表明两者之间相关性越强。数据值冲突问题,主要表现为来源不同的同一实体具有不同的数据值。

3. 数据转换

数据转换就是处理抽取出来的数据中存在的不一致的过程。数据转换一般包括两类。

第一类,数据名称及格式的统一,即数据粒度转换、业务规则计算以及统一的命名、数据格式、计量单位等。

第二类,数据仓库中存在源数据库中可能不存在的数据,因此需要进行字段的组合、分割或计算。

数据转换实际上还包含了数据清洗的工作,需要根据业务规则对异常数据进行清洗,保证后续分析结果的准确性。

4. 数据规约

数据归约是指在尽可能保持数据原貌的前提下,最大限度地精简数据量,主要包括数据方聚集、维规约、数据压缩、数值规约和概念分层等。数据规约技术可以用来得到数据集的规约表示,使得数据集变小,但同时仍然近于保持原数据的完整性。也就是说,在规约后的数据集上进行挖掘,依然能够得到与使用原数据集近乎相同的分析结果。

1.3.3　大数据存储

大数据存储与管理要用存储器把采集到的数据存储起来,建立相应的数据库,以便管理和调用。大数据存储技术路线最典型的共有 3 种。

1. MPP 架构的新型数据库集群

采用 MPP 架构的新型数据库集群,重点面向行业大数据,采用 Shared Nothing 架构,通过列存储、粗粒度索引等多项大数据处理技术,再结合 MPP 架构高效的分布式计算模式,完成对分析类应用的支撑,运行环境多为低成本 PC 服务器,具有高性能和高扩展性的特点,在企业分析类应用领域获得极其广泛的应用。这类 MPP 产品可以有效支撑 PB 级别的结构化数据分析,这是传统数据库技术无法胜任的。对于企业新一代的数据仓库和结构化数据分析,目前最佳选择是 MPP 数据库。

2. 基于 Hadoop 的技术扩展和封装

基于 Hadoop 的技术扩展和封装,围绕 Hadoop 衍生出相关的大数据技术,应对传统关系数据库较难处理的数据和场景,例如针对非结构化数据的存储和计算等,充分利用 Hadoop 开源的优势,伴随相关技术的不断进步,其应用场景也将逐步扩大,目前最为典型的应用场景就是通过扩展和封装 Hadoop 来实现对大数据存储、分析的支撑。这里面有几十种 NoSQL 技术,也在进一步地细分。对于非结构、半结构化数据处理,复杂的 ETL 流程,复杂的数据挖掘和计算模型,Hadoop 平台更擅长。

3. 大数据一体机

这是一种专为大数据分析处理而设计的软、硬件结合的产品,由一组集成的服务器、存储设备、操作系统、数据库管理系统以及为数据查询、处理、分析用途而预先安装及优化的软件组成,高性能的大数据一体机具有良好的稳定性和纵向扩展性。

1.3.4　大数据分析与挖掘

分析与挖掘的主要目的,是把隐藏在一大批看来杂乱无章的数据中的信息集中起来,进行萃取、提炼,以找出潜在有用的信息和所研究对象的内在规律的过程。主要从可视化分析、数据挖掘算法、预测性分析、语义引擎以及数据质量管理五大方面着重进行分析。

1. 可视化分析

数据可视化主要是借助于图形化手段,清晰有效地传达与沟通信息。主要应用于海量数据关联分析,由于所涉及的信息比较分散、数据结构有可能不统一,借助功能强大的可视化数据分析平台,可辅助人工操作将数据进行关联分析,并做出完整的分析图表,简单明了、清晰直观,更易于接受。

2. 数据挖掘算法

数据挖掘算法是根据数据创建数据挖掘模型的一组试探和计算方法。为了创建该模型,算法将首先分析用户提供的数据,针对特定类型的模式和趋势进行查找。并使用分析结果定义用于创建挖掘模型的最佳参数,将这些参数应用于整个数据集,以便提取可行模式和详细统计信息。

大数据分析的理论核心就是数据挖掘算法,数据挖掘的算法多种多样,不同的算法基于不同的数据类型和格式,会呈现出数据所具备的不同特点。各类统计方法都能深入数据内部,挖掘出数据的价值。

3. 预测性分析

大数据分析最重要的应用领域之一,就是预测性分析。预测性分析结合了多种高级分析功能,包括专题统计分析、预测建模、数据挖掘、文本分析、实体分析、优化、实时评分和机器学习等,从而对未来,或其他不确定的事件进行预测。

从纷繁的数据中挖掘出其特点,可以帮助了解目前状况以及确定下一步的行动方案,从依靠猜测进行决策转变为依靠预测进行决策。它可帮助分析结构化和非结构化数据中的趋势、模式和关系,运用这些指标来洞察预测将来事件,并采取相应的措施。

4. 语义引擎

语义引擎是把已有的数据加上语义,可以把它想象成在现有结构化或者非结构化的数据库上的一个语义叠加层。它是语义技术最直接的应用,可以将人们从烦琐的搜索条目中解放出来,从而更快、更准确、更全面地获得所需信息,提高用户体验。

5. 数据质量管理

数据质量管理是指对数据从计划、获取、存储、共享、维护、应用、消亡生命周期的每个阶段里可能引发的各类数据质量问题,进行识别、度量、监控、预警等一系列管理活动,并通过改善和提高组织的管理水平使得数据质量获得进一步提高。

对情报大数据进行有效分析的前提,是必须要保证数据的质量。无论是在学术研究还是在商业应用领域,高质量的数据和有效的数据管理都极其重要,各个领域都需要保证分析结果的真实性和价值性。

1.3.5　常见技术框架和工具

本节介绍情报大数据处理中的一些常用开源工具,并根据其主要功能对它们进行分类,以便情报大数据学习者和用户可以快速查找和引用。主要包括数据爬取工具、数据 ETL 工具、数据存储类工具、分析计算类工具、运维监控类工具、查询应用类工具和数据管理类工具。

1. 数据爬取工具

Nutch 是一个开源 Java 实现的搜索引擎。它提供了开发自己的搜索引擎所需的全部工具,包括全文搜索和 Web 爬虫。

Scrapy 是一个为了爬取网站数据,提取结构化数据而编写的应用框架。可以应用在数据挖掘、信息处理或存储历史数据等一系列的程序中。采集工具开发需要掌握 Nutch 与 Scrapy 爬虫技术。

2. 数据 ETL 工具

Sqoop 是一个用在 Hadoop 和关系数据库服务器之间传输数据的工具。它用于从关系数据库(如 MySQL、Oracle)导入数据到 Hadoop HDFS,并从 Hadoop 文件系统导出到关系数据库,使用 SQL 语句在 Hadoop 和关系数据库间传送数据,Sqoop 使用 JDBC 连接关系数据库。学习使用 Sqoop 对关系数据库数据和 Hadoop 之间的导入有很大的帮助。

Kettle 是一个 ETL 工具集,它允许管理来自不同数据库的数据,通过提供一个图形化的用户环境来描述想做什么,而不是想怎么做。作为 Pentaho 的一个重要组成部分,其数据抽取高效稳定,现在在国内项目应用上逐渐增多。

3. 数据存储类工具

Hadoop 框架最核心的设计就是 HDFS 和 MapReduce。HDFS 为海量的数据提供了存储,MapReduce 则为海量的数据提供了计算,因此需要重点掌握。除此之外,还需要掌握 Hadoop 集群、Hadoop 集群管理、YARN 以及 Hadoop 高级管理等相关技术与操作。

HDFS 分布式文件系统,由 NameNode 和一定数目的 DataNodes 组成集群。HDFS 中数据通常有 3 个备份,用户只需上传 1 次数据,通过机架感知和水平复制自动备份数据。HDFS 2.0 默认存储文件大小为 128MB,适合存储大文件。

Hive 是基于 Hadoop 的一个数据仓库工具,可以将结构化的数据文件映射为一张数据库表,并提供简单的 SQL 查询功能,可以将 SQL 语句转换为 MapReduce 任务运行。相对于用 Java 代码编写的 MapReduce 来说,Hive 的优势明显:快速开发,人员成本低,可扩展性(自由扩展集群规模)和延展性(支持自定义函数)好。Hive 十分适合数据仓库的统计分析。开发时需掌握其安装、应用及高级操作等。

Zookeeper 是一个开源的分布式协调服务,作为 Hadoop 和 HBase 的重要组件,为分布式应用提供一致性服务,功能包括配置维护、域名服务、分布式同步和组件服务等。开发时需掌握 Zookeeper 的常用命令及功能的实现方法。

HBase 是一个分布式的、面向列的开源数据库,它不同于一般的关系数据库,更适合于非结构化数据存储的数据库,是一个高可靠性、高性能、面向列、可伸缩的分布式存储系统,开发需掌握 HBase 基础知识、应用、架构以及高级用法等。

Redis 是一个 Key-Value 存储系统,它的出现很大程度上补偿了 Memcached 这类 Key-Value 存储的不足,在部分场合可以对关系数据库起到很好的补充作用,它提供了 Java、C/C++、C♯、PHP、JavaScript、Perl、Object-C、Python、Ruby 和 Erlang 等客户端,使用很方便。开发时需掌握 Redis 的安装、配置及相关使用方法。

Kafka 是一种高吞吐量的分布式发布订阅消息系统,目的是通过 Hadoop 的并行加载机制来统一线上和离线的消息处理,也可通过集群来提供实时的消息。开发时需掌握 Kafka 的架构原理、各组件的作用和使用方法及相关功能的实现。

Pig 用于开发 MapReduce 操作的脚本程序语言平台,用于处理结构化和半结构化数据。

Neo4j 是一个高性能的 NoSQL 图形数据库,具有处理百万级和亿级节点和边的大尺度处理网络分析能力。它是一个嵌入式的、基于磁盘的、具备完全的事务特性的 Java 持久化引擎,但是它将结构化数据存储在网络(从数学角度叫作图)上而不是表中。Neo4j 因其嵌入式、高性能、轻量级等优势,越来越受到关注。

Cassandra 是一个混合型的非关系数据库,类似于谷歌的 BigTable,其主要功能比 Dynamo(分布式的 Key-Value 存储系统)更丰富。这种 NoSQL 数据库最初由 Facebook 开发,现已被 1500 多家企业和组织使用,是一种流行的分布式结构化数据存储方案。

SSM 框架是由 Spring、Spring MVC、MyBatis 3 个开源框架整合而成,常作为数据源较简单的 Web 项目的框架。开发时需分别掌握 Spring、Spring MVC、MyBatis 3 种框架,再使用 SSM 进行整合操作。

4. 分析计算类工具

Spark 是专为大规模数据处理而设计的快速通用的计算引擎,提供了一个全面、统一的框架用于管理各种不同性质的数据集和数据源的大数据处理的需求。开发时需掌握 Spark 基础、SparkJob、Spark RDD 部署与资源分配、Spark Shuffle、Spark 内存管理、Spark 广播变量、Spark SQL、Spark Streaming 以及 Spark ML(协同过滤、ALS、逻辑回归等算法库)、Spark GraphX(图计算)等相关知识。

Storm 是自由的开源软件,是一个分布式的、容错的实时计算系统,可以非常可靠地处理庞大的数据流,用于处理 Hadoop 的批量数据。不同于 HDFS 的批处理方式,Storm 通过创建拓扑结构来转换持续抵达的数据流,实时处理消息并更新数据库。Storm 支持许多种编程语言,并且有许多应用领域:实时分析、在线机器学习、分布式 RPC 和 ETL 等。Storm 的处理速度惊人,经测试,每个节点每秒可以处理 100 万个数据元组。

Mahout 是为快速创建可扩展、高性能的机器学习应用程序而打造的一个环境,主要特点是为可伸缩的算法提供可扩展环境、面向 Scala/Spark/H2O/Flink 的新颖算法、Samsara(类似 R 语言的矢量数学环境),它还包括用于在 MapReduce 上进行数据挖掘的众多算法。

Pentaho 是流行的开源商业智能软件,是以工作流为核心的、强调面向解决方案而非工具组件的、基于 Java 平台的 BI 套件。包括一个 Web Server 平台和几个工具软件:报表、分析、图表、数据集成和数据挖掘等,可以说包括了商业智能的各个方面。Pentaho 的工具可以连接到 NoSQL 数据库。开发时需了解其使用方法。

5. 运维监控类工具

Flume 是一款高可用、高可靠、分布式的海量日志采集、聚合和传输的系统,Flume 支持在日志系统中订制各类数据发送方,用于收集数据;同时,Flume 提供对数据进行简单处理,并写到各种数据接收方(可订制)的能力。开发时需掌握其安装、配置以及相关使用方法。Flume 代理由 3 部分组成:Source、Channel 和 Sink。Source 类似于接收缓冲器,将接收的事件存储在一个或多个 Channel 中。Channel 被动存储事件,直到事件被 Sink 使用。Sink 从 Channel 提取事件将其传给 HDFS 或者下一个 Flume 代理。Flume 使用不同的 Source 接收不同的网络流,如使用 Avro Flume 接收 Avro(一种数字序列化格式)事件。其支持的流行网络流如 Thrift、Syslog 和 Netcat。

Logstash 是一个具有实时 pipeline 功能的开源数据收集引擎。Logstash 可以动态地统一来自不同数据源的数据,并将数据规范化到选择的目的地。任何类型的事件都可以通过丰富的 input、filter、output 插件进行转换,简化抽取过程。

6. 查询应用类工具

Avro 与 Protobuf 均是数据序列化系统,可以提供丰富的数据结构类型,十分适合做数据存储,还可进行不同语言之间相互通信的数据交换格式。学习大数据,需掌握其具体用法。

Phoenix 是用 Java 编写的基于 JDBC API 操作 HBase 的开源 SQL 引擎,其具有动态列和散列加载、查询服务器、追踪、事务、用户自定义函数、二级索引、命名空间映射、数据收集、时间戳列、分页查询、跳跃查询、视图以及多租户的特性,开发需掌握其原理和使用方法。

Kylin 是一个开源的分布式分析引擎,提供了基于 Hadoop 的超大型数据集(TB/PB 级别)的 SQL 接口以及多维度的 OLAP 分布式联机分析。最初由 eBay 开发并贡献至开源社区。它能在亚秒级内查询巨大的 Hive 表。

Zeppelin 是一个提供交互数据分析且基于 Web 的笔记本。方便做出可数据驱动的、可交互且可协作的精美文档,并且支持多种语言,包括 Scala(使用 Apache Spark)、Python(Apache Spark)、Spark SQL、Hive、Markdown 和 Shell 等。

Elasticsearch 是一个基于 Lucene 的搜索服务器。它提供了一个分布式、支持多用户的全文搜索引擎,基于 RESTful Web 接口。Elasticsearch 是用 Java 开发的,并作为 Apache 许可条款下的开放源码发布,是当前流行的企业级搜索引擎。设计用于云计算中,能够达到实时搜索、稳定、可靠、快速、安装使用方便。

Kibana 是一个针对 Elasticsearch 的开源分析及可视化平台,用来搜索、查看交互存储在 Elasticsearch 索引中的数据。使用 Kibana,可以通过各种图表进行高级数据分析及展示。Kibana 让海量数据更容易理解。它操作简单,基于浏览器的用户界面可以快速创建仪表板(dashboard),实时显示 Elasticsearch 查询动态。

Solr 基于 Apache Lucene,是一种高度可靠、高度扩展的企业搜索平台,是一款非常优秀的全文搜索引擎。知名用户包括 eHarmony、StubHub、Zappos、AT&T、Instagram、Netflix 和 Travelocity。开发时需了解其基本原理和使用方法。

7. 数据管理类工具

Azkaban 是由 linked 开源的一个批量工作流任务调度器,它由 3 部分组成:Azkaban Web Server(管理服务器)、Azkaban Executor Server(执行管理器)和 MySQL(关系数据库),可用于在一个工作流内以一个特定的顺序运行一组工作和流程,可以利用 Azkaban 来完成大数据的任务调度。开发时需掌握 Azkaban 的相关配置及语法规则。

Mesos 是由加州大学伯克利分校的 AMPLab 首先开发的一款开源集群管理软件,支持 Hadoop、Elasticsearch、Spark、Storm 和 Kafka 等架构。对数据中心而言,它就像一个单一的资源池,从物理或虚拟机器中抽离了 CPU、内存以及其他计算资源,很容易建立和有效运行具备容错性和弹性的分布式系统。

Sentry 是一个开源的实时错误报告工具,支持 Web 前后端、移动应用以及游戏,支持 Python、OC、Java、Go、Node、Django、RoR 等主流编程语言和框架,还提供了 GitHub、Slack、Trello 等常见开发工具的集成。使用 Sentry 对数据安全管理很有帮助。

1.3.6　学习阶段建议

情报大数据由于其学科交叉性和前沿性,技术牵涉面十分广泛,技术体系比较庞大,学习起来有一定的工作量。从学科组成上来看,大数据技术有三大基础学科,分别是数学、统计学和计算机。首先应该根据自身的知识结构,找到一个适合的切入点。建议参考如表 1-2 所示的学习阶段建议进行学习。

表 1-2　学习阶段建议

阶　　段	知　识　点
基础入门阶段	Linux、Docker、KVM、MySQL 基础、Oracle 基础、MongoDB、Redis 和 Hadoop 的概念、版本、历史,HDFS 的工作原理,YARN 介绍及组件介绍
存储管理阶段	HBase、Hive 和 Sqoop
架构设计阶段	Flume 分布式、Zookeeper 和 Kafka
实时计算阶段	Mahout、Spark 和 Storm
数据采集阶段	Python 和 Scala
商业实战阶段	实操企业大数据处理业务场景,分析需求、解决方案实施,综合技术实战应用

本书接下来将选取 7 个典型情报大数据场景,分别以实战形式进行展开。牵涉的工程技术较为广泛,使用的技术框架和工具如表 1-3 所示。

表 1-3 本书使用的技术框架和工具

章节	应用场景	技术框架和工具
第 2 章	网络舆情情报	Hadoop、Linux、Java、SSH、Flume、Hive、Sqoop 和 MySQL
第 3 章	社会事件情报	Gdelt、MySQL 和 ClickHouse
第 4 章	开源人物情报	Wikidata、PyCharm、Neo4j、py2neo 和 Scrapy
第 5 章	用户行为情报	Spark、Hadoop、Scala、Maven 和 IDEA
第 6 章	科技动态情报	Elasticsearch、MySQL、SpringBoot、Kibana、Logstash、Thymeleaf、Layui、ECharts、BootStrap、JPA 和 WebController
第 7 章	视频图像情报	Keras、Theano、NumPy、Sklearn、OpenCV 和 HDFS
第 8 章	公共卫生情报	Elasticsearch、Kafka、Zookeeper、MySQL、SpringBoot、JPA 和 ECharts

第2章 网络舆论情报大数据采集与分析

近年来,网络舆情对政治生活秩序和社会稳定的影响与日俱增,一些重大的网络舆情事件使人们开始认识到网络对社会监督起到的巨大作用。同时,网络舆情突发事件如果处理不当,极有可能诱发民众的不良情绪,引发群众的违规和过激行为,进而对社会稳定构成威胁。网络舆情的表现方式主要有新闻评论、BBS论坛、博客、播客、微博和聚合新闻(RSS)等,本案例以微博作为数据来源,通过大数据技术对微博数据进行处理,着重对热点话题、敏感话题进行识别,并以可视化方式呈现。

通过本章的学习,将掌握以下技能知识点。

(1) 了解Hadoop体系结构,并在Linux上搭建Hadoop环境。

(2) 安装JDK,并配置环境变量。

(3) 安装SSH服务并实现免密码登录。

(4) 使用数据处理工具Flume和Sqoop。

(5) 使用MySQL和Hive等。

2.1 总 体 设 计

2.1.1 需求分析

微博作为一种新媒体形式的大众传播媒介,不仅能够传播信息,成为人们日常的信息来源和交流平台;还有一个专门版块,即热门微博,它反映了人们每时每刻讨论的话题,并在一定程度上反映了微博用户对某一事件的参与度和关注度。另外,热门微博与现实社会环境密切关联,其中许多事件源自现实社会,其影响力和导向力可以延伸到日常生活中。

其实,随着某个话题在微博热门话题榜单中出现得越来越频繁,也会潜移默化地使得某些人因为好奇和求知欲去查看,这就是趋同行为。趋同行为使话题的浏览量和讨论量得到增长,直接影响该话题的热度上涨,从而让其在热门榜单中的持续时间变长。

为了更好地关注热点问题,可以通过分析热门微博数据,看看大家最近的关注点都是什么,以及每天话题的变化。具体实现上利用Python语言,借助Hadoop平台以及其他工具(Flume、Hive、Sqoop和MySQL),对采集到的数据进行可视化分析,做成词云和词频统计条形图,从而直观清晰地看出最近的热门话题及变化情况。

怎么获取热门微博数据? 本章采用直接去热门微博网址用Python编写的程序爬取数据。数据获取的时间间隔怎么设置? 由于热门微博是实时动态刷新的,在本次任务中选取每隔1小时去采集一次Top 10热门微博数据,时间范围是上午9点至下午6点;同时为了数据的对比分析,连续采集几天。

2.1.2　技术选型

大数据时代需要存储大量数据并进行快速地处理和分析。Hadoop 作为高性能处理海量数据集的理想工具之一,能够满足这些需要并实现这些功能,从而在各行各业得到了广泛应用。

1. Hadoop 简介

本项目采用 Hadoop 平台实现对海量数据的收集、存储和计算。它允许在不了解分布式底层细节的情况下,开发分布式程序;还能充分利用集群的力量进行高速运算和存储,解决传统高性能单机无法解决的大数据处理问题。且热门微博每时每刻都在变化和生成,导致数据量非常大,利用 Hadoop 平台非常适合。

Hadoop 原本来自于谷歌公司一款名为 MapReduce 的编程模型包。该 MapReduce 框架可以把一个应用程序分解为很多条并行计算指令,跨大量的计算节点来运行海量数据,其应用的一个典型例子就是在网络数据上运行的搜索算法。

Hadoop 不是指具体一个框架或者组件,是一个由 Apache 基金会所开发的用 Java 语言编写的分布式系统基础架构,是一个对海量数据进行分析的工具。它和其他组件搭配使用,可以实现对海量数据的收集、存储和计算。

Hadoop 最初只与网页索引有关,但随着这个开源平台的生态系统日益庞大,Hadoop 已经成为技术发展趋势。据估计,截至 2019 年,全世界一半以上的数据处理都涉及 Hadoop。另一方面,随着数据量从 GB 到 TB 再到 PB 级别的迅猛庞大,以及市场需求的日益增加,它迅速发展成为分析大数据的领先平台,在大数据情报处理中也扮演着越来越重要的角色。

2. Hadoop 的特点

Hadoop 以一种低成本、可靠、高效、可伸缩的方式进行数据处理。

(1) 低成本(Economical):Hadoop 对硬件要求不高,可以从软件上节约成本。具体来说,就是通过普通廉价的机器组成服务器集群来分发以及处理数据,以至于成本很低。

(2) 可靠(Reliable):Hadoop 能自动维护数据的多份副本,并且在任务失败后能自动地重新部署计算任务,其按位存储和处理数据的能力值得信赖。

(3) 高效(Efficient):Hadoop 以并行的方式工作,能够在节点之间动态地移动数据,从而加快了速度。

(4) 可伸缩(Scalable):Hadoop 是在可用的计算机集群间分配数据并完成计算任务的,且这些集群能方便地扩展到数以千计个节点中,对数据持续增长、数据量特别巨大的需求很合适。

另外,Hadoop 的生态群活跃,周边开源项目丰富,其中 HBase、Hive 和 Impala 等基础开源项目众多。此外,Hadoop 带有用 Java 语言编写的框架,因此,运行在 Linux 生产平台上非常理想。当然,Hadoop 上的应用程序也可以使用其他语言编写,例如 C++ 。

3. Hadoop 应用

Hadoop 在情报大数据处理中应用广泛,这得益于其自身在数据提取、变形和加载方面上的天然优势。由于 Hadoop 的分布式架构,它将大数据处理引擎尽可能地靠近存储,对例如加载这种批处理操作相对合适,因为批处理结果可以直接存储。不仅如此,Hadoop 已经从一个主要面向批处理的处理器发展成为一个强大的、实时的数据处理器,它可以处理企业级的大数据应用程序以及更传统的遗留数据集。

企业数据仓库和关系数据库擅长处理结构化数据,并且可以存储大量的数据,但成本比较昂贵。这种对数据的结构化要求限制了可处理的数据种类,同时还影响数据仓库在面对海量异构数据时的快速检索。这通常意味着有价值的数据源难以被挖掘,也就是 Hadoop 与传统数据处理方式最大的不同。正因为此,Hadoop 在情报大数据处理中的地位进一步提升,重要性更加彰显。

2.1.3　框架软件

Hadoop 框架最核心的设计就是 HDFS(Hadoop Distributed File System)和 MapReduce。HDFS 为海量的数据提供了存储,MapReduce 则为海量的数据提供了计算。

1. HDFS 海量存储

HDFS 是一个分布式文件系统,专门存储超大数据文件,为整个 Hadoop 生态圈提供了基础的存储服务。它具有以下特点。

(1) 低成本(Low-Cost)。被设计用来部署在低廉的硬件上。

(2) 高可靠性(High-Reliability)。能够可靠地存储和处理海量数据。

(3) 高吞吐量(High Throughput)。以便访问应用程序的数据,适合那些有超大数据集的应用程序。

HDFS 放宽了 POSIX 的要求,被设计成适合批量处理的,而不是用户交互式的,可以采用流的形式访问文件系统中的数据。重点是在数据吞吐量,而不是数据访问的反应时间,可以获得更满意的数据吞吐率。

2. MapReduce 并行计算

MapReduce 是一个分布式离线计算框架,是一个编程模型,以一种可靠的、具有容错能力的方式并行地处理上 TB 级别的海量数据集。它由 Map 任务和 Reduce 任务组成。Map 任务首先读取 HDFS 中的数据,然后经过拆分,将每个文件中的每行数据分拆成"键-值"对,最后将输出作为 Reduce 的输入。Reduce 任务将 Mapper 任务的输出作为输入,经过归约处理后写入 HDFS 中。

简言之,Hadoop 的 MapReduce 功能实现了将单个任务打碎,并将碎片任务(Map)发送到多个节点上,之后再以单个数据集的形式加载(Reduce)到数据仓库里。MapReduce 主要用于搜索领域,解决海量数据的并行计算问题。

3. Hive 数据仓库

根据业务的需求分析,下一步不仅会借助 HDFS,还会借助 Hive 和 MySQL。那么既然 Hive 是数据仓库,为什么还需要 HDFS 和 MySQL 数据库呢?

一方面,因为 Hadoop 中的 MapReduce 是批处理系统,所以 Hive 也是基于海量数据的批处理的,但因为 MapReduce 具有高延迟(启动时间长,中间结果放在本地而非内存中),这也造成了 Hive 执行耗时过长。

另一方面,Hive 不存储数据,只是将用户需要对数据处理的逻辑,通过 SQL 编程提交后解释成 MapReduce 程序,然后将这个 MapReduce 程序交给 YARN 进行调度执行,最后将计算结果后的数据存储在 HDFS 上。例如,Hive 终端执行 count 等统计查询时,会调用 MapReduce 程序;而查询某些字段不调用 MapReduce 程序。

还有一点,Hive 只是个解释器,为了方便操作,它会将数据的切分格式、存储地址等信息存储在一张表中,然后把这张表(元数据)存储到 MySQL 数据库中。

2.1.4　开发流程

经过对本次业务的需求分析,可以得出如图 2-1 所示的开发流程。

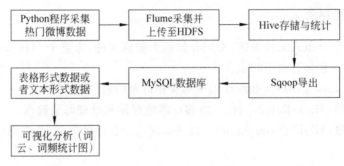

图 2-1　业务开发流程

2.2　实战环境搭建

为了能采集到热门微博的相关数据以及进行可视化分析,除了 Hadoop 这个平台基础,还需要其他关键技术的支持,包括数据采集工具 Flume、数据存储的仓库 Hive、数据导入导出工具 Sqoop、数据库 MySQL。

接下来逐个对环境搭建进行详细介绍,以便更好地了解这些软件各自在整个业务中的作用及如何操作。

2.2.1　准备操作系统环境

Hadoop 是运行在 Linux 下的并行计算框架,需要 Linux 操作系统支撑。此外,由于 Hadoop 是基于 Java 开发的一款程序,所以在安装 Hadoop 之前要确保 Linux 系统上有

Java 环境。还有,Hadoop 需要使用 ssh 进行通信,所以需要安装 ssh。因此,搭建完整的 Hadoop 平台需要操作系统、Java 环境、ssh 和 Hadoop 共同支撑。

本章涉及的软件是 VMware workstations Pro 14 ＋ Ubuntu 16.04LTS ＋Java 1.8.0_101 ＋ssh ＋Hadoop 2.9.2。也可根据自己的需要,选择适合自己计算机的版本进行安装。为了实战方便,在计算机上首先安装虚拟机 VMware(本书安装的版本为 VMware workstations Pro 14),再在 VMware 下安装 Ubuntu(本书安装的版本为 16.04LTS)。具体安装教程可以自行网上搜索,这里不再赘述。

1. 安装 Java 环境

在安装 Hadoop 之前,需要保证 Linux 系统上有 Java 环境。在终端使用 java -version 命令,来查看是否安装了 Java 环境。如果安装了其他版本的 Java 环境,卸载之后再安装 Java 1.8.0。下面是具体安装步骤。

首先从 Oracle 官网上下载需要的 JDK 安装包,JDK 就是 Java Development Kit,这个开发工具中包含了 Java 运行所必需的运行环境。本书所下载的是 java1.8.0_101 的 Linux 版本安装包,下载地址为 http://www.oracle.com/ technetwork/java/javase/downloads/。注意在下载安装包时选择适合自己操作系统版本的位数文件进行下载。完成下载之后,得到一个扩展名为 tar.gz 的压缩包,放在 home/Downloads 目录下。

在上述目录下打开终端,输入如下终端命令,将刚下载的 JDK 压缩包复制到/usr/local 目录下。

```
cp jdk-8u101-linux-x64.tar.gz /usr/local
```

执行如下终端命令,将刚下载的文件解压到/usr/local/目录下。

```
tar -zxvf jdk-8u101-linux-x64.tar.gz
```

之后,使用 ls 终端命令可以看到该目录下有一个名称为 jdk1.8.0_101 的 JDK 文件,表明解压缩成功,如图 2-2 所示。

```
root@tyj-virtual-machine:/usr/local# ls
bin  games    jdk1.8.0_101                 lib  sbin  src
etc  include  jdk-8u101-linux-x64.tar.gz   man  share
```

图 2-2　解压缩文件

解压缩之后对环境变量进行配置。首先使用终端命令 gedit ～/.bashrc 打开 bashrc 文件,配置 Java 环境变量,最后使用终端命令 source ～/.bashrc 使环境变量生效。

```
#写入环境变量 Start
export JAVA_HOME=/usr/local/jdk1.8.0_101
export CLASSPATH=.:$JAVA_HOME/lib/dt.jar:$JAVA_HOME/lib/tools.jar
export PATH=$JAVA_HOME/bin:$PATH
#写入环境变量 End
```

配置完之后,使用终端命令 java-version 来测试 Java 是否安装完毕。若出现类似图 2-3 所示的 Java 版本信息,则表明 Java 环境安装完成。

```
root@tyj-virtual-machine:/usr/local# java -version
java version "1.8.0_101"
Java(TM) SE Runtime Environment (build 1.8.0_101-b13)
Java HotSpot(TM) 64-Bit Server VM (build 25.101-b13, mixed mode)
```

图 2-3　查看 Java 版本

2. 安装 ssh 服务

由于 Hadoop 需要使用 ssh 进行通信,因此首先需要在 Linux 操作系统上安装 ssh。在安装之前,使用终端命令 dpkg -l｜grep ssh 和 ps -e｜grep ssh 分别查看是否已经安装和启动了 ssh 服务。下面是具体安装步骤。

首先使用如图 2-4 所示的终端命令来安装 ssh 服务。

```
root@tyj-virtual-machine:/usr/local# apt-get install openssh-server
Reading package lists... Done
Building dependency tree
```

图 2-4　安装 ssh 服务

安装之后再使用如图 2-5 所示的终端命令来开启 ssh 服务。

```
root@tyj-virtual-machine:/usr/local# /etc/init.d/ssh start
[ ok ] Starting ssh (via systemctl): ssh.service.
```

图 2-5　启动 ssh 服务

最后使用如图 2-6 所示的终端命令来测试 ssh 服务是否成功启动。

```
root@tyj-virtual-machine:/usr/local# ps -e | grep ssh
  8455 ?        00:00:00 sshd
```

图 2-6　测试 ssh 服务是否成功启动

3. 实现免密码登录

ssh 作为一个安全通信协议,需要在通信时输入密码。由于在此使用伪分布模式,可设置为免密码登录模式。下面是具体设置步骤。

(1) 输入如图 2-7 所示的终端命令生成密钥。

(2) 输入如图 2-8 所示的终端命令,导入 authorized_keys。

(3) 输入终端命令 ssh localhost 测试免密码登录是否可行。若出现如图 2-9 所示的提示信息,则表明免密登录成功。

如果 ssh 免密登录失败,那么可以尝试修改 ssh 的配置文件/etc/ssh/ssh_config 和/etc/ssh/sshd_config,增加语句 PubkeyAcceptedKeyTypes＝＋ssh-dss。ssh_config 和 sshd_config 分别是 ssh 客户端和服务器端的配置文件,ssh localhost 就是一个本地客户端向本地服务器请求的过程。若修改 sshd 文件后,ssh localhost 还是需要密码,则使用终端命令 service ssh restart 重启 ssh 服务器。

```
root@tyj-virtual-machine:/usr/local# ssh-keygen -t dsa -P '' -f ~/.ssh/id_dsa
Generating public/private dsa key pair.
Created directory '/root/.ssh'.
Your identification has been saved in /root/.ssh/id_dsa.
Your public key has been saved in /root/.ssh/id_dsa.pub.
The key fingerprint is:
SHA256:scsMLQtL3XcRS1UWUZfVrG53gxI6aDzvcZT9M9K4Cyc root@tyj-virtual-machine
The key's randomart image is:
+---[DSA 1024]----+
|           o..=&|
|          . o o+|
|         . o . |
|      . o o .o.. |
|     o = S oooo. |
|    . o @ =.o .*.o|
|     . o *..E.= *o|
|        .o + o o |
|         .. o.  |
+----[SHA256]-----+
```

图 2-7　生成密钥

```
root@tyj-virtual-machine:/usr/local# cat ~/.ssh/id_dsa.pub >> ~/.ssh/authorized
_keys
```

图 2-8　导入 authorized_keys

```
root@tyj-virtual-machine:~# ssh localhost
Welcome to Ubuntu 16.04.6 LTS (GNU/Linux 4.15.0-45-generic x86_64)

 * Documentation:  https://help.ubuntu.com
 * Management:     https://landscape.canonical.com
 * Support:        https://ubuntu.com/advantage

330 packages can be updated.
0 updates are security updates.


The programs included with the Ubuntu system are free software;
the exact distribution terms for each program are described in the
individual files in /usr/share/doc/*/copyright.

Ubuntu comes with ABSOLUTELY NO WARRANTY, to the extent permitted by
applicable law.

root@tyj-virtual-machine:~#
```

图 2-9　测试免密登录

2.2.2　搭建 Hadoop 平台

Hadoop 安装的模式有单机模式(本地模式)、伪分布模式和完全分布模式。本节主要介绍前两种模式。

(1) 单机模式是在 Hadoop 解压缩之后默认选择的最精简模式,在这个模式中,core-site.xml、hdfs-site.xml 和 hadoop-env.sh 中的配置信息默认为空,安装时需要自己去配置填写。

(2) 伪分布模式就是 Hadoop 运行在单集群上,比单机模式多了代码调试功能,并且启用了 HDFS 功能,还能够和几个守护进程进行交互。

在结束了前期的准备工作之后,就可以开始安装 Hadoop 了。

单机模式的具体安装步骤如下。

（1）从官网上下载 Hadoop，下载地址为 http://hadoop.apache.org/ releases.html，要选择适合自己的版本进行下载。这里选择下载的版本是 hadoop-2.9.2，完成下载之后，可以得到一个扩展名为 tar.gz 的压缩包，放在 usr/local/hadoop 目录下。

（2）在上述目录下打开命令行，输入如下所示的终端命令，对刚下载的 Hadoop 压缩包进行解压，得到名称为 hadoop-2.9.2 的文件。

```
tar -zxvf hadoop-2.9.2.tar.gz
```

（3）进入 /usr/local/hadoop/hadoop-2.9.2/etc/hadoop 目录，修改相关的 3 个配置文件，分别为 core-site.xml、hdfs-site.xml 和 hadoop-env.sh，每个配置内容以声明 property 的 name 和 value 的方式来实现。

首先，使用终端命令 gedit core-site.xml 打开 core-site.xml 配置文件，配置内容如下。

```
1.  <configuration>
2.      <!--配置 core-site.xml-->
3.      <property>
4.          <name>fs.default.name</name>
5.          <value>hdfs://localhost:9000</value>
6.      </property>
7.      <property>
8.          <name>hadoop.tmp.dir</name>
9.          <value>/usr/local/hadoop/hadoop-2.9.2/hadoop_tmp</value>
10.         <description>A base for other temporary directories.</description>
11.     </property>
12.     </property>
13. </configuration>
```

然后，使用终端命令 gedit hdfs-site.xml 打开 hdfs-site.xml 配置文件，配置代码如下。

```
1.  <configuration>
2.      <!--设置 HDFS 副本数量 -->
3.      <property>
4.          <name>dfs.replication</name>
5.          <value>1</value>
6.      </property>
7.  </configuration>
```

接着，使用终端命令 gedit hadoop-env.sh 打开 hadoop-env.sh 配置文件，写入如下配置信息，写完之后记得使用 source 命令使更改生效。

```
1.  #The Java implemetation to use
2.  export JAVA_HOME=/usr/local/jdk1.8.0_101
```

```
3.  export HADOOP_HOME =/usr/local/hadoop/hadoop-2.9.2
4.  export PATH =$PATH:/usr/local/hadoop/hadoop-2.9.2/bin
```

最后,使用终端命令 gedit /etc/environment 打开系统环境变量配置。在文件结尾""之内加上":/usr/local/hadoop/hadoop-2.7.3/bin:/usr/local/hadoop/hadoop-2.9.2/sbin",即写入 Hadoop 环境变量。

(4) 使用终端命令 hadoop version 验证 Hadoop 单机模式安装是否完成。若出现类似如图 2-10 所示的版本信息,则表明安装成功。

```
root@tyj-virtual-machine:/usr/local/hadoop/hadoop-2.9.2/etc/hadoop# hadoop ver
sion
Hadoop 2.9.2
Subversion https://git-wip-us.apache.org/repos/asf/hadoop.git -r 826afbeae31ca
687bc2f8471dc841b66ed2c6704
Compiled by ajisaka on 2018-11-13T12:42Z
Compiled with protoc 2.5.0
From source with checksum 3a9939967262218aa556c684d107985
This command was run using /usr/local/hadoop/hadoop-2.9.2/share/hadoop/common/
hadoop-common-2.9.2.jar
```

图 2-10　测试 Hadoop 单机模式安装是否成功

接下来就是伪分布模式设置了,它比单机模式多了代码调试功能,并且启用了 HDFS 功能。具体步骤如下。

(1) 输入终端命令 hadoop namenode -format,格式化 HDFS 文件系统。若出现如图 2-11 所示的类似信息,则表明格式化成功。

```
20/03/01 19:52:46 INFO namenode.FSImageFormatProtobuf: Image file /usr/local/h
adoop/hadoop-2.9.2/hadoop_tmp/dfs/name/current/fsimage.ckpt_0000000000000000000
0 of size 323 bytes saved in 0 seconds .
20/03/01 19:52:46 INFO namenode.NNStorageRetentionManager: Going to retain 1 i
mages with txid >= 0
20/03/01 19:52:46 INFO namenode.NameNode: SHUTDOWN_MSG:
/************************************************************
SHUTDOWN_MSG: Shutting down NameNode at tyj-virtual-machine/127.0.1.1
************************************************************/
root@tyj-virtual-machine:/usr/local/hadoop/hadoop-2.9.2/etc/hadoop#
```

图 2-11　格式化 HDFS

(2) 进入/sbin 目录,通过终端命令 start all.sh 启动 HDFS,如图 2-12 所示。

```
root@tyj-virtual-machine:/sbin# start-all.sh
This script is Deprecated. Instead use start-dfs.sh and start-yarn.sh
Starting namenodes on [localhost]
localhost: namenode running as process 12444. Stop it first.
localhost: datanode running as process 12636. Stop it first.
Starting secondary namenodes [0.0.0.0]
0.0.0.0: secondarynamenode running as process 11764. Stop it first.
starting yarn daemons
resourcemanager running as process 11909. Stop it first.
localhost: nodemanager running as process 12042. Stop it first.
root@tyj-virtual-machine:/sbin#
```

图 2-12　启动 HDFS

通过终端命令 jps 显示进程,如图 2-13 所示。

```
root@tyj-virtual-machine:/sbin# jps
11764 SecondaryNameNode
11909 ResourceManager
12042 NodeManager
12636 DataNode
12444 NameNode
13901 Jps
root@tyj-virtual-machine:/sbin# 
```

图 2-13　显示进程

为了测试 Hadoop 集群能否正常执行任务,可以使用自带的样例,通过如图 2-14 所示的终端命令来求圆周率。其中 pi 是类名,第一个 10 表示 Map 执行的次数,第二个 10 表示随机生成点的次数。若出现如图 2-15 所示的结果,则表明 Hadoop 集群搭建完成。

```
root@tyj-virtual-machine:~# hadoop jar /usr/local/hadoop/hadoop-2.9.2/share/
hadoop/mapreduce/hadoop-mapreduce-examples-2.9.2.jar pi 10 10
```

图 2-14　自带样例求圆周率

```
root@tyj-virtual-machine: ~
                Input split bytes=1450
                Combine input records=0
                Combine output records=0
                Reduce input groups=2
                Reduce shuffle bytes=280
                Reduce input records=20
                Reduce output records=0
                Spilled Records=40
                Shuffled Maps =10
                Failed Shuffles=0
                Merged Map outputs=10
                GC time elapsed (ms)=845
                Total committed heap usage (bytes)=1731366912
        Shuffle Errors
                BAD_ID=0
                CONNECTION=0
                IO_ERROR=0
                WRONG_LENGTH=0
                WRONG_MAP=0
                WRONG_REDUCE=0
        File Input Format Counters
                Bytes Read=1180
        File Output Format Counters
                Bytes Written=97
Job Finished in 37.594 seconds
Estimated value of Pi is 3.20000000000000000000
root@tyj-virtual-machine:~# 
```

图 2-15　测试 Hadoop 集群搭建是否完成

通过终端命令 stop-all.sh 停止 HDFS,如图 2-16 所示。

至此 Hadoop 平台已经搭建好了,需要了解的是单机模式只适用于本地开发调试;伪分布模式是在一台机器上的各个进程上运行 Hadoop 的各个模块,意思是虽然各个模块是在各个进程上分开运行的,但运行在同一个操作系统上,并不是真正的分布式。

2.2.3　数据采集工具 Flume

Flume 是一个分布式、可靠和高可用的海量日志聚合的系统,支持在系统中订制各类数

```
root@tyj-virtual-machine:/sbin# stop-all.sh
This script is Deprecated. Instead use stop-dfs.sh and stop-yarn.sh
Stopping namenodes on [localhost]
localhost: stopping namenode
localhost: stopping datanode
Stopping secondary namenodes [0.0.0.0]
0.0.0.0: stopping secondarynamenode
stopping yarn daemons
stopping resourcemanager
resourcemanager did not stop gracefully after 5 seconds: killing with kill -9
localhost: stopping nodemanager
localhost: nodemanager did not stop gracefully after 5 seconds: killing with k
ill -9
no proxyserver to stop
root@tyj-virtual-machine:/sbin# █
```

图 2-16　停止 HDFS

据发送方,用于收集数据。同时,Flume 提供对数据进行简单处理,并写到各种数据接收方(可订制)的能力。下面是具体安装步骤。

(1) 从 Flume 官网上下载需要的 Flume 安装包,下载地址为 https://mirrors.tuna.tsinghua.edu.cn/apache/flume/。本书所下载的是 apache-flume-1.8.0-bin 版本安装包。完成下载之后,得到一个扩展名为 tar.gz 的压缩包,放在 usr/local/flume 目录下。

(2) 在上述目录下打开终端,输入如下终端命令,对刚下载的 Flume 压缩包进行解压,得到一个名称为 apache-flume-1.8.0-bin 的 Flume 文件。

```
tar -zxvf apache-flume-1.8.0-bin.tar.gz
```

(3) 在解压缩之后来配置环境变量。首先写入 Flume 环境变量。使用终端命令 gedit ~/.bashrc 打开 bashrc 文件,配置 Flume 环境变量,最后使用终端命令 source ~/.bashrc 使环境变量生效。

```
1.  #写入 Flume 环境变量
2.  export FLUME_HOME=/usr/local/flume/apache-flume-1.8.0-bin
3.  export FLUME_CONF_DIR=$FLUME_HOME/conf
4.  export PATH=$PATH:$FLUME_HOME/bin
```

(4) 执行终端命令,写入 Java 环境变量。
① 切换到 conf 目录下。

```
cd /usr/local/flume/apache-flume-1.8.0-bin/conf
```

② 复制 flume-env.sh.template 文件,打开编辑文件 flume-env.sh。

```
cp flume-env.sh.template flume-env.sh
gedit flume-env.sh
```

③ 配置 Java 环境变量。

```
1.  #Environment variables can be set here
2.  #写入 Java 环境变量
3.  export JAVA_HOME =/usr/local/jdk1.8.0_101
```

④ 使用终端命令 source flume-env.sh 使环境变量生效。

```
source flume-env.sh
```

（5）配置完之后，使用终端命令 flume-ng version 来测试 Flume 是否安装成功。若出现类似图 2-17 所示的版本信息，则表明安装完成。

```
root@tyj-virtual-machine:/usr/local/flume/apache-flume-1.8.0-bin# flume-ng
version
Flume 1.8.0
Source code repository: https://git-wip-us.apache.org/repos/asf/flume.git
Revision: 99f591994468633fc6f8701c5fc53e0214b6da4f
Compiled by denes on Fri Sep 15 14:58:00 CEST 2017
From source with checksum fbb44c8c8fb63a49be0a59e27316833d
root@tyj-virtual-machine:/usr/local/flume/apache-flume-1.8.0-bin# 
```

图 2-17　测试 Flume 安装是否成功

2.2.4　数据仓库 Hive

Hive 是建立在 Hadoop 之上的数据仓库基础构架，是为了减少 MapReduce 编写工作的批处理系统。它本身不存储和计算数据，完全依赖于 HDFS 和 MapReduce。它可以理解为一个客户端工具，将 SQL 操作转换为相应的任务，然后在 Hadoop 上面运行。下面是具体安装步骤。

（1）从 Hive 官网上下载需要的 Hive 安装包，下载地址为 http://mirror.bit.edu.cn/apache/hive/。在此所下载的是 apache-hive-2.3.6-bin 版本安装包。完成下载之后，得到一个扩展名为 tar.gz 的压缩包，放在 usr/local/hive 目录下。

（2）对刚下载的 Hive 压缩包进行解压。

```
#切换工作目录
cd /usr/local/hive
#解压缩 Hive 压缩包
tar -zxvf apache-hive-2.3.6-bin.tar.gz
#授权文件夹
sudo chown -R root:root apache-hive-2.3.6-bin
```

其中，root:root 表示登录 Ubuntu 的用户组和用户名，apache-hive-2.3.6-bin 表示刚刚解压缩得到 Hive 文件名。

（3）解压缩之后开始配置环境变量。首先写入 Hive 环境变量。使用终端命令 gedit ~/.bashrc 打开 bashrc 文件，然后配置 Hive 环境变量。

```
1.  #写入 Hive 环境变量 start
2.  export HIVE_HOME =/usr/local/hive/apache-hive-2.3.6-bin
3.  export PATH =$PATH:$HIVE_HOME/bin
4.  #写入 Hive 环境变量 End
```

最后使用终端命令 source ～/.bashrc 使环境变量生效。

（4）切换到 conf 文件夹下，新建 hive-site.xml 并写入配置内容。

```
#切换工作目录
cd /usr/local/hive/apache-hive-2.3.6-bin/conf
#重命名
mv hive-default.xml.template hive-site.xml
#打开并编辑文件
gedit hive-site.xml
```

hive-site.xml 配置如下：

```
1.  <?xml version="1.0" encoding="UTF-8" standalone="no" ?>
2.  <?xml-stylesheet type="text/xsl" href="configuration.xsl" ?>
3.  <configuration>
4.      <property>
5.          <name>javax.jdo.option.ConnectionURL</name>
6.          <value>jdbc:mysql://localhost:3306/weibo? createDatabaseIfNotExist
    =true</value>
7.          <description>JDBC connect string for a JDBC metastore</description>
8.      </property>
9.      <property>
10.         <name>javax.jdo.option.ConnectionDriverName</name>
11.         <value>com.mysql.jdbc.Driver</value>
12.         <description>Driver class name </description>
13.     </property>
14.     <property>
15.         <name>javax.jdo.option.ConnectionUserName</name>
16.         <value>hive</value>
17.         <description>Username </description>
18.     </property>
19.     <property>
20.         <name>javax.jdo.option.ConnectionPassword</name>
21.         <value>hive</value>
22.         <description>password </description>
23.     </property>
24. </configuration>
```

（5）配置完之后，使用终端命令 hive 来测试 Hive 是否安装成功。若进入 Hive 终端，则表明安装成功。

如果 Hive 终端运行 SQL 语句报错,检查在首次启动 Hive 之前,要使用 schematool -dbType mysql -initSchema 进行初始化,将 MySQL 作为元数据。

2.2.5 数据导入导出工具 Sqoop

Sqoop 是一款开源的工具,主要用于在 Hadoop(Hive)与传统数据库(MySQL 等)间进行数据的传递,可以将一个关系数据库(例如 MySQL、Oracle 等)中的数据导入 Hadoop 的 HDFS 中,也可以将 HDFS 的数据导入关系数据库中。Sqoop 项目开始于 2009 年,最早是作为 Hadoop 的一个第三方模块存在,后来为了让使用者能够快速部署,也为了让开发人员能够更快速地迭代开发,Sqoop 独立成为一个 Apache 项目。下面是具体安装步骤。

(1) 从 Sqoop 官网上下载需要的 Sqoop 安装包,下载地址为 https://mirror.bit.edu.cn/apache/sqoop/。本书所下载的是 sqoop-1.4.7.bin 版本安装包。完成下载之后,得到一个扩展名为 tar.gz 的压缩包,放在 usr/local/sqoop 目录下。

(2) 在上述目录下打开终端,输入终端命令,对刚下载的 sqoop 压缩包进行解压,得到一个文件 sqoop-1.4.7。

```
#解压缩 Sqoop 压缩包
tar -zxvf sqoop-1.4.7.bin__hadoop-2.6.0.0.tar.gz
#文件重命名
mv sqoop-1.4.7.bin__hadoop-2.6.0 sqoop-1.4.7
#授权
sudo chown -R root:root sqoop-1.4.7
```

其中,root:root 表示登录 Ubuntu 的用户组和用户名,sqoop-1.4.7 表示刚刚解压缩得到 Sqoop 文件名。

(3) 解压缩之后开始配置环境变量。首先写入 Sqoop 环境变量。使用终端命令 gedit ~/.bashrc 打开 bashrc 文件,配置 Sqoop 环境变量。

```
1.  #写入 Sqoop 环境变量 Start
2.  export SQOOP_HOME =/usr/local/sqoop/sqoop-1.4.7
3.  export PATH =$PATH:$SBT_HOME/bin:$SQOOP_HOME/bin
4.  export CLASSPATH=$CLASSPATH:$SQOOP_HOME/lib
5.  #写入 Sqoop 环境变量 End
```

最后使用终端命令 source ~/.bashrc 使环境变量生效。

(4) 新建 sqoop-env.sh 并写入配置内容。

```
#切换工作目录
cd /usr/local/sqoop/sqoop-1.4.7/conf
#复制文件
cat sqoop-env-template.sh >>sqoop-env.sh
```

```
#打开文件
gedit sqoop-env.sh
```

然后写入如下配置内容：

```
1.  #Set Hadoop-specific environment variables here
2.  export HADOOP_COMMON_HOME=/usr/local/hadoop/hadoop-2.9.2
3.  export HADOOP_MAPRED_HOME=/usr/local/hadoop/hadoop-2.9.2
4.  export HIVE_HOME=/usr/local/hive/apache-hive-2.3.6-bin
```

最后，执行终端命令 source sqoop-env.sh 使之生效。

（5）配置完之后，使用终端命令 sqoop version 来测试 Sqoop 是否安装成功。若显示相关版本信息，则表明安装成功。

2.2.6　配置数据库 MySQL

MySQL 数据库是一个关系数据库，在此的作用是为了存放从 Hive 中导入的数据。下面是 MySQL JDBC 包的具体使用步骤。

（1）从官网上下载 MySQL JDBC 包，下载地址为 https://dev.mysql.com/downloads/connector/j/。本书所下载的是 mysql-connector-java-5.1.7-bin 版本安装包。完成下载之后，得到一个扩展名为 zip 的压缩包，放在 usr/local/mysql-connector 目录下。

（2）在上述目录下打开终端，输入如下终端命令，对刚下载的 MySQL JDBC 包进行解压，得到一个文件 mysql-connector-java-5.1.7-bin.jar。

```
unzip mysql-connector-java-5.1.7.zip
```

（3）输入如下终端命令，将 mysql-connector-java-5.1.7-bin.jar 复制到 Hive 和 Sqoop 的 lib 目录下。

```
cp mysql-connector-java-5.1.7-bin.jar /usr/local/hive/apache-hive-2.3.6-
bin/lib
```

下面是 MySQL 的具体安装步骤。

（1）在终端输入命令 sudo apt-get update 来更新软件源，输入 sudo apt-get install mysql-server 来安装最新版本的 MySQL。

（2）安装成功后，使用图 2-18 所示的命令来启动 MySQL 服务，并确认是否启动成功。若节点处于 LISTEN 状态，则表示启动成功。

```
root@tyj-virtual-machine:/home/tyj# service mysql start
root@tyj-virtual-machine:/home/tyj# netstat -tap | grep mysql
tcp        0      0 localhost:mysql         *:*                     LISTEN
12449/mysqld
```

图 2-18　MySQL 服务启动成功

（3）输入如图 2-19 所示的终端命令，使用用户名和密码登录进入 MySQL Shell 界面。

```
root@tyj-virtual-machine:/home/tyj# mysql -u root -p
Enter password:
Welcome to the MySQL monitor.  Commands end with ; or \g.
Your MySQL connection id is 4
Server version: 5.7.29-0ubuntu0.16.04.1 (Ubuntu)

Copyright (c) 2000, 2020, Oracle and/or its affiliates. All rights reserved.

Oracle is a registered trademark of Oracle Corporation and/or its
affiliates. Other names may be trademarks of their respective
owners.

Type 'help;' or '\h' for help. Type '\c' to clear the current input statement.

mysql> exit;
```

图 2-19　MySQL 的 Shell 界面

（4）为了 Hive 能够和 MySQL 进行连接，需要进入 MySQL 命令行配置 MySQL 允许 Hive 接入，即将所有数据库的所有表的所有权限赋给 Hive 用户。这里连接用户名和密码都设置为 hive，与 Hive 的配置文件 hive-site.xml 中的配置内容要保持一致。最后，刷新 MySQL 系统权限关系表。

以上操作涉及的终端命令如图 2-20 所示。

```
mysql> grant all on *.* to hive@localhost identified by 'hive';
Query OK, 0 rows affected, 1 warning (0.09 sec)

mysql> flush privileges;
Query OK, 0 rows affected (0.33 sec)

mysql> show databases;
+--------------------+
| Database           |
+--------------------+
| information_schema |
| hive               |
| mysql              |
| performance_schema |
| sys                |
+--------------------+
5 rows in set (0.00 sec)

mysql>
```

图 2-20　Hive 和 MySQL 连接

（5）还要测试 Sqoop 与 MySQL 数据库是否连接成功，可以使用如图 2-21 所示的终端命令。若 MySQL 的数据库列表显示在屏幕上如图 2-21 所示，则表示连接成功。

如果出现中文乱码，可以采取如下步骤。

（1）编辑配置文件：gedit /etc/mysql/mysql.conf.d/mysqld.cnf。

（2）在[mysqld]下添加一行：character_set_server＝utf8。

（3）重启 MySQL 服务：service mysql restart。

```
root@tyj-virtual-machine:/usr/local/sqoop/sqoop-1.4.7/conf# sqoop list-databases
--connect jdbc:mysql://127.0.0.1:3306/ --username root -P
Warning: /usr/local/sqoop/sqoop-1.4.7/../hbase does not exist! HBase imports wil
l fail.
Please set $HBASE_HOME to the root of your HBase installation.
Warning: /usr/local/sqoop/sqoop-1.4.7/../hcatalog does not exist! HCatalog jobs
will fail.
Please set $HCAT_HOME to the root of your HCatalog installation.
Warning: /usr/local/sqoop/sqoop-1.4.7/../accumulo does not exist! Accumulo impor
ts will fail.
Please set $ACCUMULO_HOME to the root of your Accumulo installation.
Warning: /usr/local/sqoop/sqoop-1.4.7/../zookeeper does not exist! Accumulo impo
rts will fail.
Please set $ZOOKEEPER_HOME to the root of your Zookeeper installation.
20/03/11 14:32:01 INFO sqoop.Sqoop: Running Sqoop version: 1.4.7
Enter password:
20/03/11 14:32:10 INFO manager.MySQLManager: Preparing to use a MySQL streaming
resultset.
information_schema
hive
mysql
performance_schema
sys
weibo
root@tyj-virtual-machine:/usr/local/sqoop/sqoop-1.4.7/conf# █
```

图 2-21　Sqoop 与 MySQL 连接成功

2.3　业　务　开　发

完成了前面 Hadoop 平台的搭建以及关键技术的准备之后，就可以根据前面分析的开发流程进行业务的开发。

2.3.1　数据采集与上传至 HDFS

Flume 采集数据有很多方式，这里采用的方式是监听一个放在 flume 相关目录下的文件（具体路径为/usr/local/flume/apache-flume-1.8.0-bin/conf/data/weibo/hot_weibo.txt）。这个文件是爬虫（采用 Python 编程）建立的，每当爬取到新数据后就会追加到这个文件中；而 Flume 每次都会去读取这个文件的末尾，看是否有新数据添加进来，若有则上传至 HDFS 上。

下面来介绍一下数据采集与上传的详细步骤。

（1）进入 Flume 的 conf 目录，使用终端命令 gedit hot_weibo_hdfs.conf 新建一个 Flume 配置文件，并写入如下配置内容。

```
1.  agent1.sources =src
2.  agent1.channels =ch
3.  agent1.sinks =des
4.
5.  agent1.sources.src.type =exec
6.  agent1.sources.src.command =tail -F /usr/local/Flume/apache-flume-1.8.0
-bin/conf/data/weibo/hot_weibo.txt
7.
```

```
8.  agent1.channels.ch.type =memory
9.  agent1.channels.ch.keep-alive =30
10. agent1.channels.ch.capacity =1000000
11. agent1.channels.ch.transactionCapacity =100
12.
13. agent1.sinks.des.type =hdfs
14. agent1. sinks. des. hdfs. path = hdfs://localhost: 9000/usr/local/hadoop/
hadoop-2.9.2/myflume/hot_weibo_hdfs/%Y%m%d/
15. agent1.sinks.des.hdfs.useLocalTimeStamp =true
16. agent1.sinks.des.hdfs.inUsePrefix =_
17. agent1.sinks.des.hdfs.filePrefix =hot_weibo
18. agent1.sinks.des.hdfs.fileType =DataSteam
19. agent1.sinks.des.hdfs.writeFormat =Text
20. agent1.sinks.des.hdfs.rollInterval =30
21. agent1.sinks.des.hdfs.rollSize =1000000
22. agent1.sinks.des.hdfs.rollCount =10000
23. agent1.sinks.des.hdfs.idleTimeout =30
24.
25. agent1.sources.src.channels =ch
26. agent1.sinks.des.channel =ch
```

这里对其中一些配置内容稍做解释。

① agent1.sources.src.command 这一行内容表示采集的数据存在哪个文件中,而 Flume 每次都会去读取这个文件的末尾。

② agent1.sinks.des.hdfs.path 这一行内容表示新采集到的数据在 HDFS 上的存放路径,这里放在以实时日期为名称的目录下。

③ hdfs.filePrefix = hot_weibo 表示上传至 HDFS 的文件前缀为 hot_weibo。

(2) 在 flume 的 conf/data/weibo 目录下,使用终端命令 gedit hot_weibo.py 新建一个采集热门微博的 Python 文件,程序的主要部分如下所示。采集的数据内容主要包含发博用户名称、发布时间、发布来源、微博正文、转发数量、评论数量和点赞数量。

```python
1.  import requests
2.  import re
3.  import json
4.  import pprint
5.
6.
7.  class WeiboSpider:
8.
9.      def __init__(self):
10.         self.headers ={
```

```
11.            "User-Agent": "Mozilla/5.0 (Windows NT 10.0; Win64; x64)
AppleWebKit/537.36 (KHTML, like Gecko) Chrome/73.0.3683.103 Safari/537.36"}
12.        self. con _ url = " https://m. weibo. cn/api/container/getIndex?
containerid=102803&openApp=0"
13.
14.    def get_link(self):
15.        link_list =[]
16.        response =requests.get(self.con_url, headers=self.headers)
17.        data =json.loads(response.text)
18.        data1 =data['data']['cards']
19.        fp =open("hot_weibo.txt", "a", encoding='utf8')
20.        for card_group in data1:
21.            try:
22.                for mblog in card_group['card_group']:
23.                    pprint.pprint(mblog['mblog']['id'])
24.                    link_list.append(mblog['mblog']['id'])
25.                    name =mblog['mblog']["user"]["screen_name"]
26.                    time =mblog['mblog']['created_at']
27.                    source =mblog['mblog']['source']
28.                    text =mblog['mblog']['text']
29.                    label_filter =re.compile(r'</? \w+[^>] * >', re.S)
30.                    text =re.sub(label_filter, '', text)
31.                    reposts_count =mblog['mblog']['reposts_count']
32.                    comments_count =mblog['mblog']['comments_count']
33.                    attitudes_count =mblog['mblog']['attitudes_count']
34.
35.                    #attitudes
36.                    fp.write(str(name) +"\t" + str(time) +"\t" + str(source)
+"\t"
37.                            +str(text) +"\t" +str(reposts_count) +"\t"
38.                            +str(comments_count) +"\t"
39.                            +str(attitudes_count) +"\n")
40.                    break
41.            except Exception as e:
42.                raise e
```

（3）当 Flume 配置文件和爬虫程序写完后，就进入 Hadoop 安装目录下的/sbin 目录，使用终端命令 start-all.sh 启动 HDFS，然后使用终端命令运行 Flume，同时要使用终端命令 python3 hot_weibo.py 运行爬虫文件 hot_weibo.py。

```
flume-ng agent -c /usr/local/flume/apache-flume-1.8.0-bin/conf/ -f /usr/
local/flume/apache-flume-1.8.0-bin/conf/hot_weibo_hdfs.conf -n agent1 -
Dflume.root.logger=DEBUG,console
```

这样如图 2-22 所示，就会把新采集到的数据放在 hot_weibo.txt 文件中并上传至 HDFS 指定的文件里。

```
root@tyj-virtual-machine:/usr/local/hadoop/hadoop-2.9.2/myflume/hot_weibo_hdfs#
flume-ng agent -c /usr/local/flume/apache-flume-1.8.0-bin/conf/ -f /usr/local/fl
ume/apache-flume-1.8.0-bin/conf/hot_weibo_hdfs.conf -n agent1 -Dflume.root.logge
r=DEBUG,console
```

图 2-22   Flume 上传采集的数据至 HDFS

（4）检查一下数据是否已成功上传至 HDFS，并选择一个文件查看里面的具体数据是什么，使用的终端命令如下。

```
1.  hadoop fs -ls /usr/local/hadoop/hadoop-2.9.2/myflume/hot_weibo_hdfs/20200311
2.  hadoop fs -tail /usr/local/hadoop/hadoop-2.9.2/myflume/hot_weibo_hdfs/
    20200311/XX
```

图 2-23 显示了 2020 年 3 月 10 日采集的部分数据。

```
root@tyj-virtual-machine:/usr/local# hadoop fs -ls /usr/local/hadoop/hadoop-2.9.
2/myflume/hot_weibo_hdfs/20200310
Found 2 items
-rw-r--r--   1 root supergroup      13568 2020-03-10 19:04 /usr/local/hadoop/had
oop-2.9.2/myflume/hot_weibo_hdfs/20200310/hot_weibo.1583838231018
-rw-r--r--   1 root supergroup      21054 2020-03-10 19:25 /usr/local/hadoop/had
oop-2.9.2/myflume/hot_weibo_hdfs/20200310/hot_weibo.1583839484330
root@tyj-virtual-machine:/usr/local# hadoop fs -tail /usr/local/hadoop/hadoop-2.
9.2/myflume/hot_weibo_hdfs/20200310/hot_weibo.1583838231018
泰国航空微博      昨天 13:57        iPhone客户端      泰航关于上海浦东机场事件的声明对
于泰国航空客机在上海浦东机场停靠接受检疫期间，发生了乘客不满长时间等待并故意向空
乘咳嗽，继而被空乘制止的事件，泰国国际航空大众有限公司航空安全运营及安保部门副总
裁Capt. Pratana Patanasiri对此透露，从线上媒体传出的视频画面来看，有一位乘客在等
待过程 ...全文  46897    11905    23152
我是哎哟喂-不对-LV先生   7小时前  微博搜索        #日本议员拍卖口罩获利后谢罪# 日
本人的道歉文化就是，干坏事&gt;道歉&gt;大家当无事发生&gt;继续干坏事时差视频的微博
视频   4       28       16
```

图 2-23   Flume 把数据成功上传至 HDFS

2.3.2   数据存储在 Hive

HDFS 上的数据以文本形式存储，且每条记录中的每个字段以一个 Tab 键隔开，那么，这些数据如何加载存储到 Hive 中？接下来介绍一下具体操作步骤。

（1）进入 Hive 终端，新建数据库 weibo，并在里面新建表 hot_weibo，相关命令如图 2-24 所示。这里新建表的作用是存放 HDFS 上的数据，即从热门微博网址采集到的热门微博数据。

```
create table hot_weibo(name string, time string, source string, text string,
reposts_count string, comments_count string, attitudes_count string) row
format delimited fields terminated by '\t' stored as textfile;
```

（2）将 HDFS 上的微博数据加载到新建的表 hot_weibo 中，输入的终端命令如图 2-25 所示。

```
hive> create database weibo;
OK
Time taken: 14.316 seconds
hive> use weibo;
OK
Time taken: 0.593 seconds
hive> create table hot_weibo(name string, time string, source string, text strin
g, reposts_count string, comments_count string, attitudes_count string) row form
at delimited fields terminated by '\t' stored as textfile;
OK
Time taken: 48.462 seconds
hive> show tables;
OK
hot_weibo
Time taken: 2.371 seconds, Fetched: 1 row(s)
hive>
```

图 2-24　新建表 hot_weibo

```
load data inpath ' /usr/local/hadoop/hadoop - 2.9.2/myflume/hot_weibo_hdfs/
20200311/ * ' into table hot_weibo;
```

```
hive> load data inpath '/usr/local/hadoop/hadoop-2.9.2/myflume/hot_weibo_hdfs/20
200311/*' into table hot_weibo;
Loading data to table weibo.hot_weibo
[Warning] could not update stats.
OK
Time taken: 103.386 seconds
```

图 2-25　加载 HDFS 上的数据至 Hive

（3）若出现图 2-25 中的提示信息，则表明数据已成功加载存储在 Hive 的数据表 hot_
weibo 中。此时，为了进一步确认，可以通过简单的查询语句 select * from hot_weibo 来查
看具体数据。

2.3.3　Sqoop 导出数据到 MySQL

（1）进入 MySQL 终端，新建数据库 weibo，并在里面新建表 hot_weibo，相关命令如
图 2-26 所示。这里新建表的作用是存放 Sqoop 从 Hive 导入的数据，即热门微博的相关
数据。

```
create table hot_weibo (name varchar(100), time varchar(100), source varchar
(100), text longtext, reposts_count int, comments_count  int, attitudes_count
int);
```

（2）使用 Sqoop 工具，将数据从 Hive 的表 hot_weibo 中导入 MySQL 的表 hot_weibo
中，相关命令及运行信息如图 2-27 所示。

```
sqoop export --connect jdbc:mysql://localhost:3306/weibo --username hive --
password hive --table hot_weibo --export-dir /user/hive/warehouse/weibo.db/
hot_weibo/ * --input-fields-terminated-by '\t'
```

可以在 Hive 终端使用命令"show create table 表名"来查看表的创建细节，当然也包括

```
mysql> create database weibo;
Query OK, 1 row affected (0.12 sec)

mysql> use weibo;
Database changed
mysql> create table hot_weibo (name varchar(100), time varchar(100), source varc
har(100), text longtext, reposts_count int, comments_count  int, attitudes_count
 int);
Query OK, 0 rows affected (0.60 sec)

mysql> show tables;
+-----------------+
| Tables_in_weibo |
+-----------------+
| hot_weibo       |
+-----------------+
1 row in set (0.00 sec)

mysql>
```

图 2-26　MySQL 新建表 hot_weibo

表在 HDFS 上的存储路径。

```
root@tyj-virtual-machine:/home/tyj# sqoop export --connect jdbc:mysql://localhos
t:3306/weibo --username hive --password hive --table hot_weibo --export-dir /use
r/hive/warehouse/weibo.db/hot_weibo/* --input-fields-terminated-by '\t'
Warning: /usr/local/sqoop/sqoop-1.4.7/../hbase does not exist! HBase imports wil
l fail.
Please set $HBASE_HOME to the root of your HBase installation.
Warning: /usr/local/sqoop/sqoop-1.4.7/../hcatalog does not exist! HCatalog jobs
will fail.
Please set $HCAT_HOME to the root of your HCatalog installation.
Warning: /usr/local/sqoop/sqoop-1.4.7/../accumulo does not exist! Accumulo impor
ts will fail.
Please set $ACCUMULO_HOME to the root of your Accumulo installation.
Warning: /usr/local/sqoop/sqoop-1.4.7/../zookeeper does not exist! Accumulo impo
rts will fail.
Please set $ZOOKEEPER_HOME to the root of your Zookeeper installation.
20/03/11 18:05:33 INFO sqoop.Sqoop: Running Sqoop version: 1.4.7
        Map-Reduce Framework
                Map input records=100
                Map output records=100
                Input split bytes=862
                Spilled Records=0
                Failed Shuffles=0
                Merged Map outputs=0
                GC time elapsed (ms)=12
                Total committed heap usage (bytes)=277348352
        File Input Format Counters
                Bytes Read=0
        File Output Format Counters
                Bytes Written=0
20/03/11 18:12:03 INFO mapreduce.ExportJobBase: Transferred 142.2881 KB in 23.75
41 seconds (5.9901 KB/sec)
20/03/11 18:12:03 INFO mapreduce.ExportJobBase: Exported 100 records.
root@tyj-virtual-machine:/home/tyj#
```

图 2-27　数据从 Hive 导入 MySQL

（3）在 MySQL 命令行输入“select ＊ from hot_weibo”，得到如图 2-28 所示的查询结果。可以看到一共有 100 条数据记录，每条记录包含字段 name（发微博用户名称）、time（发布时间）、source（发布来源）、text（微博正文）、reposts_count（转发数量）、comments_count（评论数量）、attitudes_count（点赞数量）。

```
mysql> select * from hot_weibo;
+------------------------------------------------+
--+---------------------------------------------------
----------------------------------------------------
----------------------------------------------------
----------------------------------------------------
----------------------------------------------------
----+------------------------+--------------+----------
----+
| name                          | time        | source
   | text

                                | reposts_count | comments_count | attitudes_co
unt |
  74 |
| 三联生活周刊                   | 5小时前      | 微博 weibo.com
   | 【#习近平在武汉考察新冠肺炎疫情防控工作#】10日上午，习近平乘飞机抵达湖北省武
汉市，考察湖北和武汉新冠肺炎疫情防控工作，看望慰问奋战在一线的广大医务工作者、解
放军指战员、社区工作者、公安干警、基层干部、下沉干部、志愿者和患者群众、社区居民
。习近平一下飞机就专程前往火神山医院，了解医 ...全文
                                |          1209 |              0 |           1
 611 |
+------------------------------------------------+
--+---------------------------------------------------
----------------------------------------------------
----------------------------------------------------
----------------------------------------------------
----------------------------------------------------
----+------------------------+--------------+----------
----+
100 rows in set (0.06 sec)

mysql>
```

图 2-28 数据成功导入 MySQL 数据表中

2.3.4 数据导成表格

为了数据的可视化分析，需要将数据导出到本地，以更加规则、整齐的方式显示出来。可以使用图 2-29 所示的终端命令，将表结构和数据转化成 SQL 文件，名称为 hot_weibo.sql。

```
root@tyj-virtual-machine:/home/tyj# mysqldump -u root -p weibo hot_weibo > /usr/
local/flume/apache-flume-1.8.0-bin/conf/data/weibo/hot_weibo.sql
Enter password:
root@tyj-virtual-machine:/home/tyj#
```

图 2-29 表结构和数据转化成 SQL 文件

然后在 Navicat 中运行 hot_weibo.sql，成功生成数据表 hot_weibo，里面的数据如图 2-30 所示。

最后，把表中的数据以 csv 形式导出到本地，命名为 hot_weibo_20200311，表示这是 2020 年 3 月 11 日采集到的热门微博的相关数据，如图 2-31 所示。其他日期采集到的数据以类似方式命名。

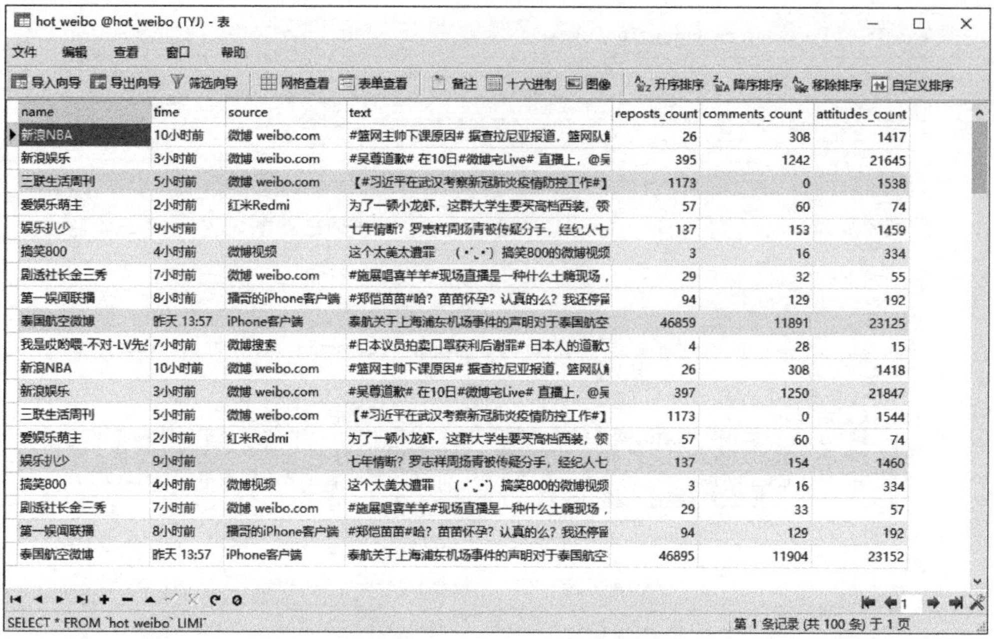

name	time	source	text	reposts_count	comments_count	attitudes_count
新浪NBA	10小时前	微博 weibo.com	#篮网主帅下课原因# 据查拉尼亚报道，篮网队	26	308	1417
新浪娱乐	3小时前	微博 weibo.com	#吴尊道歉# 在10日#微博宅Live# 直播上，@吴	395	1242	21645
三联生活周刊	5小时前	微博 weibo.com	【#习近平在武汉考察新冠肺炎疫情防控工作#】	1173	0	1538
爱娱乐萌主	2小时前	红米Redmi	为了一顿小龙虾，这群大学生要买高档西装，领	57	60	74
娱乐扒少	9小时前		七年情断？罗志祥周扬青被传疑分手，经纪人七	137	153	1459
搞笑800	4小时前	微博视频	这个太美太遭罪　(•˘‿•) 搞笑800的微博视频	3	16	334
剧透社长金三秀	7小时前	微博 weibo.com	#施展唱喜羊羊#现场直播是一种什么土嗨现场，	29	32	55
第一娱闻联播	8小时前	播哥的iPhone客户端	#郑恺苗苗#哈？苗苗怀孕？认真的么？我还停留	94	129	192
泰国航空微博	昨天 13:57	iPhone客户端	泰航关于上海浦东机场事件的声明对于泰国航空	46859	11891	23125
我是哎哟喂-不对-LV先	7小时前	微博搜索	#日本议员拍卖口罩获利后谢罪# 日本人的道歉	4	28	15
新浪NBA	10小时前	微博 weibo.com	#篮网主帅下课原因# 据查拉尼亚报道，篮网队	26	308	1418
新浪娱乐	3小时前	微博 weibo.com	#吴尊道歉# 在10日#微博宅Live# 直播上，@吴	397	1250	21847
三联生活周刊	5小时前	微博 weibo.com	【#习近平在武汉考察新冠肺炎疫情防控工作#】	1173	0	1544
爱娱乐萌主	2小时前	红米Redmi	为了一顿小龙虾，这群大学生要买高档西装，领	57	60	74
娱乐扒少	9小时前		七年情断？罗志祥周扬青被传疑分手，经纪人七	137	154	1460
搞笑800	4小时前	微博视频	这个太美太遭罪　(•˘‿•) 搞笑800的微博视频	3	16	334
剧透社长金三秀	7小时前	微博 weibo.com	#施展唱喜羊羊#现场直播是一种什么土嗨现场，	29	33	57
第一娱闻联播	8小时前	播哥的iPhone客户端	#郑恺苗苗#哈？苗苗怀孕？认真的么？我还停留	94	129	192
泰国航空微博	昨天 13:57	iPhone客户端	泰航关于上海浦东机场事件的声明对于泰国航空	46895	11904	23152

图 2-30　Navicat 中的可视化数据

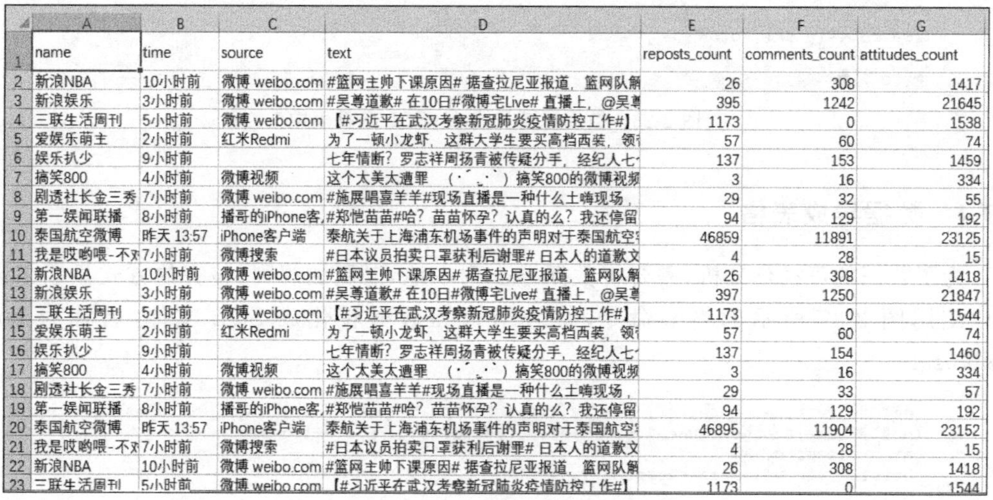

	A	B	C	D	E	F	G
1	name	time	source	text	reposts_count	comments_count	attitudes_count
2	新浪NBA	10小时前	微博 weibo.com	#篮网主帅下课原因# 据查拉尼亚报道，篮网队	26	308	1417
3	新浪娱乐	3小时前	微博 weibo.com	#吴尊道歉# 在10日#微博宅Live# 直播上，@吴	395	1242	21645
4	三联生活周刊	5小时前	微博 weibo.com	【#习近平在武汉考察新冠肺炎疫情防控工作#】	1173	0	1538
5	爱娱乐萌主	2小时前	红米Redmi	为了一顿小龙虾，这群大学生要买高档西装，领	57	60	74
6	娱乐扒少	9小时前		七年情断？罗志祥周扬青被传疑分手，经纪人七	137	153	1459
7	搞笑800	4小时前	微博视频	这个太美太遭罪　(•˘‿•) 搞笑800的微博视频	3	16	334
8	剧透社长金三秀	7小时前	微博 weibo.com	#施展唱喜羊羊#现场直播是一种什么土嗨现场，	29	32	55
9	第一娱闻联播	8小时前	播哥的iPhone客	#郑恺苗苗#哈？苗苗怀孕？认真的么？我还停留	94	129	192
10	泰国航空微博	昨天 13:57	iPhone客户端	泰航关于上海浦东机场事件的声明对于泰国航空	46859	11891	23125
11	我是哎哟喂-不对	7小时前	微博搜索	#日本议员拍卖口罩获利后谢罪# 日本人的道歉文	4	28	15
12	新浪NBA	10小时前	微博 weibo.com	#篮网主帅下课原因# 据查拉尼亚报道，篮网队	26	308	1418
13	新浪娱乐	3小时前	微博 weibo.com	#吴尊道歉# 在10日#微博宅Live# 直播上，@吴	397	1250	21847
14	三联生活周刊	5小时前	微博 weibo.com	【#习近平在武汉考察新冠肺炎疫情防控工作#】	1173	0	1544
15	爱娱乐萌主	2小时前	红米Redmi	为了一顿小龙虾，这群大学生要买高档西装，领	57	60	74
16	娱乐扒少	9小时前		七年情断？罗志祥周扬青被传疑分手，经纪人七	137	154	1460
17	搞笑800	4小时前	微博视频	这个太美太遭罪　(•˘‿•) 搞笑800的微博视频	3	16	334
18	剧透社长金三秀	7小时前	微博 weibo.com	#施展唱喜羊羊#现场直播是一种什么土嗨现场，	29	33	57
19	第一娱闻联播	8小时前	播哥的iPhone客	#郑恺苗苗#哈？苗苗怀孕？认真的么？我还停留	94	129	192
20	泰国航空微博	昨天 13:57	iPhone客户端	泰航关于上海浦东机场事件的声明对于泰国航空	46895	11904	23152
21	我是哎哟喂-不对	7小时前	微博搜索	#日本议员拍卖口罩获利后谢罪# 日本人的道歉文	4	28	15
22	新浪NBA	10小时前	微博 weibo.com	#篮网主帅下课原因# 据查拉尼亚报道，篮网队	26	308	1418
23	三联生活周刊	5小时前	微博 weibo.com	【#习近平在武汉考察新冠肺炎疫情防控工作#】	1173	0	1544

图 2-31　hot_weibo_20200311 数据

2.4　可视化分析

从热门微博数据中提取热门关键词之后，就可以可视化地生成词云，并进行视频统计。

2.4.1　热门关键词词云

词云是由 LOGO 图片勾勒出来的，本书从网上下载了一个蝴蝶形状的图片，所以最终呈现的词云是一个蝴蝶。在词云中,字体大小代表热度,字体越大则代表热度越高,字体越小则热度越低。

1. 生成关键词词云具体步骤

(1) 整合每天采集到的热门微博数据(前文导成的 csv 表格数据)。

(2) 通过累加的方式进行列表的遍历累加,把列表变成长字符串。

(3) 通过 jieba 分词的方式对字符串拆分空格来分词。

(4) 找到一张轮廓清晰的图片(可自行选择其他形状的图片)打开并用 NumPy 进行轮廓获取。

(5) 用 WordCloud 来生成当天的热门微博关键词的词云。

2. 相应 Python 代码实现

(1) 导入生成词云的库如下所示。

```
1.  from wordcloud import WordCloud
2.  from PIL import Image
3.  import numpy
4.  import jieba
```

(2) 生成词云的主体代码如下所示。

```
1.  def get_cloud():
2.      str =""
3.      with open("D:/Jupyter notebook program/hot_weibo data/hot_weibo_
20200313.csv","r",encoding="utf_8_sig",newline="") as file:
4.          csv_reader =csv.reader(file)
5.          t =1
6.          for item in csv_reader:
7.              #去掉第一行表头信息
8.              if t ==1:
9.                  t =0
10.                 continue
11.             str +=item[3]
12.         file.close()
13.     jieba_content =jieba.cut(str)
14.     join_content=" ".join(jieba_content)
15.
16.     wei_bo = Image.open("D:/Jupyter notebook program/hot_weibo data/logo.
jpg")
17.     wei_bo_image =numpy.array(wei_bo)
18.     word_cloud =WordCloud(
19.         font_path="C:\Windows\Fonts\STZHONGS.TTF",
```

```
20.            background_color="white",
21.            mask=wei_bo_image
22.        ).generate(join_content)
23.        word_cloud.to_file("D:/Jupyter notebook program/hot_weibo result/热门
微博关键词词云_20200313.png")
24.        with open("D:/Jupyter notebook program/hot_weibo result/热门微博关键词
词云_20200313.txt","w",encoding="utf-8") as file:
25.            file.write(str)
26.            file.close()
27.    pass
```

3. 代码解读

定义空字符串来进行字符串存储：

```
1.    str=""
```

读取采集到的热门微博数据：

```
1.    with open("xxx.csv","r",encoding="utf_8_sig",newline="") as file:
2.        csv_reader =csv.reader(file)
```

遍历列表并去掉第一条无用信息（字段名称）：

```
1.    for item in csv_reader:
2.    if t ==1:
3.            t =0
4.            continue
```

字符串拼接（热门微博的微博正文在第 4 列）：

```
1.    str +=item[3]
```

通过 jieba 分词进行分词，并用 join 方法进行空格拼接：

```
1.    jieba_content =jieba.cut(str)
2.    join_content=" ".join(jieba_content)
```

打开图片找轮廓，并制作词云：

```
1.    wei_bo =Image.open("xxx.jpg")
2.    wei_bo_image =numpy.array(wei_bo)
3.    word_cloud =WordCloud(xxx).generate(join_content)
```

4. 词云展示

（1）使用 hot_weibo_20200311.csv 数据，生成的词云如图 2-32 所示。从中可以看出，2020 年 3 月 11 日热门微博的热点关键字有"新冠肺炎""防控工作""上海浦东机场"和"杜兰特"等。

图 2-32　2020 年 3 月 11 日热门微博关键字词云

（2）使用 hot_weibo_20200312.csv 数据，生成的词云如图 2-33 所示。从中可以看出，2020 年 3 月 12 日热门微博的热点关键字有"三生三世十里桃花""武汉中心医院""四人殉职"和"四人濒危"等。

图 2-33　2020 年 3 月 12 日热门微博关键字词云

（3）使用 hot_weibo_20200313.csv 数据，生成的词云如图 2-34 所示。从中可以看出，2020 年 3 月 13 日热门微博的热点关键字有"中国建筑"等。

图 2-34　2020 年 3 月 13 日热门微博关键字词云

2.4.2　热门关键词词频

1. 生成关键词词频统计图具体步骤

（1）读取热门微博关键词 txt 文件，用 jieba 分词进行分词操作，生成关键词。

（2）对关键词进行频度统计。

（3）将统计好的关键词按照频度从大到小进行排序。

（4）将排序过的结果存储在热门微博关键词词频统计 csv 文件中，以便进行后续操作（画出前 20 个高词频统计图）。

（5）根据排序好的热门微博关键字词频统计的 csv 文件，提取前 20 个频率高的数据进行条形图的绘制。

2. 相应 Python 代码实现

（1）统计关键字词频的代码如下所示。

```
1.  def analysis_data():
2.      word_dic = {}
3.      with open("D:/Jupyter notebook program/hot_weibo result/热门微博关键词
    词云_20200313.txt", "r", encoding="utf-8") as file:
4.          txt =file.read()
5.          file.close()
6.      words =jieba.lcut(txt)
7.      for word in words:
8.          if len(word) ==1:
9.              continue
10.         else:
```

```
11.                word_dic[word] =word_dic.get(word, 0) +1
12.       word_zip =zip(word_dic.values(), word_dic.keys())
13.       word_sort =list(sorted(word_zip, reverse=True))
14.       list_1 =["name", "count_name"]
15.       list_2 =[]
16.       list_2.append(list_1)
17.       for item in word_sort:
18.           #词频数
19.           count =item[0]
20.           #关键字
21.           name =item[1]
22.           list_1 =[name, count]
23.           list_2.append(list_1)
24.       with open("D:/Jupyter notebook program/hot_weibo result/热门微博关
键词词频统计_20200313.csv", "w", encoding="utf_8_sig", newline="")as file:
25.           csv_writer =csv.writer(file)
26.           for i in list_2:
27.               csv_writer.writerow(i)
28.       file.close()
29.   pass
```

（2）绘制关键词词频统计图的代码如下所示。

```
1.  def draw_data():
2.      #绘图风格
3.      plt.style.use('ggplot')
4.      colors1 ='#6D6D6D'
5.      #读取 csv 文件,前 20 热搜微博词语
6.      df =pd.read_csv("D:/Jupyter notebook program/hot_weibo result/热门微博
关键词词频统计_20200313.csv",encoding="utf-8")
7.      name1 =df.name[:20]
8.      count1 =df.count_name[:20]
9.      #绘制条形图,用 range()能保持 x 轴正确顺序
10.     plt.bar(range(20),count1,tick_label =name1)
11.     #设置纵坐标范围
12.     plt.ylim(0,80)
13.     #显示中文标签
14.     plt.rcParams['font.sans-serif'] =['SimHei']
15.     #标题
16.     plt.title('热门微博关键词词频统计图_20200313',color =colors1)
17.     #x 轴标题
18.     plt.xlabel('关键词')
19.     #y 轴标题
```

```
20.     plt.ylabel('词频')
21.     #为每个条形图添加数值标签
22.     for x,y in enumerate(list(count1)):
23.         plt.text(x,y+1,'%s'%round(y,90),ha='center',color=colors1)
24.     #x 轴关键字旋转 300°
25.     plt.xticks(rotation=300)
26.     #自动控制空白边缘,以全部显示 x 轴坐标
27.     plt.tight_layout()
28.     #plt.savefig('微博热搜关键词词频统计 top20.png')
29.     plt.show()
30.     pass
```

3. 代码解读

定义字典的存储：

```
1.   word_dic={}
```

打开文件,读取数据：

```
1.   with open("xxx.txt", "r", encoding="utf-8") as file:
2.       txt=file.read()
3.       file.close()
```

jieba 分词切分数据：

```
1.   words=jieba.lcut(txt)
```

循环遍历数据,并统计关键词：

```
1.   for word in words:
2.       if len(word)==1:
3.           continue
4.       else:
5.           word_dic[word]=word_dic.get(word, 0)+1
```

字典数据转换成元组数据,用 zip 实现：

```
1.   word_zip=zip(word_dic.values(), word_dic.keys())
```

对元组里面的数据按照 value 从大到小进行排序：

```
1.   word_sort=list(sorted(word_zip, reverse=True))
```

定义两个 list 进行关键词及其频数的存储：

```
1.  list_1 = ["name", "count_name"]
2.  list_2 = []
3.  list_2.append(list_1) for item in word_sort:
4.      count = item[0]
5.      name = item[1]
6.      list_1 = [name, count]
7.      list_2.append(list_1)
```

4. 词频统计图展示

使用 hot_weibo_20200311.csv 数据，生成的热门微博关键词词频统计图如图 2-35 所示。

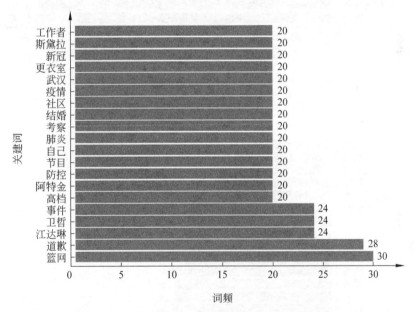

图 2-35　2020 年 3 月 11 日热门微博关键词词频统计图

使用 hot_weibo_20200312.csv 数据，生成的热门微博关键词词频统计如图 2-36 所示。

使用 hot_weibo_20200313.csv 数据，生成的热门微博关键词词频统计如图 2-37 所示。

由近三天 Top 10 的热门微博关键词词频统计图可以看出，微博是与现实社会生活紧密联系的、息息相关的。能在热搜榜单保持热度的，都是一些人们高度关注的事件，例如"肺炎疫情"的相关事件；还有一些娱乐新闻，例如"蔡徐坤""热播电视剧《安家》""创造营 2020 官宣"等。如果热度下降即词频降低，说明大众对该事件的关注度在下降，浏览量自然也就减少。

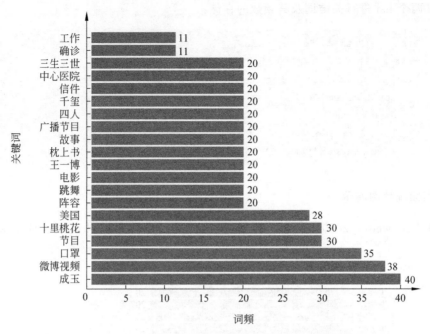

图 2-36　2020 年 3 月 12 日热门微博关键词词频统计图

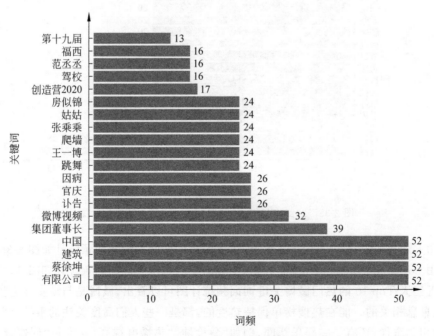

图 2-37　2020 年 3 月 13 日热门微博关键词词频统计图

第 3 章　社会事件情报关联与可视化分析

近年来,随着"一带一路"合作倡议的提出和推进,积极参与护航、撤侨、维和等国际事务中,使得我国在国际上的话语权和影响力不断增强。但同时,境外尤其是亚欧大陆诸多国家/地区深陷大国博弈战场,其政治转型、民族冲突、社会动荡等战略安全形势已严重干扰我国对外政策稳步推进,影响实施"走出去"战略以及军事外交中的各种任务行动。因此,全面感知、分析研判境外地区波诡云谲的战略安全态势,并对其中有关的冲突动荡事件进行提前预警,规避不利因素,使得实施对外政策的风险最小化,具有深远意义与现实应用价值。本章将以一款社会事件开源情报分析软件的开发为例展开。

通过本章的学习,将掌握以下技能知识点。

(1) 从 Gdelt 官网并下载 Gdelt 数据。

(2) 搭建 ClickHouse 数据库,创建数据表。

(3) 解析 Gdelt 数据并导入 ClickHouse。

(4) 利用 PyEcharts 模块可视化数据。

3.1　总体设计

3.1.1　功能结构

社会事件情报关联与可视化分析主要由 Gdelt 数据采集、数据导入 ClickHouse、数据可视化分析 3 部分组成,如图 3-1 所示。

图 3-1　系统功能图

Gdelt(www.gdeltproject.org)每时每刻都在监控着每个国家/地区的几乎每个角落的100 多种语言的新闻媒体——印刷的、广播的和 Web 形式的,识别人员、位置、组织、数量、主题、数据源、情绪、报价、图片和每秒都在推动全球社会的事件,Gdelt 为全球提供了一个自由开放的计算平台。Gdelt 2.0 每隔 15 分钟提供全球事件数据。Gdelt 目前的事件库约有 3.5 亿条事件数据。这些事件从 1979 年 1 月 1 日开始一直到今日。

Gdelt 数据采集包括两种方式：一种是下载实时文件，即每 15 分钟下载并读取 lastupdate.txt 文件，并将内容追加到 MySQL 表 gdeltv2 中；再查询表 gdeltv2 记录（其中 status='new'），根据 urls 下载文件并保存到指定文件夹下；另一种是由日期（如 20200301）和 updatctime（需事先初始化）组合成 URL，下载文件如 http://data.gdeltproject.org/gdeltv2/20181023050000.export.CSV.zip。

数据导入 ClickHouse 部分也包含两种方式：一种是通过 MySQL 数据库表；另一种是直接指定目标文件夹。

数据可视化分析包括国家/地区交互网络分析（地理图）、西方媒体对中国情感分析（折线图）、全球热点人物/组织（词云）、全球热点主题排名（柱状图）、抗议性事件情况分析（热力图）。

3.1.2 业务流程

在开发项目前，需要先了解软件的业务流程。根据项目的需求分析及功能结构，设计出如图 3-2 所示的系统业务流程。

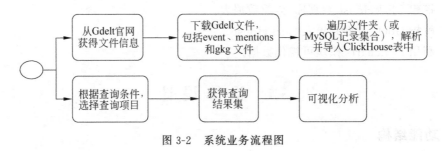

图 3-2 系统业务流程图

3.1.3 数据库设计

Gdelt 提供了多种数据集。其中事件库（Event Database）和全球知识图（Global Knowledge Graph，GKG）是两个主要的数据集，需要纳入数据库设计中。

1. Event Database

事件库提取了新闻中包含的两个参与者、发生在两者之间的事件、参与者位置及事件发生位置等信息，根据事件信息对新闻进行聚合，每一条数据代表一个事件。需要特别说明的是，事件库中采用冲突与调解事件观察（Conflict and Mediation Event Observations，CAMEO）对事件进行编码，因此事件库中提取的事件均为政治合作或冲突的事件。

事件库中数据包括 58 个字段，在此选取 Quad Class、Actor1Geo_Country Code、Actor2Geo_Country Code 这 3 个字段用于构建网络，其中 Quad Class 用于标识事件的主要分类（1 表示口头合作，2 表示实质合作，3 表示口头冲突，4 表示实质冲突），Actor1Geo_Country Code 为参与者 1 所在位置的国家/地区编码，Actor2Geo_Country Code 为参与者 2 所在位置的国家/地区编码。

Gdelt event 表结构如表 3-1 所示。

表 3-1　Gdelt event 表结构

编号	字　　　段	类型	含　　义
0	GlobalEventID	UInt32	每一事件的 ID 号
1	SQLDATE	UInt64	事件发生时间（YYYYMMDD）
2	MonthYear	UInt32	事件发生时间（YYYYMM ）
3	Year	UInt32	事件发生时间（YYYY）
4	FractionDate	Float64	（月份×30＋日期）/365
5	Actor1Code	String	事件发起者 Actor1 的基本信息
6	Actor1Name	String	Actor1 的姓名
7	Actor1CountryCode	String	Actor1 的国籍代码
8	Actor1KnownGroupCode	String	Actor1 所属组织代码
9	Actor1EthnicCode	String	Actor1 所属种族代码
10	Actor1Religion1Code	String	Actor1 信仰宗教 1 代码
11	Actor1Religion2Code	String	Actor1 信仰宗教 2 代码
12	Actor1Type1Code	String	Actor1 在事件中的角色 1
13	Actor1Type2Code	String	Actor1 在事件中的角色 2
14	Actor1Type3Code	String	Actor1 在事件中的角色 3
15	Actor2Code	String	事件接收者 Actor2 的基本信息
16	Actor2Name	String	Actor2 的姓名
17	Actor2CountryCode	String	Actor2 的国籍代码
18	Actor2KnownGroupCode	String	Actor2 所属组织代码
19	Actor2EthnicCode	String	Actor2 所属种族代码
20	Actor2Religion1Code	String	Actor2 信仰宗教 1 代码
21	Actor2Religion2Code	String	Actor2 信仰宗教 2 代码
22	Actor2Type1Code	String	Actor2 在事件中的角色 1
23	Actor2Type2Code	String	Actor2 在事件中的角色 2
24	Actor2Type3Code	String	Actor2 在事件中的角色 3
25	IsRootEvent	Int32	标识该事件在事件流中是否处于根节点位置
26	EventCode	String	Actor1 向 Actor2 发起的事件类型代码
27	EventBaseCode	String	第三级事件对应的上级事件
28	EventRootCode	String	第三级事件对应的源事件

续表

编号	字　　段	类型	含　　义
29	QuadClass	Int32	事件分类代码
30	GoldsteinScale	Float32	该事件对该国稳定的潜在影响程度
31	NumMentions	Int32	该事件被提及总次数
32	NumSources	Int32	提及该事件的信息源总数
33	NumArticles	Int32	提及该事件的报道总数
34	AvgTone	Float32	所有文件对提及该事件平均情感倾向程度
35	Actor1Geo_Type	Int32	Actor1 地理方位分辨率代码
36	Actor1Geo_FullName	String	Actor1 地理位置
37	Actor1Geo_CountryCode	String	Actor1 所在国家/地区 FIPS10-4 代码
38	Actor1Geo_ADM1Code	String	Actor1 所在行政区 FIPS10-4 代码
39	Actor1Geo_Lat	Float32	Actor1 所在位置纬度
40	Actor1Geo_Long	Float32	Actor1 所在位置经度
41	Actor1Geo_FeatureID	String	Actor1 所在位置 GNS 特征 ID
42	Actor2Geo_Type	Int32	Actor2 地理方位分辨率代码
43	Actor2Geo_FullName	String	Actor2 地理位置
44	Actor2Geo_CountryCode	String	Actor2 所在国家/地区 FIPS10-4 代码
45	Actor2Geo_ADM1Code	String	Actor2 所在行政区 FIPS10-4 代码
46	Actor2Geo_Lat	Float32	Actor2 所在位置纬度
47	Actor2Geo_Long	Float32	Actor2 所在位置经度
48	Actor2Geo_FeatureID	String	Actor2 所在位置 GNS 特征 ID
49	ActionGeo_Type	Int32	事件发生地理方位分辨率代码
50	ActionGeo_FullName	String	事件发生地理位置
51	ActionGeo_CountryCode	String	事件发生国家/地区 FIPS10-4 代码
52	ActionGeo_ADM1Code	String	事件发生的行政区 FIPS10-4 代码
53	ActionGeo_Lat	Float32	事件发生位置纬度
54	ActionGeo_Long	Float32	事件发生位置经度
55	ActionGeo_FeatureID	String	事件发生位置 GNS 特征 ID
56	DATEADDED	UInt64	事件加入主数据库的日期
57	SOURCEURL	String	报道该事件的 URL
58	EventDate	Date	事件发生的日期值

2. mentions 表

mentions 表记录 event 表中提及的所有事件,便于梳理全球媒体系统中的各类事件,使其之间网状的错综复杂的关系清晰地呈现出来。event 表中提及的每一个事件都对应一条mentions 表记录,所以如果一个事件在 event 表中被记录了 100 次,mentions 表中就会对应有 100 条记录。

mentions 表的记录不按事件发生的时间顺序排列,也就是说,今天提及去年今日发生的事件仍会被记录,从而可以把"事件周年纪念"或者历史事件的讨论带入到当前环境下。如果一篇报道中提及多个事件,则每个事件都会被分别记录。对于转译的文本,mentions 表的所有记录都基于英文译文。

Gdelt mentions 表结构如表 3-2 所示。

表 3-2　Gdelt mentions 表结构

编号	字　　段	类型	含　　义
1	GlobalEventID	UInt32	文章中被提及的事件的 ID
2	EventTimeDate	UInt64	被提及事件首次被 Gdelt 记录的 15 分钟时间戳
3	MentionTimeDate	UInt64	当前更新的 15 分钟时间戳
4	MentionType	Int32	用于指示文章来源的数字指示符
5	MentionSourceName	String	人类可读的文档来源
6	MentionIdentifier	String	源文档的唯一外部指示符
7	SentenceID	Int32	文章中提及事件的句子
8	Actor1CharOffset	Int32	Actor1 在文章中出现的位置
9	Actor2CharOffset	Int32	Actor2 在文章中出现的位置
10	ActionCharOffset	Int32	Action 在文章中出现的位置
11	InRawText	Int32	事件原文是否被修改或处理过
12	Confidence	Int32	经过算法从文章中抽取事件的置信程度
13	MentionDocLen	Int32	原文章包含的字数(英语字母)
14	MentionDocTone	Float64	参见 event 表的 AvgTone 域
15	MentionDocTranslationInfo	String	经过机器翻译的文章的原始信息
16	Extras	String	留待后续版本使用
17	Md5Url	String	对 MentionIdentifier 值进行 MD5 加密
18	EventDate	Date	日期

3. gkg 表

全球知识图(Global Knowledge Graph,GKG)扩展了 Gdelt 的量化全球范围人类社会活动的能力,使其不仅仅局限于将真实发生的事件进行归类,而是可以表示错综复杂的事件中隐藏的线索、地理信息,将全球新闻整合成一个网络模型。

GKG 数据表应用了一系列十分复杂的自然语言处理算法,计算一系列编码元数据,将数据中隐藏的信息进行解码。一言以蔽之,它将每个孤立的人、地理位置、数字、主题、消息来源和全球的事件连接为一个巨大的网络,这个网络每天都捕捉最新的全球动态,此时此刻正在发生什么,什么人参与其中,人们对此持什么看法等。

Gdelt gkg 表结构如表 3-3 所示。

表 3-3　Gdelt gkg 表结构

编号	字　　段	类型	含　　义
0	GKGRECORDID	String	每一条记录的 ID 号
1	DATE	UInt64	事件发生时间(YYYYMMDDHHMMSS)
2	SourceCollectionIdentifier	Int32	标识文档来源的整数指示符
3	SourceCommonName	String	指向文档的人类可读的指示符
4	DocumentIdentifier	String	原文档专有的外部指示符
5	Counts	String	本文档的计数列表。找到的每个计数事件都由分号分隔,而计数事件内的字段由♯分隔
6	V2Counts	String	用于标识在文档中位置的近似字符偏移量
7	Themes	String	文档中涵盖的主题列表
8	V2Themes	String	文档涵盖的所有主题及在文档中出现的位置的列表
9	Locations	String	文档中所涉及的地址的列表
10	V2Locations	String	同 V1LOCATIONS,但是在每个特征 ID 后列出了该方位在文档中被提及的大致位置
11	Persons	String	文档中提到的所有人名列表
12	V2Persons	String	文档中提到的所有人名和该人名在文档中的出现位置列表
13	Organizations	String	文档中提到的所有公司名或组织名列表
14	V2Organizations	String	文档中提到的所有公司或组织的名字和该名字在文档中出现位置的列表
15	V2Tone	String	该字段包含 6 个核心情绪维度的逗号分隔表
16	Dates	String	文档中出现的所有日期及其在文档中出现的位置列表
17	GCAM	String	GCAM(Global Content Analysis Measures)系统对该文档的分析结果
18	SharingImage	String	社交网络分享标志
19	RelatedImages	String	对新闻有说明作用的配图
20	SocialImageEmbeds	String	配有图片的社交媒体博文
21	SocialVideoEmbeds	String	配有视频的社交媒体博文

续表

编号	字　　段	类型	含　　义
22	Quotations	String	报道中涉及的引用
23	AllNames	String	文中提到的所有名字
24	Amounts	String	文中提到的所有精确数字
25	TranslationInfo	String	自动翻译的文章的原出处
26	Extras	String	非标准数据
27	Md5Url	String	DocumentIdentifier 值加密
28	GkgDate	Date	日期值

3.1.4　数据库选型

ClickHouse 由 Yandex 开发而来,在 2016 年 6 月开源,在计算引擎里算是一个后起之秀,是面向 OLAP 的分布式列式 DBMS。在内存数据库领域号称是最快的。由于它有几倍于 GreenPlum 等引擎的性能优势,所以不少人都选择将其安装在云服务器中使用。

ClickHouse 是一个列导向数据库,是原生的向量化执行引擎。它在大数据领域没有走 Hadoop 生态,而是采用 Local Attached Storage 作为存储,这样整个 I/O 可能就没有 Hadoop 那一套的局限。它的系统在生产环境中可以应用到比较大的规模,因为它的线性扩展能力和可靠性保障能够原生支持 Shard＋Replication 这种解决方案。它还提供了一些 SQL 直接接口,有比较丰富的原生 Client。

ClickHouse 是真正的列式数据库管理系统,性能超过了市面上大部分的列式存储数据库,相比传统的数据要快 100～1000 倍,具有非常大的优势。对于 1 亿条数据集,ClickHouse 比 Vertica 约快 5 倍,比 Hive 快 279 倍,比 MySQL 快 801 倍;对于 10 亿条数据集,ClickHouse 比 Vertica 约快 5 倍,MySQL 和 Hive 已经无法完成任务了。

目前 ClickHouse 的应用场景主要如下。

(1) 电信行业用于存储数据和统计数据使用。

(2) 微博用于用户行为数据记录和分析工作。

(3) 用于广告网络和 RTB、电子商务的用户行为分析。

(4) 信息里面的日志分析。

(5) 检测和遥感信息的挖掘。

(6) 商业智能。

(7) 网络游戏以及物联网的数据处理和价值数据分析。

(8) 最大的应用来自于 Yandex 的统计分析服务 Yandex.Metrica,类似于谷歌的 Analytics(GA)。

ClickHouse 与 Hadoop 的区别主要如下。

(1) Hadoop 体系是一种离线系统,一般很难支持即席查询;而 ClickHouse 可以支持即席查询。

（2）Hadoop 体系一般不支持实时更新，都采用批量更新和写入；而 ClickHouse 支持实时数据更新。

（3）Hadoop 体系一般采用行记录存储，数据查询时需要扫描所有列，当表很宽时会扫描很多不必要的列；而 ClickHouse 是列式存储，查询只需要加载相关的列。

ClickHouse 开源的出现，正是以不依赖 Hadoop 生态、安装和维护简单、查询速度快、可以支持 SQL 等特点在大数据分析领域越走越远。

3.2　实战环境搭建

本节主要围绕 ClickHouse 的安装、配置、创建库表和数据导入展开。本项目的软件开发及运行环境具体如下。

（1）操作系统：Windows 7、Windows 10 和 Linux 等。

（2）Python 版本：Python 3.7。

（3）开发工具：Sublime Text 3 或 PyCharm。

（4）Python 内置模块：os、datetime、time、csv、hashlib 和 logging。

（5）第三方模块：schedule、zipfile、pyecharts、clickhouse_driver、PyMysql 和 requests。

注意：在使用第三方模块时，首先需要使用 pip install 命令安装相应模块。例如，安装 clickhouse_driver 模块，可以在 Python 命令窗口中执行以下命令：

```
pip install clickhouse_driver
```

3.2.1　安装 ClickHouse

1. 下载 rpm 安装包

可以直接下载文件，rpm 安装包的下载地址为 https://packagecloud.io/app/ Altinity /clickhouse/，通过 wget 命令下载 rpm 文件：

```
wget --content-disposition url
```

下载完后将 rpm 包上传到目标文件夹下，如图 3-3 所示。

```
[root@master clickhouse]# pwd
/opt/clickhouse
[root@master clickhouse]# ll
total 43080
-rw-r--r--. 1 root root     3048 Oct 10  2018 clickhouse-client-1.1.54236-4.el7.x86_64.rpm
-rw-r--r--. 1 root root   901472 Oct 10  2018 clickhouse-compressor-1.1.54236-4.el7.x86_64.rpm
-rw-r--r--. 1 root root  9043256 Oct 10  2018 clickhouse-debuginfo-1.1.54236-4.el7.x86_64.rpm
-rw-r--r--. 1 root root 33680608 Oct 10  2018 clickhouse-server-1.1.54236-4.el7.x86_64.rpm
-rw-r--r--. 1 root root     8164 Oct 10  2018 clickhouse-server-common-1.1.54236-4.el7.x86_64.rpm
-rw-r--r--. 1 root root    49036 Oct 10  2018 libtool-ltdl-2.4.2-21.el7_2.x86_64.rpm
-rw-r--r--. 1 root root   421792 Oct 10  2018 unixODBC-2.3.1-11.el7.x86_64.rpm
[root@master clickhouse]#
```

图 3-3　ClickHouse 安装包列表

2. 安装 ClickHouse 的依赖及其 rpm 包

切换到目标文件夹(此处路径为/opt/clcikhouse)下,执行以下命令:

```
cd /opt/clickhouse
```

执行安装命令:

```
yum -y local install * .rpm
```

3.2.2 配置 ClickHouse

1. 基本配置

备份 clickhouse-server 配置文件 config.xml。

```
cp /etc/clickhouse - server/config. xml /etc/clickhouse - server/config. xml. '
date +%F'
```

修改 clickhouse-server 配置文件 config.xml。

```
vi /etc/clickhouse-server/config.xml
```

在编辑状态下,进行以下修改操作。

(1) 需要指定 ClickHouse 的主机地址,或者允许远程访问。

```
1.  <listen_host>::1</listen_host>
2.  <listen_host>192.168.1.2</listen_host>
```

(2) 修改默认的 9000 端口,自定义该服务的端口为 9999。

```
1.  <tcp_port>9999</tcp_port>
```

(3) 修改标记部分的内容。

```
1.  <path>/data/clickhouse/</path>
2.  <tmp_path>/data/clickhouse/tmp/</tmp_path>
```

备份 clickhouse-server 的配置文件 users.xml。执行命令:

```
cp /etc/clickhouse - server/users.xml /etc/clickhouse - server/users.xml. 'date
+%F'
```

结果如下所示。

```
1.  [root @ master clickhouse] # cp /etc/clickhouse - server/users. xml /etc/
clickhouse-server/users.xml.'date +%F'
2.  [root@master clickhouse]#ll /etc/clickhouse-server/
3.  total 40
4.  -rw-r--r--. 1 clickhouse clickhouse 11855 Mar 13 14:52 config.xml
5.  -rw-r--r--. 1 root         root      11855 Mar 13 14:41 config.xml.2020-03-13
6.  -rw-r--r--. 1 clickhouse clickhouse  4664 May 24  2017 users.xml
7.  -rw-r--r--. 1 root         root       4664 Mar 13 15:00 users.xml.2020-03-13
8.  [root@master clickhouse]#
```

修改 clickhouse-server 配置文件 users.xml,修改当前部署的服务器 IP 地址,不建议使用主机名。

```
1.  <readonly>
2.      <password></password>
3.      <networks incl="network" replace="replace">
4.          <ip>::1</ip>
5.          <ip>192.168.1.2</ip>
6.      </networks>
7.      <profile>readonly</profile>
8.      <quota>default</quota>
9.  </readonly>
```

2. 配置防火墙

关闭防火墙:

```
systemctl stop firewalld.service
```

禁止开机启动防火墙:

```
systemctl disable firewalld.service
```

关闭防火墙命令如图 3-4 所示。

```
# 关闭防火墙
[root@test162 clickhouse]# systemctl stop firewalld.service
# 禁止开机启动防火墙
[root@test162 clickhouse]# systemctl disable firewalld.service
Removed symlink /etc/systemd/system/multi-user.target.wants/firewalld.service.
Removed symlink /etc/systemd/system/dbus-org.fedoraproject.FirewallD1.service.
```

图 3-4　关闭防火墙

如果配置了 iptables 防火墙,需要关闭或配置相应的端口规则。

（1）查看 iptables 进出规则。

```
iptables -L
```

（2）编辑防火墙文件。执行如下命令：

```
vi /etc/sysconfig/iptables
```

在编辑状态中，可参照图 3-5 进行配置 iptables 规则。

```
-A INPUT -m state --state RELATED,ESTABLISHED -j ACCEPT
-A INPUT -p icmp -j ACCEPT
-A INPUT -i lo -j ACCEPT
-A INPUT -p tcp -m state --state NEW -m tcp --dport 22 -j ACCEPT
-A INPUT -j REJECT --reject-with icmp-host-prohibited
-A FORWARD -j REJECT --reject-with icmp-host-prohibited

-A INPUT -p tcp -m state --state NEW -m tcp --dport 80 -j ACCEPT
-A INPUT -p tcp -m state --state NEW -m tcp --dport 8031 -j ACCEPT
-A INPUT -p tcp -m state --state NEW -m tcp --dport 9000 -j ACCEPT
-A INPUT -p tcp -m state --state NEW -m tcp --dport 8123 -j ACCEPT
```

图 3-5　配置 iptables 规则

（3）通过命令的方式添加规则。

```
iptables -A INPUT -p tcp --dport 80 -j ACCEPT
service iptables save #保存规则
```

（4）重启防火墙。

```
systemctl restart iptables
```

注意：最好关闭防火墙。

3. 启动 clickhouse-server 服务

方式一：后台运行。

```
service clickhouse-server start
```

方式二：指定配置文件。

```
clickhouse-server --config-file=/etc/clickhouse-server/config.xml
```

查看 ClickHouse 服务是否启动：

```
netstat -untalp | grep 9999
```

查看 ClickHouse 服务运行状态如图 3-6 所示。

```
[root@master ~]# netstat -untalp | grep 9999
tcp        0      0 192.168.1.2:9999        0.0.0.0:*               LISTEN      75150/clickhouse-se
tcp6       0      0 ::1:9999                :::*                    LISTEN      75150/clickhouse-se
[root@master ~]#
```

图 3-6　查看 ClickHouse 服务运行状态

4. 使用客户端连接 ClickHouse 测试

```
clickhouse-client --host=192.168.1.2 --port=9999
```

执行命令后,将进入 clickhouse-client 启动界面,具体如图 3-7 所示。

```
[root@master ~]# clickhouse-client --host=192.168.1.2 --port=9999
ClickHouse client version 1.1.54236.
Connecting to 192.168.1.2:9999.
Connected to ClickHouse server version 1.1.54236.

:)
```

图 3-7　clickhouse-client 启动界面

在出现如图 3-7 所示的界面后,输入 select now()进行测试。

注意:安装在虚拟机上的 CentOS7 的时间分为系统时间和硬件时间,select now()查询的日期时间结果可能不正确,需要修改 ClickHouse 时区或虚拟机日期时间。修改 ClickHouse 时区的方法为编辑文件/etc/clickhouse-server/config.xml,添加如下内容再重新启动服务 clickhouse-server。

```
<timezone>Asia/Shanghai</timezone>
```

5. 关闭 ClickHouse 服务

```
service clickhouse-server stop
```

至此,单机安装 ClickHouse 服务完成。

3.2.3　创建 ClickHouse 库表

1. 创建数据库 gdelt

在 ClickHouse 中创建数据库 gdelt。

```
create database if not exists gdelt
```

2. 切换到数据库 gdelt

```
use gdelt
```

3. 创建表 event

表 event 的创建语句如下所示。

```
1.  CREATE TABLE IF NOT EXISTS gdelt.event (
2.  GlobalEventID UInt32,
3.  SQLDATE UInt64,
4.  MonthYear UInt32,
5.  Year UInt32,
6.  FractionDate Float64,
7.  Actor1Code String,
8.  Actor1Name String,
9.  Actor1CountryCode String,
10. Actor1KnownGroupCode String,
11. Actor1EthnicCode String,
12. Actor1Religion1Code String,
13. Actor1Religion2Code String,
14. Actor1Type1Code String,
15. Actor1Type2Code String,
16. Actor1Type3Code String,
17. Actor2Code String,
18. Actor2Name String,
19. Actor2CountryCode String,
20. Actor2KnownGroupCode String,
21. Actor2EthnicCode String,
22. Actor2Religion1Code String,
23. Actor2Religion2Code String,
24. Actor2Type1Code String,
25. Actor2Type2Code String,
26. Actor2Type3Code String,
27. IsRootEvent Int32,
28. EventCode String,
29. EventBaseCode String,
30. EventRootCode String,
31. QuadClass Int32,
32. GoldsteinScale Float32,
33. NumMentions Int32,
34. NumSources Int32,
35. NumArticles Int32,
```

```
36. AvgTone Float32,
37. Actor1Geo_Type Int32,
38. Actor1Geo_FullName String,
39. Actor1Geo_CountryCode String,
40. Actor1Geo_ADM1Code String,
41. Actor1Geo_ADM2Code String,
42. Actor1Geo_Lat Float32,
43. Actor1Geo_Long Float32,
44. Actor1Geo_FeatureID String,
45. Actor2Geo_Type Int32,
46. Actor2Geo_FullName String,
47. Actor2Geo_CountryCode String,
48. Actor2Geo_ADM1Code String,
49. Actor2Geo_ADM2Code String,
50. Actor2Geo_Lat Float32,
51. Actor2Geo_Long Float32,
52. Actor2Geo_FeatureID String,
53. ActionGeo_Type Int32,
54. ActionGeo_FullName String,
55. ActionGeo_CountryCode String,
56. ActionGeo_ADM1Code String,
57. ActionGeo_ADM2Code String,
58. ActionGeo_Lat Float32,
59. ActionGeo_Long Float32,
60. ActionGeo_FeatureID String,
61. DATEADDED UInt64,
62. SOURCEURL String,
63. EventDate Date) ENGINE = MergeTree(EventDate, (GlobalEventID, EventDate,
Year, EventRootCode, Actor1Geo_CountryCode, Actor2Geo_CountryCode, ActionGeo_
CountryCode), 8132)
```

4. 创建表 mentions

表 mentions 的创建语句如下所示。

```
1. create table IF NOT EXISTS gdelt.mentions(
2. GLOBALEVENTID UInt32,
3. EventTimeDate UInt64,
4. MentionTimeDate UInt64,
5. MententionType Int32,
6. MentionSourceName String,
7. MentionIdentifier String,
8. SentenceID Int32,
```

```
9.  Actor1CharOffset Int32,
10. Actor2CharOffset Int32,
11. ActionCharOffset Int32,
12. InRawText Int32,
13. Confidence Int32,
14. MentionDocLen Int32,
15. MentionDocTone Float64,
16. MentionDocTranslationInfo String,
17. Extras String,
18. Md5Url String,
19. EventDate Date) ENGINE = MergeTree (EventDate, (GLOBALEVENTID, EventDate,
MentionType,Md5Url),8132);
```

5. 创建表 gkg

表 gkg 的创建语句如下所示。

```
1.  create table IF NOT EXISTS gdelt.gkg(
2.  GKGRECORDID String,
3.  DATE UInt64,
4.  SourceCollectionIdentifier Int32,
5.  SourceCommonName String,
6.  DocumentIdentifier String,
7.  Counts String,
8.  V2Counts String,
9.  Themes String,
10. V2Themes String,
11. Locations String,
12. V2Locations String,
13. Persons String,
14. V2Persons String,
15. Organizations String,
16. V2Organizations String,
17. V2Tone String,
18. Dates String,
19. GCAM String,
20. SharingImage String,
21. RelatedImages String,
22. SocialImageEmbeds String,
23. SocialVideoEmbeds String,
24. Quotations String,
25. AllNames String,
26. Amounts String,
```

```
27. TranslationInfo String,
28. Extras String,
29. Md5Url String,
30. GkgDate Date) ENGINE=MergeTree(GkgDate,(GKGRECORDID,GkgDate,DATE,Md5Url,
SourceCommonName,TranslationInfo),8132);
```

6. 查看数据库表

执行命令 show tables，显示当前数据库下的表集合，如图 3-8 所示。

```
:) show tables

SHOW TABLES

┌─name─────┐
│ event    │
│ gkg      │
│ mentions │
└──────────┘

3 rows in set. Elapsed: 0.038 sec.
```

图 3-8　显示当前数据库下的表集合

3.2.4　数据导入 ClickHouse

1. clickhouse-client 方式批量导入数据

```
clickhouse-client -h 192.168.1.2 --port 9999 --database=gdelt  --query="
INSERT INTO event format CSV " <20191224090000.export.CSV
```

csv 文件默认以“,”作为分隔符。

2. Python 方式处理 ClickHouse

安装 ClickHouse 的驱动适配。

```
pip install clickhouse-driver
```

通过 Python 代码连接 ClickHouse。

```
1.  from clickhouse_driver import Client
2.  client =Client(host='192.168.1.2',port='9999',user='default',password='')
3.  sql ='show databases '
4.  ans =client.execute(sql)
5.  print(ans)
```

运行 show databases 命令结果如图 3-9 所示。

```
[('default',), ('gdelt',), ('system',)]
```

图 3-9　运行 show databases 命令结果

读取 CSV 文件中的数据，并将其转换成与 ClickHouse 类型相匹配的数据。下面以 event 数据为例。

```
1.  data = []
2.  start = time.time()
3.  with open(r'e:/20191221054500.export.CSV') as csvfile:
4.      readCSV = csv.reader(csvfile, delimiter='\t')
5.      for row in readCSV:
6.          #print(len(row))
7.          row[0] = int(row[0])     #GlobalEventID
8.          #数据库中每条记录的专有 ID 号,通常按事件报道日期顺序连续分配,但是不能以
            #此作为按时间分类事件的依据
9.          row[1] = int(row[1])     #SQLDATE
10.         row[2] = int(row[2])
11.         row[3] = int(row[3])
12.         row[4] = float(row[4])   #FractionDate 以一年时间线长度作为 1,用小数表
                                     #示事件发生在该年时间线的位置
13.         row[5] = row[5]          #Actor1Code:Actor1 的原始 CAMEO 编码,包括地理
                                     #位置、社会阶层、种族、宗教信仰、职业等信息
14.         row[6] = row[6]          #Actor1Name
15.         row[7] = row[7]          #Actor1CountryCode
16.         row[8] = row[8]          #Actor1KnownGroupCode
17.         row[9] = row[9]          #Actor1EthnicCode
18.         row[10] = row[10]        #Actor1Religion1Code
19.         row[11] = row[11]        #Actor1Religion2Code
20.         row[12] = row[12]        #Actor1Type1Code
21.         row[13] = row[13]        #Actor1Type2Code
22.         row[14] = row[14]        #Actor1Type3Code
23.         row[15] = row[15]        #Actor2Code
24.         row[16] = row[16]        #Actor2Name
25.         row[17] = row[17]        #Actor2CountryCode
26.         row[18] = row[18]        #Actor2KnownGroupCode
27.         row[19] = row[19]        #Actor2EthnicCode
28.         row[20] = row[20]        #Actor2Religion1Code
29.         row[21] = row[21]        #Actor2Religion2Code
30.         row[22] = row[22]        #Actor2Type1Code
31.         row[23] = row[23]        #Actor2Type2Code
32.         row[24] = row[24]        #Actor2Type3Code
33.         row[25] = int(row[25])   #IsRootEvent
34.         row[26] = row[26]        #EventCode
```

```
35.      row[27] = row[27]                                    #EventBaseCode
36.      row[28] = row[28]                                    #EventRootCode
37.      row[29] = 0 if row[29] == "" else int(row[29])       #QuadClass
38.      row[30] = 0.0 if row[30] == "" else float(row[30])   #GoldsteinScale
39.      row[31] = 0 if row[31] == "" else int(row[31])       #NumMentions
40.      row[32] = 0 if row[32] == "" else int(row[32])       #NumSources
41.      row[33] = 0 if row[33] == "" else int(row[33])       #NumArticles
42.      row[34] = 0.0 if row[34] == "" else float(row[34])   #AvgTone
43.      row[35] = 0 if row[35] == "" else int(row[35])       #Actor1Geo_Type
44.      row[36] = row[36]                                    #Actor1Geo_FullName
45.      row[37] = row[37]                                    #Actor1Geo_CountryCode
46.      row[38] = row[38]                                    #Actor1Geo_ADM1Code
47.      row[39] = row[39]                                    #Actor1Geo_ADM2Code
48.      row[40] = 0 if row[40] == "" else float(row[40])     #Actor1Geo_Lat
49.      row[41] = 0 if row[41] == "" else float(row[41])     #Actor1Geo_Long
50.      row[42] = row[42]                                    #Actor1Geo_FeatureID
51.      row[43] = 0 if row[43] == "" else int(row[43])       #Actor2Geo_Type
52.      row[44] = row[44]                                    #Actor2Geo_FullName
53.      row[45] = row[45]                                    #Actor2Geo_CountryCode
54.      row[46] = row[46]                                    #Actor2Geo_ADM1Code
55.      row[47] = row[47]                                    #Actor2Geo_ADM2Code
56.      row[48] = 0 if row[48] == "" else float(row[48])     #Actor2Geo_Lat
57.      row[49] = 0 if row[49] == "" else float(row[49])     #Actor2Geo_Long
58.      row[50] = row[50]                                    #Actor2Geo_FeatureID
59.      row[51] = 0 if row[51] == "" else int(row[51])       #ActionGeo_Type
60.      row[52] = row[52]                                    #ActionGeo_FullName
61.      row[53] = row[53]                                    #ActionGeo_CountryCode
62.      row[54] = row[54]                                    #ActionGeo_ADM1Code
63.      row[55] = row[55]                                    #ActionGeo_ADM2Code
64.      row[56] = 0 if row[56] == "" else float(row[56])     #ActionGeo_Lat
65.      row[57] = 0 if row[57] == "" else float(row[57])     #ActionGeo_Long
66.      row[58] = row[58]                                    #ActionGeo_FeatureID
67.      row[59] = 0 if row[59] == "" else int(row[59])       #DATEADDED
68.      row[60] = row[60]                                    #SOURCEURL
69.      #print(row[1])
70.      row += [datetime.datetime.strptime(str(row[1]), '%Y%m%d').date()]
71.      data.append(row)
```

将数据插入 ClickHouse：

```
1.  try:
2.      client.execute('insert into gdelt.event values ',
3.          data,types_check=True)
```

```
4.        end =time.time()
5.        print('记录数',len(data))
6.        print('clickhouse 插入时间',end-start)
7.   except Exception as e:
8.        print(e)
9.        raise e
10.  finally:
11.       os.remove(file_path)                        #删除文件
```

查询结果：

```
记录数 1325
clickhouse 插入时间 0.4956934452056885
```

通过 SQL 语句查询 event 表中的记录数,代码如下：

```
1.  result=client.execute('select count() from gdelt.event')
2.  print(result)
```

查询结果为

```
[(5300,)]
```

3.3　业 务 开 发

　　Gdelt 数据库目前每 15 分钟更新一次,为了综合利用 Gdelt 数据库进行分析研究,在正式开始之前需要设计一个数据实时采集器,实时获取 Gdelt 数据库发布的最新数据。同时,由于 3 个表对新闻事件的描述各有侧重,为了综合利用 3 个数据表的数据以实现对事件信息的全面了解,需要将 3 个孤立的数据表联合起来,对联合数据集进行分析和研究。

　　Gdelt 的元数据为 CSV 格式的文本文件,以 zip 文件的形式进行更新,基于此需要使用 Python 语言开发一个能够自动实时进行 Gdelt 数据下载的爬行器。爬行器分为两大组件：URL 获取组件和元数据下载组件。URL 获取组件首先从 Gdelt 元数据发布页面循环获取最新的 URL(Gdelt 元数据每 15 分钟更新 3 个 zip 文件,对应 event 表、mentions 表和 gkg 表,如 20200305013000. export. CSV. zip、20200305013000. mentions. CSV. zip 和 20200305013000.gkg.csv.zip),如果 Gdelt 数据表有更新,则将新的 URL 加入到 gdeltv2 数据表中。

　　此外,为防止由于网络故障等原因造成 URL 遗漏,URL 获取组件中还有一个值守线程用来每天与 Gdelt 服务器核查 gdeltv2 数据表中是否有遗漏,并将遗漏的 URL 加入到 gdeltv2 表。元数据下载组件从 gdeltv2 表中取出新加入的 URL,然后与 Gedlt 服务器建立 HTTP 连接,成功连接后下载每条 URL 对应的 zip 文件。

3.3.1　创建开源情报采集库表

创建数据库 gdelt，用于作为开源人物情报的工作库。

```
create table gdelt;
```

创建数据库表 gdeltv2，其数据结构如表 3-4 所示。

表 3-4　表 **gdeltv2** 的数据结构

字　段　名	类　　型	注　　释	不是 NULL
id	INT(11)	流水号（主键）	√
urls	VARCHAR(1024)	下载链接	
md5_event	CHAR(32)	event 文件的 MD5 码	
md5_mentions	CHAR(32)	mentions 文件的 MD5 码	
md5_gkg	CHAR(32)	gkg 文件的 MD5 码	
status	enum	下载状态	
update_time	BIGINT(14)	时间标识	
insert_time	TIMESTAMP	创建记录时间	
is_imported	INT(11)	是否被导入 ClickHouse	

需要注意如下事项。

（1）status 为枚举型字段，默认值为 new，值的范围为

```
['others','download_error_gkg','download_error_gkg_md5error','download_
error_mentions','download_error_mentions_md5error','download_error_event',
'download_error_event_md5error','download_ok','new']
```

（2）is_imported 是指所表示的文件是否已经被导入 ClickHouse 中。如果是，值为 1，否则为 0。

创建该表的 SQL 语句为

```
1.  CREATE TABLE gdeltv2 (
2.      id INT (11) NOT NULL AUTO_INCREMENT,
3.      urls VARCHAR (1024),
4.      md5_event CHAR(32),
5.      md5_mentions CHAR (32),
6.      md5_gkg CHAR (32),
7.    status enum ('others', 'download_error_gkg', 'download_error_gkg_
md5error', 'download_error_mentions', 'download_error_mentions_md5error', '
download_error_event', 'download_error_event_md5error', 'download_ok', 'new'
) DEFAULT 'new',
```

```
8.       update_time BIGINT (14) DEFAULT '20150101000000',
9.       insert_time TIMESTAMP NULL DEFAULT CURRENT_TIMESTAMP,
10.      is_imported INT (11) DEFAULT '0',
11.      PRIMARY KEY (id),
12.      UNIQUE KEY deduplicate (md5_event),
13. KEY sort (update_time)
14. ) ENGINE =INNODB AUTO_INCREMENT =1 DEFAULT CHARSET =utf8;
```

3.3.2　定时更新 Gdelt 记录

Gdelt 项目提供的链接 http：//data.gdeltproject.org/gdeltv2/lastupdate.txt 用于显示最新的文件信息。

```
72455 1ccb24982d98c26c3f8286384cbf3650 http://data.gdeltproject.org/gdeltv2/
20200325091500.export.CSV.zip
121104 8a30b5a3e9cb216f4935377b9b01e102 http://data.gdeltproject.org/gdeltv2/
20200325091500.mentions.CSV.zip
6163215  7ef30647253156fb9078d65f774fbe08  http://data. gdeltproject. org/
gdeltv2/20200325091500.gkg.csv.zip
```

每个文件信息占一行，用 3 个值表示文件信息。第一个表示文件的字节数，如 72455B；第二个表示文件的 MD5 值，用于校验文件是否下载成功；第三个表示文件的下载地址。

下面用 Python 语言创建一个定时任务，每隔 15 分钟获得最新的 lastupdate.txt 信息。步骤如下。

（1）根据 URL 定时下载 lastupdate.txt 文件。Python 代码如下。

```
1.  #文件保存路径
2.  file_path =os.path.join(r'D:/datas/gdelt_v2/', 'lastupdate.txt')
3.
4.  def download_lastupdate():
5.      #文件下载 URL
6.      url ='http://data.gdeltproject.org/gdeltv2/lastupdate.txt'
7.      try:
8.          #利用 requests 下载文件到指定文件夹下
9.          response =requests.get(url)
10.         with open(file_path, 'wb') as code:
11.             code.write(response.content)
12.         #读取文件内容，插入信息到数据库表
13.         response.close()
14.         read_lastupdate()
15.     except Exception as e:
16.         logging.error("下载 lastupdate.txt 文件出错")
```

（2）读取 lastupdate.txt 内容，解析并存储到表 gdeltv2 中。Python 代码如下。

```python
1.  def read_lastupdate():
2.      datas = []
3.      urls = []
4.
5.      #读取指定文件,获得将下载的文件列表
6.      with open(file_path, 'r', encoding='utf-8') as file:
7.          for line in file.readlines():
8.              #
9.              urls.append(line.strip('\n').split(' ')[-1])
10.             datas.append(line.strip('\n').split(' '))
11.     #将event、mentions和gkg的URL地址通过分隔符";"连接起来
12.     url = ';'.join(urls)
13.     #获得类似于"20200325014500"的值
14.     index = datas[0][2].rfind("/") +1
15.     updatetime = datas[0][2][index:]
16.     updatetime = updatetime[:(updatetime.find("."))]
17.
18.     md5_event = datas[0][1]
19.     md5_mentions = datas[1][1]
20.     md5_gkg = datas[2][1]
21.     print("updatetime:", updatetime)
22.
23.     #连接MySQL数据库
24.     db = pymysql.connect(host='localhost', user='root',
25.                         password='1qaz1234', database='gdelt')
26.     cursor = db.cursor()
27.     try:
28.         str = "INSERT INTO gdeltv2(urls,md5_event,md5_mentions,md5_gkg, \
29.         insert_time,update_time,is_imported) \
30.         values('%s','%s','%s','%s','%s','%d','%d') "
31.         cursor.execute(str % (url, md5_event, md5_mentions,
32.                         md5_gkg, datetime.now(), int(updatetime), 0))
33.         db.commit()
34.         cursor.close()
35.     except Exception as e:
36.         logging.error("数据插入出错")
37.         db.rollback()
38.     finally:
39.         db.close()
```

3.3.3　下载 gdeltv2 文件

查询 gdeltv2 中 status 为 new 的记录，下载 event、gkg 和 mentions 数据文件，并更新 gdeltv2 中记录的 is_imported 的值。

（1）连接 MySQL 数据库。

导入 pymysql 模块，连接 MySQL 数据库。

```
1.  import pymysql
2.  connection = pymysql.connect(host="localhost", user="root", password="1qaz1234", database="gdelt")
```

配置参数如下。

① host：主机名。

② user：用户名。

③ password：用户登录密码。

④ database：数据库名。

（2）查询 gdeltv2 表中 status='new'的记录。

```
1.  cursor.execute( "select * from gdeltv2 where status='new'
2.  order by update_time desc limit 20")
3.  #获得所有记录列表
4.  records =cursor.fetchall()
```

（3）遍历结果集，并利用 requests 模块下载指定 URL 的文件，根据年/月/日保存到本地文件夹。

```
1.  '''下载 Gdelt 项目的 event、mentions 和 gkg 文件'''
2.  for record in records:
3.      #获得 record_id、urls、update_time 的值
4.      record_id =record[0]
5.      urls =record[1]
6.      update_time =str(record[6])
7.      #将 urls 值用";"进行拆分
8.      url_list =urls.split(";")
9.      #获得年、月、日
10.     year =update_time[:4]
11.     month =update_time[4:6]
12.     day =update_time[6:8]
13.     #构建文件的目标路径
14.     tmp_dir =os.path.join(home_dir, year, month, day)
15.     #判断目标文件夹是否存在,如果不存在,自动创建
16.     if not os.path.exists(tmp_dir):
```

```
17.        os.makedirs(tmp_dir)
18.    for url in url_list:
19.        print(url)
20.        download_file(tmp_dir, url)
```

下载文件代码如下所示。

```
1.  def download_file(target_path, url):
2.      response = requests.get(url)
3.      #获得文件名
4.      index = url.rfind('/') + 1
5.      filename = url[index:]
6.      #构建目标路径
7.      path = os.path.join(target_path, filename)
8.      print(path)
9.
10.     with open(path, "wb") as file:
11.         file.write(response.content)
```

（4）更新当前记录的 is_imported 的值。

```
1.  #更新记录状态
2.  cursor.execute("update gdeltv2 set status='download_ok' where id=%s" % int
(record_id))
3.  connection.commit()
```

（5）设置定时任务，每 15 分钟运行一次任务。利用 schedule 模块设置定时任务。

```
1.  #每 15 分钟执行一次
2.  schedule.every(15).seconds.do(start_parse_records)
3.  while True:
4.      schedule.run_pending()
```

完整代码如下所示。

```
1.  import os
2.  import requests
3.  import pymysql
4.  import schedule
5.  import logging
6.
7.  #日志配置信息,输出到文件
8.  logging.basicConfig(
```

```
9.         format='%(asctime)s %(levelname)s %(message)s',
10.        level=logging.INFO, filename='downloadGdeltFile.log', filemode='a')
11.
12. #文件根目录,下级文件根据 年/月/日/export、mentions、gkg
13. home_dir =r'D:/datas/gdelt_v2/'
14.
15. def start_parse_records():
16.     '''
17.         1.连接 MySQL 数据库,从表 gdeltv2 中获取 status='new'的记录列表 records
18.         2.遍历 records
19.         3.利用 requests 模块下载文件,并存储到目标文件夹 tmp_dir 中
20.         4.待 3 个文件都下载完成后,更新 gdeltv2 表中指定 id 的 status 的值
21.     '''
22.     print("---------------准备下载文件----------------")
23.     #连接 MySQL 数据库
24.     connection =pymysql.connect(host="localhost", user="root",
25. password="1qaz1234", database="gdelt")
26.
27.     cursor =connection.cursor()
28.     try:
29.         cursor.execute(
30.             "select * from gdeltv2 where status='new' order by update_time desc
limit 20")
31.         #获得所有记录列表
32.         records =cursor.fetchall()
33.
34.         ''' 下载 Gdelt 项目的 event、mentions 和 gkg 文件'''
35.         for record in records:
36.             #获得 record_id、urls、update_time 的值
37.             record_id =record[0]
38.             urls =record[1]
39.             update_time =str(record[6])
40.             #将 urls 值用";"进行拆分
41.             url_list =urls.split(";")
42.             #获得年、月、日
43.             year =update_time[:4]
44.             month =update_time[4:6]
45.             day =update_time[6:8]
46.
47.             tmp_dir =os.path.join(home_dir, year, month, day)
48.             #判断目标文件夹是否存在,如果不存在,自动创建
49.             if not os.path.exists(tmp_dir):
50.                 os.makedirs(tmp_dir)
```

```
51.              for url in url_list:
52.                  print(url)
53.                  download_file(tmp_dir, url)
54.            #更新记录状态
55.            cursor.execute(
56.                "update gdeltv2 set status='download_ok'
57. where id=%s" %int(record_id))
58.            connection.commit()
59.        cursor.close()
60.    except Exception as e:
61.        logging.error("连接 MySQL 数据库出错")
62.        print(e.message)
63.    finally:
64.        #关闭数据库连接
65.        connection.close()
66.    print("---------------此轮下载工作已完成----------------")
67.
68. def download_file(target_path, url):
69.    response = requests.get(url)
70.    #获得文件名
71.    index = url.rfind('/') +1
72.    filename = url[index:]
73.    #构建目标路径
74.    path = os.path.join(target_path, filename)
75.    print(path)
76.
77.    with open(path, "wb") as file:
78.        file.write(response.content)
79.
80. if __name__ == '__main__':
81.    #每 15 分钟执行一次
82.    schedule.every(15).seconds.do(start_parse_records)
83.
84.    while True:
85.        schedule.run_pending()
```

3.3.4 数据导入 ClickHouse

（1）连接 MySQL 数据库，从表 gdeltv2 中获取 status = 'download_ok'的记录列表 records。

（2）连接 ClickHouse 数据库。

（3）遍历 records，将字段 urls 的值以分隔符";"进行拆分，并对拆分的值分别进行路径拼接。

（4）分别进行解压缩，根据文件名关键字进行解析，将值导入 ClickHouse。

（5）等待 event、gkg 和 mentions 文件都导入完成后，更新 gdeltv2 表中指定 ID 的 is_imported 的值。

具体代码如下所示。

① md5Value 方法：用于对指定字符串 key 进行 MD5 加密。

```
1.  def md5Value(key):
2.      '''
3.          对指定字符串 key 进行 MD5 加密
4.      '''
5.      input_name = hashlib.md5()
6.      input_name.update(key.encode('utf-8'))
7.      #print(key,"--->",input_name.hexdigest())
8.      return input_name.hexdigest()
```

② 解压缩文件。

```
1.  def zipFile(filepath):
2.      '''
3.      对指定文件进行解压缩操作
4.      '''
5.      #print(filepath)
6.      f = zipfile.ZipFile(filepath, 'r')
7.      for f_name in f.namelist():
8.          #解压缩文件到目标文件夹
9.          f.extract(f_name, targetDir)
10.         #解析目标文件
11.         parseFile(f_name)
12.     f.close()
```

③ 选择解析文件方法，根据文件名关键字判断应该执行哪一个方法。

```
1.  def parseFile(filename):
2.      '''''
3.      根据文件名选择解析方式
4.      '''
5.      #print(filename)
6.      if('export' in filename):
7.          print('event')
8.          parseEvent(filename)
9.      if('gkg' in filename):
10.         print('gkg')
11.         parseGkg(filename)
```

```
12.     if('mentions' in filename):
13.         print('mentions')
14.         parseMentions(filename)
```

④ 主方法。

```
1.  def start_import_datas():
2.      print("---------开始解析文件,导入 ClickHouse---------")
3.      #连接 ClickHouse-client
4.      client =Client(host='192.168.1.2', port='9999',
5.                     user='default', password='')
6.      dir_name =r'D:/datas/gdelt_v2/'
7.
8.      #建立 MySQL 连接
9.      mysql_conn =pymysql.connect(
10.         host="localhost", user="root", password="1qaz1234", database=
"gdelt")
11.     cursor =mysql_conn.cursor()
12.     #获得待解析的记录集合
13.     sql ="select * from gdeltv2 where status='download_ok' order by update_
time desc limit 100"
14.     cursor.execute(sql)
15.     records =cursor.fetchall()
16.     try:
17.         for record in records:
18.             update_time =str(record[6])
19.             url_list =record[1].split(";")
20.             #获得年、月、日信息
21.             year =update_time[:4]
22.             month =update_time[4:6]
23.             day =update_time[6:8]
24.
25.             tmp_dir =os.path.join(dir_name, year, month, day)
26.             for url in url_list:
27.                 #获得文件名
28.                 index =url.rfind('/') +1
29.                 filename =url[index:]
30.                 fullname =os.path.join(tmp_dir, filename)
31.                 print(fullname)
32.                 #解压缩文件,根据文件名进行解析,并存储到数据库表中
33.                 zipFile(fullname)
34.
35.                 #更新数据库记录 is_imported 的值
```

```
36.            cursor.execute("update gdeltv2 set is_imported=1 where id=%s"
%int(record[0]))
37.            mysql_conn.commit()
38.         cursor.close()
39.     except Exception as e:
40.         raise e
41.     finally:
42.         mysql_conn.close()
43.         client.close()
44.     print("---------此轮解析文件,导入 ClickHouse 工作结束---------")
```

⑤ 定时任务,暂定每 5 分钟执行一次任务。

```
1.  if __name__ =='__main__':
2.      schedule.every(5).minutes.do(start_import_datas)
3.      while True:
4.          schedule.run_pending()
5.          time.sleep(5 * 1000 * 60)
```

⑥ 解析 event 文件。

```
1.  def parseEvent(filename):
2.      '''
3.      解析 event 文件
4.      '''
5.      file_path =os.path.join(targetDir, filename)
6.      data =[]
7.      start =time.time()
8.      with open(file_path, 'r', encoding='utf-8') as csvfile:
9.          readCSV =csv.reader(csvfile, delimiter='\t')
10.         for row in readCSV:
11.             #print(len(row))
12.             row[0] =int(row[0])     #GlobalEventID
13.             #数据库中每条记录的专有 ID 号,通常按事件报道日期顺序连续分配,但是不
                #能以此作为按时间分类事件的依据
14.             row[1] =int(row[1])     #SQLDATE
15.             row[2] =int(row[2])
16.             row[3] =int(row[3])
17.             #FractionDate 以一年时间线长度作为 1,用小数表示事件发生在该年时
                #间线的位置
18.             row[4] =float(row[4])
19.             #Actor1Code:Actor1 的原始 CAMEO 编码,包括地理位置、社会阶层、种族、
                #宗教信仰、职业等信息
```

```
20.    row[5] = row[5]
21.    row[6] = row[6]           #Actor1Name
22.    row[7] = row[7]           #Actor1CountryCode
23.    row[8] = row[8]           #Actor1KnownGroupCode
24.    row[9] = row[9]           #Actor1EthnicCode
25.    row[10] = row[10]         #Actor1Religion1Code
26.    row[11] = row[11]         #Actor1Religion2Code
27.    row[12] = row[12]         #Actor1Type1Code
28.    row[13] = row[13]         #Actor1Type2Code
29.    row[14] = row[14]         #Actor1Type3Code
30.    row[15] = row[15]         #Actor2Code
31.    row[16] = row[16]         #Actor2Name
32.    row[17] = row[17]         #Actor2CountryCode
33.    row[18] = row[18]         #Actor2KnownGroupCode
34.    row[19] = row[19]         #Actor2EthnicCode
35.    row[20] = row[20]         #Actor2Religion1Code
36.    row[21] = row[21]         #Actor2Religion2Code
37.    row[22] = row[22]         #Actor2Type1Code
38.    row[23] = row[23]         #Actor2Type2Code
39.    row[24] = row[24]         #Actor2Type3Code
40.    row[25] = int(row[25])    #IsRootEvent
41.    row[26] = row[26]         #EventCode
42.    row[27] = row[27]         #EventBaseCode
43.    row[28] = row[28]         #EventRootCode
44.     #QuadClass
45.    row[29] = 0 if row[29] == "" else int(row[29])
46.     #GoldsteinScale
47.     row[30]=0.0 if row[30]=="" else float(row[30])
48.      #NumMentions
49.    row[31] = 0 if row[31] == "" else int(row[31])
50.      #NumSources
51.    row[32] = 0 if row[32] == "" else int(row[32])
52.     #NumArticles
53.    row[33] = 0 if row[33] == "" else int(row[33])
54.      #AvgTone
55.    row[34] = 0.0 if row[34] == "" else float(row[34])
56.     #Actor1Geo_Type
57.    row[35] = 0 if row[35] == "" else int(row[35])
58.     #Actor1Geo_FullName
59.    row[36] = row[36]
60.    row[37] = row[37]         #Actor1Geo_CountryCode
61.    row[38] = row[38]         #Actor1Geo_ADM1Code
62.    row[39] = row[39]         #Actor1Geo_ADM2Code
```

```
63.              #Actor1Geo_Lat
64.              row[40] = 0 if row[40] == "" else float(row[40])
65.              #Actor1Geo_Long
66.              row[41] = 0 if row[41] == "" else float(row[41])
67.              row[42] = row[42]                              #Actor1Geo_FeatureID
68.              #Actor2Geo_Type
69.              row[43] = 0 if row[43] == "" else int(row[43])
70.              #Actor2Geo_FullName
71.              row[44] = row[44]
72.              row[45] = row[45]                              #Actor2Geo_CountryCode
73.              row[46] = row[46]                              #Actor2Geo_ADM1Code
74.              row[47] = row[47]                              #Actor2Geo_ADM2Code
75.              #Actor2Geo_Lat
76.              row[48] = 0 if row[48] == "" else float(row[48])
77.              #Actor2Geo_Long
78.              row[49] = 0 if row[49] == "" else float(row[49])
79.              row[50] = row[50]                              #Actor2Geo_FeatureID
80.              #ActionGeo_Type
81.              row[51] = 0 if row[51] == "" else int(row[51])
82.              row[52] = row[52]                              #ActionGeo_FullName
83.              row[53] = row[53]                              #ActionGeo_CountryCode
84.              row[54] = row[54]                              #ActionGeo_ADM1Code
85.              row[55] = row[55]                              #ActionGeo_ADM2Code
86.              #ActionGeo_Lat
87.              row[56] = 0 if row[56] == "" else float(row[56])
88.              #ActionGeo_Long
89.              row[57] = 0 if row[57] == "" else float(row[57])
90.              row[58] = row[58]                              #ActionGeo_FeatureID
91.              row[59] = 0 if row[59] == "" else int(row[59])   #DATEADDED
92.              row[60] = row[60]                              #SOURCEURL
93.              row += [datetime.strptime(str(row[1]), '%Y%m%d').date()]
94.              data.append(row)
95.      try:
96.          client.execute('insert into gdelt.event values ',
97.                      data, types_check=True)
98.          end = time.time()
99.          print('记录数', len(data))
100.         print('clickhouse 插入时间', end - start)
101.     except Exception as e:
102.         print(e)
103.     finally:
104.         os.remove(file_path)                              #删除文件
```

⑦ 解析 gkg 文件。

```
1.  def parseGkg(filename):
2.      '''
3.      解析 gkg 文件
4.      '''
5.      file_path =os.path.join(targetDir, filename)
6.      data = []
7.      start = time.time()
8.      csv.field_size_limit(500 * 1024 * 1024)
9.      with open(file_path, 'r', encoding='ISO-8859-1') as csvfile:
10.
11.         readCSV =csv.reader(csvfile, delimiter='\t')
12.     for row in readCSV:
13.         try:
14.             if(len(row) <27):
15.                 continue
16.             tmpEventTimeDate = row[1][0:8]
17.             row[0] = row[0]                    #GKGRECORDID
18.             row[1] = 0 if row[1] =="" else int(row[1])      # DATE
19.             row[2] = 0 if row[2] =="" else int(
20.                 row[2])                        #SourceCollectionIdentifier
21.             row[3] = row[3]                    #SourceCommonName
22.             row[4] = row[4]                    #DocumentIdentifier
23.             row[5] = row[5]                    #Counts
24.             row[6] = row[6]                    #V2Counts
25.             row[7] = row[7]                    #Themes
26.             row[8] = row[8]                    #V2Themes
27.             row[9] = row[9]                    #Locations
28.             row[10] = row[10]                  #V2Locations
29.             row[11] = row[11]                  #Persons
30.             row[12] = row[12]                  #V2Persons
31.             row[13] = row[13]                  #Organizations
32.             row[14] = row[14]                  #V2Organizations
33.             row[15] = row[15]                  #V2Tone
34.             row[16] = row[16]                  #Dates
35.             row[17] = row[17]                  #GCAM
36.             row[18] = row[18]                  #SharingImage
37.             row[19] = row[19]                  #RelatedImages
38.             row[20] = row[20]                  #SocialImageEmbeds
39.             row[21] = row[21]                  #SocialVideoEmbeds
40.             row[22] = row[22]                  #Quotations
41.             row[23] = row[23]                  #AllNames
```

```
42.            row[24] = row[24]                    #Amounts
43.            row[25] = row[25]                    #TranslationInfo
44.            row[26] = row[26]                    #Extras
45.            #Md5Url,对 DocumentIdentifier 进行 MD5 哈希表转换
46.            row += [md5Value(row[4])]
47.            row += [datetime.datetime.strptime(tmpEventTimeDate,
48.                        '%Y%m%d').date()]   #GkgDate
49.            data.append(row)
50.
51.        except Exception as e:
52.            print(e)
53.
54.    try:
55.        client.execute('insert into gdelt.gkg values ',
56.                    data, types_check=True)
57.        end = time.time()
58.        print('记录数', len(data))
59.        print('clickhouse 插入时间', end - start)
60.
61.    except Exception as e:
62.        print(e)
63.    finally:
64.        #删除文件
65.        os.remove(file_path)
```

⑧ 解析 mentions 文件。

```
1.    def parseMentions(filename):
2.        '''
3.        解析 mentions 文件
4.        '''
5.        file_path = os.path.join(targetDir, filename)
6.        data = []
7.        start = time.time()
8.        with open(file_path, 'r', encoding='ISO-8859-1') as csvfile:
9.            readCSV = csv.reader(csvfile, delimiter='\t')
10.            for row in readCSV:
11.                try:
12.                    if(len(row) < 16):
13.                        continue
14.                    tmpEventTimeDate = row[1][0:8]
15.                    row[0] = 0 if row[0] == "" else int(row[0]) #GLOBALEVENTID
```

```
16.        row[1] = 0 if row[1] == "" else int(row[1])  #EventTimeDate
17.        row[2] = 0 if row[2] == "" else int(row[2])  #MentionTimeDate
18.        row[3] = 0 if row[3] == "" else int(row[3])  #MentionType
19.        row[4] = row[4]          #MentionSourceName
20.        row[5] = row[5]          #MentionIdentifier
21.        row[6] = 0 if row[6] == "" else int(row[6])  #SentenceID
22.        row[7] = 0 if row[7] == "" else int(row[7])  #Actor1CharOffset
23.        row[8] = 0 if row[8] == "" else int(row[8])  #Actor2CharOffset
24.        row[9] = 0 if row[9] == "" else int(row[9])  #ActionCharOffset
25.        row[10] = 0 if row[10] == "" else int(row[10])  #InRawText
26.        row[11] = 0 if row[11] == "" else int(row[11])  #Confidence
27.        row[12] = 0 if row[12] == "" else int(row[12])  #MentionDocLen
28.        row[13] = 0.0 if row[13] == "" else float(
29.            row[13])                          #MentionDocTone
30.        row[14] = row[14]                     #MentionDocTranslationInfo
31.        row[15] = row[15]                     #Extras
32.        #对表 mentions 中的 MentionIdentifier 字段进行 MD5 哈希表转换
33.        row += [md5Value(row[5])]
34.        #EventDate
35.        row += [datetime.datetime.strptime(tmpEventTimeDate,
36.                              '%Y%m%d').date()]
37.        #print(row)
38.        data.append(row)
39.    except Exception as e:
40.        print(e)
41.
42. try:
43.    client.execute('insert into gdelt.mentions values ',
44.              data, types_check=True)
45.    end = time.time()
46.    print('记录数', len(data))
47.    print('clickhouse 插入时间', end - start)
48.
49. except Exception as e:
50.    print(e)
51. finally:
52.    #删除文件
53.    os.remove(file_path)
```

3.4　可视化分析

本节对从 Gdelt 获得的开源情报大数据进行可视化分析示例,主要包括国家/地区交互网络创建、西方媒体对中国的情感分析、全球热点人物/组织和主题分析、抗议性事件情况分析等。

3.4.1　国家/地区交互网络构建

国家/地区交互是指两者间的交流互动。此处的国家/地区交互网络中的交互是指两个国家/地区在新闻中的某种互动关系。在事件库中,本节定义两个国家/地区共同参与一个事件为一次交互。从事件库的一条数据中提取的两个参与者间有交互,交互次数为 1。在全球知识图中,本节定义两个国家/地区共同在一个新闻文档中出现作为一次交互,全球知识一条数据中提取的所有位置两两之间都有交互,交互次数为该条数据的源文档总数(即NUMARTS)。

```
1.  SELECT
2.      country1, lat1, long1, country2, lat2, long2, value
3.  FROM (
4.      SELECT Actor1Geo_FullName AS country1,
5.          Actor1Geo_Lat AS lat1, Actor1Geo_Long AS long1,
6.          Actor2Geo_FullName AS country2,
7.          Actor2Geo_Lat AS lat2, Actor2Geo_Long AS long2,
8.          count() AS value
9.      FROM event
10.     WHERE (EventDate >='2018-01-01') AND (EventDate <='2020-03-25')
11. AND (EventRootCode ='14') AND (Actor1Geo_CountryCode !='')
12. AND (Actor2Geo_CountryCode !='')
13. AND (Actor1Geo_CountryCode !=Actor2Geo_CountryCode)
14.     GROUP BY country1, lat1, long1, country2, lat2, long2
15.     ORDER BY value DESC
16.     LIMIT 20
17. )
```

Python 代码如下,代码文件为 Gdelt/echarts/associate.py。

```
1.  def get_clickhouse_client(host, port, user, password):
2.      """
3.      获得 ClickHouse 客户端连接
4.      :param host: 主机名或 IP 地址
5.      :param port: 端口
6.      :param user: 用户名
7.      :param password: 密码
8.      :return:
9.      """
10.     client =Client(host=host, port=port, user=user, password=password)
11.     return client
12.
```

```
13.
14. if __name__ =='__main__':
15.     client =get_clickhouse_client("192.168.1.2", 9999, "default", "")
16.     sql ='''SELECT country1,country2,value FROM (
17.         SELECT Actor1Geo_FullName AS country1,Actor2Geo_FullName AS
country2,count() AS value
18.         FROM gdelt.event
19.         WHERE (EventDate >='2018-01-01') AND (EventDate <='2020-03-25')
20.         AND (EventRootCode ='14') AND (Actor1Geo_CountryCode !='')
21.         AND (Actor2Geo_CountryCode !='')
22.         AND (Actor1Geo_CountryCode !=Actor2Geo_CountryCode)
23.         GROUP BY country1,country2
24.         ORDER BY value DESC
25.         LIMIT 20
26.     )
27.     '''
28.     #运行 SQL 语句,获得结果集
29.     result =client.execute(sql)
30.     #print(result)
31.     nodes =[]
32.     links =[]
33.
34.     set_nodes =set()
35.     for data in result:
36.         source =data[0]
37.         target =data[1]
38.         value =data[2]
39.         if source not in set_nodes:
40.             nodes.append(opts.GraphNode(name=source, symbol_size=10))
41.             set_nodes.add(source)
42.         if target not in set_nodes:
43.             nodes.append(opts.GraphNode(name=target, symbol_size=20))
44.             set_nodes.add(target)
45.         links.append(opts.GraphLink(source=source, target=target, value=
value))
46.     c = (
47.         Graph()
48.             .add("", nodes, links, repulsion=4000, categories=None, gravity
=0.2,
49.                 edge_label=opts.LabelOpts(is_show=False, position="middle",
formatter="{b} 的数据 {c}"), )
50.             .set_global_opts(title_opts=opts.TitleOpts(title="全球地区性
交互事件分布关系图"))
```

```
51.     )
52.     #定义 HTML 文件存储路径
53.     html_target_dir =os.path.join(os.getcwd(), '')
54.     print(html_target_dir)
55.     filePath =os.path.join(html_target_dir, 'geo_associate.html')
56.     print(filePath)
57.     c.render(filePath)
```

在浏览器中打开生成的 geo_associate.html 文件,查看全球地区性发生交互事件情况,如图 3-10 所示。

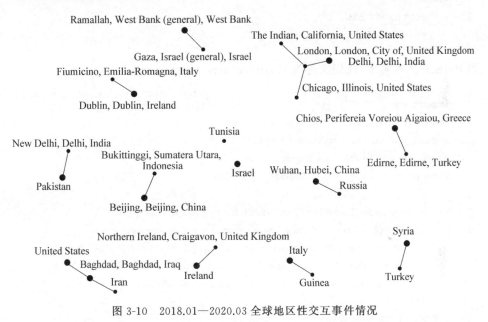

图 3-10　2018.01—2020.03 全球地区性交互事件情况

3.4.2　西方媒体对中国的情感分析

事件库表 event 中记录了一个事件发生的时间、地理位置信息和参与者信息,其中属性 AvgTone 用于表示所有文件对提及该事件平均情感倾向程度;Actor1CountryCode 用于表示参与者 1 的国籍代码,Actor2CountryCode 用于表示参与者 2 的国籍代码。此次分析中将首先以意大利(CountryCode＝'ITY')为例,查看意大利媒体对我国的评价情况。

Gdelt 会给每一篇报道标注一个 AvgTone。AvgTone 为负表示这是一篇消极报道;AvgTone 为正表示这是一篇积极报道;褒贬指数为零表示这是一篇中立报道。接下来分析 2018 年以来,意大利媒体对我国的报道的情感倾向程度。

SQL 语句如下所示。

```
1.  SELECT
2.      MonthYear,
3.      Actor2CountryCode AS target,
4.      AVG(AvgTone) AS Avg_Tone,
5.      count(*)
6.  FROM event
7.  WHERE ((EventDate >= '2018-01-01') AND (EventDate <= '2020-03-25')) AND
(Actor1CountryCode ='ITA') AND (Actor2CountryCode ='CHN')
8.  GROUP BY
9.      MonthYear,
10.     target
11. ORDER BY
12.     MonthYear ASC,
13.     target ASC
```

用 Python 代码实现,代码文件为 Gdelt/echarts/avgtone.py。

```
1.  import os
2.  from clickhouse_driver import Client
3.  import pyecharts.options as opts
4.  from pyecharts.charts import Line
5.  from pyecharts.globals import SymbolType
6.
7.  sql ='''select MonthYear,Actor2CountryCode as target,
8.          AVG(AvgTone) AS Avg_Tone,count(*) from gdelt.event
9.          where EventDate between ('2018-01-01') and ('2020-03-25')
10.         and Actor1CountryCode='ITA' and Actor2CountryCode='CHN'
11.         group by MonthYear,target order by MonthYear asc,target
12.     '''
13. #建立 ClickHouse 连接
14. clickhouse_client =Client(host="192.168.1.2", port="9999",
15.                           user="default", password="")
16. #运行 SQL 语句
17. datas =clickhouse_client.execute(sql)
18. #处理数据
19. months =[]                              #年、月
20. avgTones =[]                            #语气平均值
21. for data in datas:
22.     months.append(str(data[0]))
23.     avgTones.append(data[2])
24.
25. #目标文件夹
26. path =os.path.join(os.getcwd(), 'htmls')
```

```
27.
28. (
29.    Line()
30.    .set_global_opts(
31.        title_opts=opts.TitleOpts(title="意大利媒体对中国的评价"),
32.        tooltip_opts=opts.TooltipOpts(is_show=False),
33.        xaxis_opts=opts.AxisOpts(type_="category"),
34.        yaxis_opts=opts.AxisOpts(
35.            type_="value",
36.            axistick_opts=opts.AxisTickOpts(is_show=True),
37.            splitline_opts=opts.SplitLineOpts(is_show=True),
38.        ),
39.    )
40.    .add_xaxis(xaxis_data=months)
41.    .add_yaxis(
42.        series_name="",
43.        y_axis=avgTones,
44.        symbol="emptyCircle",
45.        is_symbol_show=True,
46.        label_opts=opts.LabelOpts(is_show=False),
47.    )
48.    .render(os.path.join(path, "avgTone_ity_chn.html"))
49. )
```

运行 Python 代码将生成一个 HTML 文件,将该文件在浏览器中打开,如图 3-11 所示。

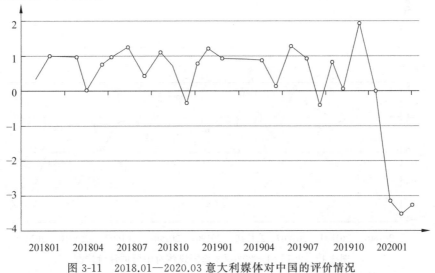

图 3-11　2018.01—2020.03 意大利媒体对中国的评价情况

从图中可以看出,2018—2019 年,意大利媒体对我国的报道情况较为积极;然而,2020
年以来,意大利媒体对中国的评价是最近三年最低,而且低的幅度远远超过这三年间的所有
月份。

下面来看看法国媒体对中国的报道(见图 3-12)。代码主体不用改变,只需要将 SQL 语
句中的 Actor1CountryCode 的值修改为 FRA,其他部分进行相应修改即可。

图 3-12　2018.01—2020.03 法国媒体对中国的评价情况

从图 3-12 中可以看出,从 2018 年以来法国媒体对我国的报道基本处于消极的状态,特
别是在 2020 年 2 月份,评价处于最低值。

接下来看看德国媒体对我国的报道情况(见图 3-13)。只要将 Actor1CountryCode 的
值修改为 DEU 即可。

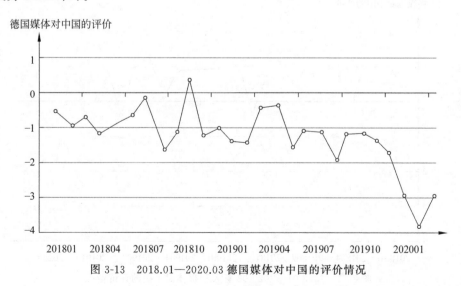

图 3-13　2018.01—2020.03 德国媒体对中国的评价情况

从图 3-13 中可以看出,德国媒体对我国的评价情况一直处于消极的状态。相同的是,

在 2020 年 2 月份,评价也到了最低值;从 2020 年 3 月份开始,一部分国外媒体对中国的报道开始趋向积极的一面。

3.4.3　全球人物热点分析

接下来利用全球知识图来分析热点人物和热点主题。event、gkg 和 mentions 三表连接查询,SQL 语句如下。

```
1.  SELECT name, count() AS value FROM (
2.      SELECT arrayJoin(arrayReduce('groupUniqArray', arrayMap(x ->
replaceRegexpOne(x, ',.*', ''), persons))) AS name  FROM (
3.      SELECT splitByChar(';', V2Persons) AS persons FROM gkg
4.      WHERE (GkgDate >='2019-12-01') AND (GkgDate <='2020-03-25')
5.  AND (Md5Url IN ( SELECT Md5Url  FROM mentions
6.  WHERE GLOBALEVENTID IN ( SELECT GlobalEventID FROM event
7.  WHERE (EventDate >='2019-12-01') AND (EventDate <='2020-03-25'))
8.          ))
9.      ) WHERE name !=''
10. )
11. GROUP BY name
12. ORDER BY value DESC
13. LIMIT 150
```

用 Python 代码实现,代码文件为 Gdelt/echarts/person_wordcloud.py。

```
1.  '''
2.  Gdelt 词云
3.  '''
4.  import os
5.  import pyecharts.options as opts
6.  from pyecharts.charts import WordCloud
7.  from pyecharts.globals import SymbolType
8.  from clickhouse_driver import Client
9.
10. if __name__ =='__main__':
11.   sql ='''select name,count() as value from (\
12.       select arrayJoin(arrayReduce(' groupUniqArray ', arrayMap(x ->
replaceRegexpOne(x,',.*',''),persons))) as name \
13.       from (SELECT splitByChar(';',V2Persons) as persons from gdelt.gkg
where GkgDate>='2019-12-01' and GkgDate<='2020-03-25' \
14.       and Md5Url in (select Md5Url from gdelt.mentions where GLOBALEVENTID in
(select GlobalEventID \
15.       from gdelt.event where EventDate>='2019-12-01' and EventDate<='2020-
03-25'))) where name !='')\
```

```
16.      group by name order by value desc limit 150
17.    '''
18.
19.  client =Client(host="192.168.1.2", port="9999",
20.                 user="default", password="")
21.  data =client.execute(sql)
22.  print(data)
23.  path =os.path.join(os.getcwd(), 'htmls')
24.
25.  (
26.     WordCloud()
27.     .add(series_name="人物热点分析", data_pair=data, word_size_range=[10, 66])
28.     .set_global_opts(
29.        title_opts=opts.TitleOpts(
30.           title="人物热点分析", title_textstyle_opts=opts.TextStyleOpts
(font_size=20)
31.        ),
32.        tooltip_opts=opts.TooltipOpts(is_show=True),
33.     )
34.     .render(os.path.join(path, "my_wordcloud.html"))
35.  )
```

执行该 Python 文件将生成 my_wordcloud.html 文件,在浏览器中打开该文件,渲染出词云。从图 3-14 中可以看出 Donald Trump、Joe Biden、Boris JohnSon、Berine Sanders 等热点人物。

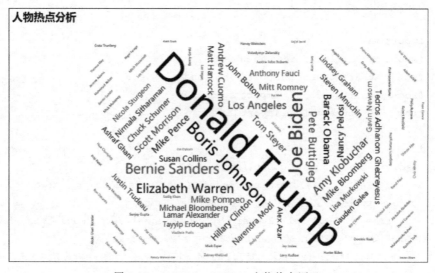

图 3-14   2019.01—2020.03 人物热点词云

3.4.4　全球组织关系热点分析

类似地,也可以对表 gkg 的 V2Organizations 内容进行统计,该字段用于表示组织等信息。

```
1.  SELECT name, count() AS value FROM (
2.      SELECT arrayJoin(arrayReduce('groupUniqArray', arrayMap(x ->
replaceRegexpOne(x,',.*',''),organizations))) AS name FROM (
3.  SELECT splitByChar(';', V2Organizations) AS organizations
4.  FROM gkg
5.  WHERE (GkgDate>='2020-01-01') AND (GkgDate<='2020-03-24')
6.  AND (Md5Url IN (SELECT Md5Url FROM mentions WHERE GLOBALEVENTID IN
7.      ( SELECT GlobalEventID FROM event
8.  WHERE (EventDate>='2020-01-01') AND (EventDate<='2020-03-24'))
9.  ))) WHERE name !=''
10. ) GROUP BY name ORDER BY value DESC
11. LIMIT 100
```

通过 pyecharts 模块可将查询的结果可视化。代码文件为 Gdelt/echarts/ organizations_wordcloud.py。

```
1.  '''
2.  Gdelt 词云
3.  '''
4.  import os
5.  import pyecharts.options as opts
6.  from pyecharts.charts import WordCloud
7.  from pyecharts.globals import SymbolType
8.  from clickhouse_driver import Client
9.
10. if __name__ =='__main__':
11.     sql ='''
12.     SELECT
13.       name,
14.       count() AS value
15.     FROM
16.     (
17.         SELECT arrayJoin(arrayReduce('groupUniqArray', arrayMap(x ->
replaceRegexpOne(x, ',.*', ''), organizations))) AS name
18.         FROM
19.         (
20.             SELECT splitByChar(';', V2Organizations) AS organizations
21.             FROM gdelt.gkg
```

```
22.             WHERE (GkgDate >= '2020-01-01') AND (GkgDate <= '2020-03-24')
AND (Md5Url IN
23.          (
24.              SELECT Md5Url
25.              FROM gdelt.mentions
26.              WHERE GLOBALEVENTID IN
27.              (
28.                  SELECT GlobalEventID
29.                  FROM gdelt.event
30.                  WHERE (EventDate >= '2020-01-01') AND (EventDate <= '2020
-03-24')
31.                  )
32.              ))
33.          )
34.          WHERE name != ''
35.      )
36.      GROUP BY name
37.      ORDER BY value DESC
38.      LIMIT 100
39.      '''
40.
41.      client = Client(host="192.168.1.2", port="9999",
42.                   user="default", password="")
43.      data = client.execute(sql)
44.      print(data)
45.      path = os.path.join(os.getcwd(), 'htmls')
46.
47. (
48.      WordCloud()
49.      .add(series_name="组织关系热点分析", data_pair=data, word_size_range=
[10, 66])
50.      .set_global_opts(
51.          title_opts=opts.TitleOpts(
52.              title="组织关系热点分析", title_textstyle_opts=opts.TextStyleOpts
(font_size=20)
53.          ),
54.          tooltip_opts=opts.TooltipOpts(is_show=True),
55.      )
56.      .render(os.path.join(path, "organizations_wordcloud.html"))
57. )
```

在浏览器中打开 organizations_wordcloud.html 文件，从渲染的词云（见图 3-15）中可以
看出关键字 United States、Associated Press、White House、World Health Organization、

Twitter 等,由此可以看出近 3 个月新闻媒体对这些组织投入的注意较多。

图 3-15　2020 年 1 月至 3 月热点组织词云

3.4.5　全球热点主题分析

拆分 V2Themes,并查询 2020 年 1 月至 3 月主题的情况。执行 SQL 语句,并将结果进行可视化操作。

```
1.  SELECT theme AS labels, count() AS values FROM (
2.      SELECT arrayJoin(arrayReduce('groupUniqArray', arrayMap(x ->
replaceRegexpOne(x, ',.*', ''), theme))) AS theme
3.      FROM (
4.          SELECT splitByChar(';', V2Themes) AS theme
5.          FROM gkg
6.          WHERE (GkgDate >='2020-01-01') AND (GkgDate <='2020-03-24')
7.  AND (Md5Url IN (
8.              SELECT Md5Url FROM mentions WHERE GLOBALEVENTID IN
9.          ( SELECT GlobalEventID FROM event
10.                 WHERE (EventDate >='2020-01-01')
11. AND (EventDate <='2020-03-24')
12.             )
13.         ))
14.     )
15.     WHERE theme !=''
16. )
17. GROUP BY labels
18. ORDER BY values DESC
19. LIMIT 20
```

在 ClickHouse-Client 中运行结果，热点主题统计 Top 20 如图 3-16 所示。

labels	values
CRISISLEX_CRISISLEXREC	2574599
LEADER	2035702
USPEC_POLITICS_GENERAL1	2013619
UNGP_FORESTS_RIVERS_OCEANS	1752906
WB_696_PUBLIC_SECTOR_MANAGEMENT	1717062
CRISISLEX_C07_SAFETY	1687045
GENERAL_GOVERNMENT	1676829
GENERAL_HEALTH	1660713
WB_621_HEALTH_NUTRITION_AND_POPULATION	1607772
MEDICAL	1549694
MANMADE_DISASTER_IMPLIED	1444096
KILL	1408428
EDUCATION	1367719
TAX_FNCACT_PRESIDENT	1343386
EPU_POLICY_GOVERNMENT	1338771
EPU_ECONOMY_HISTORIC	1304678
WB_2432_FRAGILITY_CONFLICT_AND_VIOLENCE	1300963
USPEC_POLICY1	1291075
CRISISLEX_T03_DEAD	1151337
WB_840_JUSTICE	1119083

图 3-16　热点主题统计 Top 20

用 Python 代码实现如下。

```
1.  import os
2.  from pyecharts import options as opts
3.  from pyecharts.charts import Bar
4.  from clickhouse_driver import Client
5.
6.  sql = """
7.  SELECT
8.      theme AS labels,
9.      count() AS values
10. FROM
11. (
12.     SELECT arrayJoin(arrayReduce('groupUniqArray', arrayMap(x -> 
replaceRegexpOne(x, ',.*', ''), theme))) AS theme
13.     FROM
14.     (
15.         SELECT splitByChar(';', V2Themes) AS theme
16.         FROM gdelt.gkg
17.         WHERE (GkgDate >= '2020-01-01') AND (GkgDate <= '2020-03-24') AND 
(Md5Url IN
18.         (
19.             SELECT Md5Url
20.             FROM gdelt.mentions
21.             WHERE GLOBALEVENTID IN
22.             (
```

```
23.            SELECT GlobalEventID
24.            FROM gdelt.event
25.            WHERE (EventDate >='2020-01-01') AND (EventDate <='2020-03
-24')
26.            )
27.        ))
28.    )
29.    WHERE theme !=''
30. )
31. GROUP BY labels
32. ORDER BY values DESC
33. LIMIT 20
34. """
35. client =Client(host="192.168.1.2", user="default",
36.            password="", port="9999")
37. records =client.execute(sql)
38. print(records)
39. print(type(records[0]))
40. labels =[]
41. values =[]
42. for row in records:
43.    labels.append(row[0])
44.    values.append(row[1])
45.
46. print(labels)
47. print(values)
48.
49. c =(
50.    Bar()
51.    .add_xaxis(labels)
52.    .add_yaxis("主题", values)
53.    #.reversal_axis()
54.    #.set_series_opts(label_opts=opts.LabelOpts(position="right"))
55.    .set_global_opts(title_opts=opts.TitleOpts(title="热门主题排名 Top
20"), xaxis_opts=opts.AxisOpts(axislabel_opts=opts.LabelOpts(rotate=-15)))
56.    .render("themes_bar.html")
```

　　在浏览器中打开生成的 themes_bar.html 文件，从图 3-17 中可以看出，关键字 CRISISLEX_CRISISLEXREC、GENERAL_HEALTH、MEDICAL、KILL、MANMADE_DISASTER_IMPLIED 等排名前列，这种现象与新冠病毒在全球爆发，并造成了社会性的影响有关。

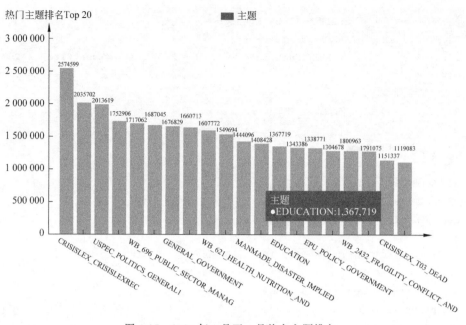

图 3-17　2020 年 1 月至 3 月热点主题排名

3.4.6　抗议性事件情况分析

本节将查询 2019 年 1 月至 2020 年 3 月的 event＋mentions＋gkg 联合数据，分析这期间英国发生的群体性抗议事件情况。

在 ClickHouse-Client 中执行 SQL 语句。

```
1.  SELECT
2.      ActionGeo_Long AS long,
3.      ActionGeo_Lat AS lat,
4.      ActionGeo_FullName AS name,
5.      ActionGeo_CountryCode AS code,
6.      count(*) AS value
7.  FROM event
8.  WHERE (EventDate >= '2019-01-01') AND (EventDate <= '2020-03-25') AND
(EventRootCode = '14') AND (ActionGeo_CountryCode = 'UK') AND (ActionGeo_
CountryCode !='')
9.  GROUP BY
10.     lat,
11.     long,
12.     code,
13.     name
14. ORDER BY value DESC
15. LIMIT 100
```

查询结果如图 3-18 所示，结果包括地区名（name）、经纬度（long、lat）、国家/地区代码（code）和统计值（value）。

long	lat	name	code	value
-0.116667	51.5	London, London, City of, United Kingdom	UK	10699
-4	54	United Kingdom	UK	6664
-6.5	54.5	Northern Ireland, Craigavon, United Kingdom	UK	789
-5.93333	54.5833	Belfast, Belfast, United Kingdom	UK	743
0.116667	52.2	Cambridge, Cambridgeshire, United Kingdom	UK	688
-3.2	55.95	Edinburgh, Edinburgh, City of, United Kingdom	UK	592
-4.25	55.8333	Glasgow, Glasgow City, United Kingdom	UK	548
-2.61667	59.15	Whitehall, Orkney Islands, United Kingdom	UK	522
-2.21667	53.5	Manchester, Manchester, United Kingdom	UK	402

图 3-18　英国抗议性事件查询结果

按地理位置（经度、纬度）、地区名和国家名统计 2020 年 1 月到 2020 年 3 月期间，各地区发生抗议事件的次数，从高到低取前 100 名。用这个结果集渲染地图，可以很清晰地看到哪些地区更容易发生抗议事件。

代码内容如下，代码文件为 Gdelt/echarts/world_geo.py。

```python
1.  clickhouse_client =Client(
2.      host="192.168.1.2", port="9999", user="default", password="")
3.
4.  #SELECT 语句
5.  sql ='''
6.      SELECT ActionGeo_Long AS long,
7.      ActionGeo_Lat as lat,
8.      ActionGeo_FullName AS name,
9.      ActionGeo_CountryCode as code,
10.     count() AS value
11.     FROM gdelt.event
12.     WHERE (EventDate >='2020-01-01') AND (EventDate <='2020-03-25')
13.     AND (ActionGeo_CountryCode='UK')
14.     AND (EventRootCode ='14') AND (ActionGeo_CountryCode !='')
15.     GROUP BY lat,long,code,name
16.     ORDER BY value DESC
17.     LIMIT 10
18.
19.     '''
20.
21. def render_geo():
22.     datas =clickhouse_client.execute(sql)
23.     print(datas)
24.     #定义数据对
25.     labels =[]
26.     values =[]
27.     for data in datas:
28.         label =data[2]
29.         labels.append(label)
30.         values.append(data[4])
31.     c =(
32.         Bar()
33.             .add_xaxis(labels)
```

```
34.            .add_yaxis("地区", values)
35.            .set_series_opts(label_opts=opts.LabelOpts(position="right"))
36.            .set_global_opts(title_opts=opts.TitleOpts(title="英国抗议性
事件分布情况 Top 10"),
37.                      xaxis_opts=opts.AxisOpts(axislabel_opts=opts.
LabelOpts(rotate=-15)))
38.        )
39.    #定义 HTML 文件存储路径
40.    html_target_dir =os.path.join(os.getcwd(), '')
41.    #print(html_target_dir)
42.    filePath =os.path.join(html_target_dir, 'geo_lines_world.html')
43.    #print(filePath)
44.    c.render(filePath)
45.
46.
47. if __name__ =='__main__':
48.    render_geo()
```

在浏览器中打开生成的 html 文件，以英国为例，情况如图 3-19 所示。

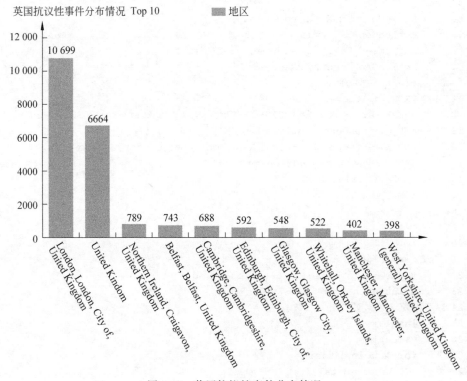

图 3-19　英国抗议性事件分布情况

此代码以柱状图的形式罗列出英国在 2020 年 1 月至 3 月的抗议性事件发生的情况。
从结果来看，伦敦（London）位居第一，说明该市在 2020 年第一季度频繁性地发生群众性的
抗议性事件。

第4章　开源人物情报社会网络构建

世界上很多著名的公司都在使用图数据库(Graph Database)表现关系网络。例如,领英用它来管理社交关系,实现朋友推荐,构建了一个非常强大的人脉网络;沃尔玛用它连接"商品关联"和"买家习惯"两个子网,实现了零售商品的实时推荐,给买家带来更好的购物体验;思科用它做主数据管理,将企业内部的组织架构、产品订购、社交网络、IT网络等有效地管理起来;惠普用它管理复杂的IT网络。此外,物流、交通、电信、制造业、广告、文化传媒和医疗等领域的公司也在使用图数据库。本章将以开源人物情报社会网络构建为实战背景,学习图数据库的应用。

通过本章的学习,将掌握以下技能知识点。

(1) 在 CentOS 7 上搭建 Neo4j 数据库的环境。

(2) 了解 Cypher 查询语言的基本语法及使用。

(3) 了解 HTML、Xpath 爬虫相关知识。

(4) 掌握 scrapy 爬取模块搭建及实战。

(5) 熟练使用 py2neo 模块操作 Neo4j 数据库。

4.1　总体设计

4.1.1　需求分析

现实世界中的人物社会关系非常适合用图数据库来表达。人物社会关系是指社会个体成员之间因血缘或兴趣爱好等因素而自然形成的连接关系,如亲属、兄弟、师生、同事和敌对关系等,它是构建社会网络的重要前提。例如,某公司规定各部门凡涉及亲属关系的员工,其亲属不得与其有直接上下级领导关系,避免考核过程中的不公平现象。一般来说,传统的社会网络构建规模较小,难以有效地进一步挖掘分析。由于数据来源的局限性和隐私性,在此使用开源的数据,采用基于知识库的方式构建人物家庭关系网络。

人物社会关系网络构建的前提,是需要把数据从不同的数据源中抽取出来。从垂直领域方向来看,数据源主要来自两种渠道:一种是业务本身的数据,这部分数据通常包含在公司内部的数据库表中,并以结构化的方式存储;另一种是网络上公开和爬取的数据,这些数据通常是以网页的形式存在,并且是非结构化的,例如维基百科(Wikipedia)等数据源。

维基百科是一个开放的知识库,包含了丰富的人物关系信息,同时也是一个较符合网络文本半结构化特点的知识库。基于维基百科的人物关系抽取,与实际生活中的人物关系抽取更为相似。本章将使用 Neo4j 结合爬虫技术,构建一个可以检索人物信息的知识库。

本章计划通过维基查询服务网站下载美国历届总统名单,开发爬虫采集总统的详细信息,包括基本信息(Generic)和亲属关系信息(Relationship),将数据格式化后存储到 Neo4j

数据库中,查询并分析人物间的社会关系。

4.1.2　功能结构

本项目主要使用 Scrapy 技术从维基百科爬取维基人物的列表信息,再根据人物列表爬取人物实体信息、实体关系等信息。系统功能结构如图 4-1 所示。

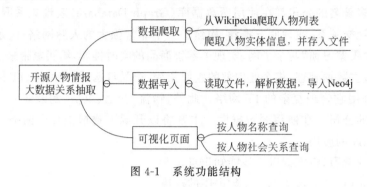

图 4-1　系统功能结构

4.1.3　业务流程

进入开发阶段之前,需要先了解项目的业务流程。根据项目的需求分析,设计出如图 4-2 所示的系统业务流程。整个系统的开发分为两部分:一部分是数据抽取及导入;另一部分是可视化分析。

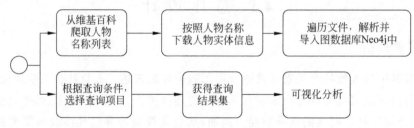

图 4-2　系统业务流程

数据抽取及导入阶段,也可以视为数据支撑层,它负责的任务如下。

(1) 从维基百科爬取人物名称列表,并保存到文件 person_list.json 中。

(2) 遍历文件 person_list.json,从指定网页中爬取人物实体信息,并保存到相应文件中,如 person_infos.json、person_relations.json 和 entity1_entity2.json 等。

(3) 遍历数据文件(如 person_infos.json),解析人物信息,追加到图数据库 Neo4j 中。

可视化分析阶段,其主要提供人物信息查询功能、人物关系网络查询等功能。

4.1.4　数据对象建模

图数据库是一种以图结构进行存储和查询的数据库,最重要的两个数据结构就是节点和关系,即 Node 和 Relationship。

在采集数据的过程中,将人物关系用三元组表示 tuple＝(person,attr,value),即(人名,属性名,属性值)。例如,三元组(Donald Trump,Child,Ivanka Trump)表述的是人物实体 Donald Trump 与 Ivanka Trump 之间的亲子关系。

本章抽取人物实体的基本信息属性和关系属性,其中关系属性包括亲子关系(Father、Mother、Child)、配偶关系(Spouse)、兄弟姐妹关系(Sibling)、旁系亲属关系(Relatives)、祖孙关系(Grandparent、Grandchild)和姻亲关系(Affinity)等。

1. 节点建模

首先构建美国总统、亲属和特征信息 3 个节点,分别进行建模。

(1) 美国总统节点建模。美国总统节点具有 id、Name、Alias、Linkid、Desc、Url 等属性,分别表示节点标识、总统名字、总统别名、维基标识号、人物标签和维基链接地址。

(2) 总统亲属节点建模。总统亲属节点具有 id、Name、Linkid、Url 等属性,分别表示节点标识、亲属名字、维基标识号和维基链接地址。

(3) 总统特征节点建模。总统特征节点具有 id、Name、Linkid、Url 等属性,分别表示节点标识、名字、维基标识号和维基链接地址。

以上 3 个节点的数据都来源于维基百科。

2. 关系建模

鉴于 Spider 爬虫采集了人物的基本信息(Generic)和关系信息(Relationship)信息,所以关系的种类取决于这两类关系的数目,如 Mother(母亲)、Sex_Or_Gender(性别)、Educated_At(就读学校)和 Family(所属家族)等。

4.1.5　技术选型

近十年来随着社交网络、电子商务逐步成熟,网络和电商们需要对用户的人际关系、购买行为进行分析,并挖掘出用户潜在的人际关系和喜好商品,使得图数据库从实验室慢慢走进实际的软件工程项目中。

Neo4j 是一种高性能的非关系数据库,其图模型由节点和关系构成,通过关系网络表现数据。Neo4j 数据库中数据间的关系采用边表示,一张或多张图组成了 Neo4j 数据库。Neo4j 采用类似 SQL 的 Cypher 语言操作和管理数据库。Cypher 语言不仅支持增、删、改、查操作,还提供一系列函数。面对大量复杂、相互连接的数据时,Neo4j 采用图算法遍历相关节点和边,能够高效地查询数据。

Neo4j 是开源的、基于 Java 实现、完全兼容 ACID、高性能的 NoSQL 图形库,它是一个嵌入式的、基于磁盘的、具备完全事务特性的 Java 持久化引擎,它将结构化数据存储在网络上而不是表中。

1. 结构和特性

Neo4j 的图中包含两种基本的数据类型:节点(Nodes)和关系(Relationships),都包含 key-value 形式的属性。节点通过关系相连起来形成关系网络结构。

Neo4j 对于图的存储都是经过特别优化的,不像传统数据库一条记录一条数据的存储方式。Neo4j 的存储中,节点的类别、属性,边的类别、属性等都是分开存储的,大大有助于提高图形数据库的性能。

2. 常用应用场景

目前利用 Neo4j 已经有了如下相对比较成熟的解决方案。

(1) 反欺诈多维关联分析。反欺诈已经是金融行业一个核心应用,通过图数据库可以对不同的个体、团体进行关联分析,从人物在指定时间内的行为,例如去过地方的 IP 地址、曾经使用过的 MAC 地址(包括手机端、PC 端、WiFi 等)、社交网络的关联度分析,同一时间点是否曾经在同一地理位置附近出现过,银行账号之间是否有历史交易信息等。

(2) 社交网络图谱。在社交网络中包含公司、员工、技能的信息,这些都是节点,它们之间的关系和朋友之间的关系都是边,通过图数据库可以做一些非常复杂的公司之间关系的查询。例如,公司到员工、员工到其他公司,从中找出类似的公司、相似的公司,都可以在这个系统内完成。

(3) 企业关系图谱。图数据库可以对各种企业进行信息图谱的建立,包括最基本的工商信息,即何时注册、谁注册、注册资本、在何处办公、经营范围和高管架构。也可用以构建企业在日常经营中与客户、合作伙伴、渠道方、投资者以及社会各个领域的关联关系,可以通过图谱来层层挖掘信息,真正了解企业的方方面面,而不再是传统单一的工商信息查询。

4.2　实战环境搭建

本节主要安装部署 Neo4j、py2neo 模块库和 scrapy 爬取模块。本系统的软件开发及运行环境如下。

(1) 操作系统:Windows 7、Windows 10 和 CentOS 7 等。

(2) Python 版本:Python 3.7。

(3) 开发工具:Sublime Text3 和 PyCharm。

(4) Python 内置模块:os、sys、datetime、time、csv 和 json。

(5) 第三方模块:scrapy、py2neo。

4.2.1　部署 Neo4j

Neo4j 数据库支持安装部署的操作系统非常广泛,如 Windows、Mac、CentOS 和 Ubuntu 等系统都可以安装。本节将按照步骤逐步介绍安装 Neo4j 的过程。

注意:由于 Neo4j 是基于 Java 的产品,所以在安装前必须保证已安装了 JVM。对于 Java 的安装,可以参考第 2 章。

1. 下载 Neo4j 安装包

直接访问 Neo4j 官方网站 http://neo4j.com。单击 Download Neo4j Server 按钮,进入下载中心页面。Neo4j 有 3 种版本:社区版、企业版和政府版。

(1) 社区版(Community Version):在 GitHub 上开源,只能运行在一个节点上,不支持集群和热备份。

（2）企业版：同时遵循 AGPLv3 和商业许可，在社区版的基础上增加了包括高可用性、聚类、热备份和全天候支持等特性。

（3）政府版：扩展了企业版，增加了政府特定服务，包括 FISMA 相关认证支持。

在本项目中选择社区版就够了，并且免费。单击 Community Server 选项卡，选择相应操作系统的 Neo4j 版本，下载安装文件。此处下载 Linux/Mac 系统的安装包，如 neo4j-community-4.0.3-unix.tar.gz。

2. 在 CentOS 下安装 Neo4j

将 Neo4j 安装包复制到目标文件夹下（此处为/opt/neo4j）。在 CentOS 命令行下依次执行如下操作。

（1）进入 Neo4j 解压目录，并通过 tar 解压命令解压到指定目录下。

```
cd /opt/neo4j
tar -xzvf neo4j-community-3.5.17-unix.tar.gz
```

Neo4j 安装包解压缩后如图 4-3 所示。

```
[root@master ~]# cd /opt/neo4j/
[root@master neo4j]# ll
total 130696
drwxr-xr-x. 12  111 input       234 Apr 13 13:23 neo4j-community-3.5.17
-rw-r--r--.  1 root root  133830343 Apr  3 13:56 neo4j-community-3.5.17-unix.tar.gz
[root@master neo4j]#
```

图 4-3　Neo4j 安装包解压缩

（2）进入 Neo4j 解压目录，查看 Neo4j 的目录结构，如图 4-4 所示。

```
cd neo4j-community-3.5.17
```

```
[root@master neo4j-community-3.5.17]# pwd
/opt/neo4j/neo4j-community-3.5.17
[root@master neo4j-community-3.5.17]# ll
total 164
drwxr-xr-x. 3 root root    112 Apr 13 13:28 bin
drwxr-xr-x. 2 root root     41 Apr  3 14:07 certificates
drwxr-xr-x. 2  111 input    24 Apr  3 14:53 conf
drwxr-xr-x. 4  111 input    35 Apr  3 14:07 data
drwxr-xr-x. 2 root root     21 Apr 13 13:24 graph.db
drwxr-xr-x. 2  111 input   109 Apr 13 13:04 import
drwxr-xr-x. 2 root root   8192 Apr  3 14:00 lib
-rw-r--r--. 1  111 input 101712 Mar 21 00:41 LICENSES.txt
-rw-r--r--. 1  111 input  36005 Mar 21 00:41 LICENSE.txt
drwxr-xr-x. 2  111 input    40 Apr  3 14:07 logs
-rw-r--r--. 1  111 input   6603 Mar 21 00:41 NOTICE.txt
drwxr-xr-x. 2  111 input    24 Apr  3 14:00 plugins
-rw-r--r--. 1  111 input   1590 Mar 21 00:41 README.txt
drwxr-xr-x. 2  111 input    23 Apr 13 13:35 run
-rw-r--r--. 1  111 input     92 Mar 21 00:41 UPGRADE.txt
[root@master neo4j-community-3.5.17]#
```

图 4-4　Neo4j 的目录结构

Neo4j 应用程序有如下主要的目录结构。

① bin 目录：用于存储 Neo4j 的可执行程序。

② conf 目录：用于控制 Neo4j 启动的配置文件。

③ data 目录：用于存储核心数据库文件。

④ plugins 目录：用于存储 Neo4j 的插件。

（3）通过启动命令，可以实现启动、控制台、停止服务。

```
bin/neo4j start|console|stop
```

启动结果如图 4-5 所示。

```
[root@master neo4j]# cd neo4j-community-3.5.17
[root@master neo4j-community-3.5.17]# bin/neo4j start
Active database: graph.db
Directories in use:
  home:         /opt/neo4j/neo4j-community-3.5.17
  config:       /opt/neo4j/neo4j-community-3.5.17/conf
  logs:         /opt/neo4j/neo4j-community-3.5.17/logs
  plugins:      /opt/neo4j/neo4j-community-3.5.17/plugins
  import:       /opt/neo4j/neo4j-community-3.5.17/import
  data:         /opt/neo4j/neo4j-community-3.5.17/data
  certificates: /opt/neo4j/neo4j-community-3.5.17/certificates
  run:          /opt/neo4j/neo4j-community-3.5.17/run
Starting Neo4j.
WARNING: Max 1024 open files allowed, minimum of 40000 recommended. See the Neo4j manual.
Started neo4j (pid 16949). It is available at http://localhost:7474/
There may be a short delay until the server is ready.
See /opt/neo4j/neo4j-community-3.5.17/logs/neo4j.log for current status.
```

图 4-5　启动 Neo4j

（4）通过 cypher-shell 命令，进入命令行状态。在此过程中，命令行将会提示输入用户名和密码（初始用户名和密码均为 neo4j），如图 4-6 所示。

```
[root@master neo4j]# cd neo4j-community-3.5.17
[root@master neo4j-community-3.5.17]# bin/cypher-shell
username: neo4j
password: ******
Connected to Neo4j 3.5.17 at bolt://localhost:7687 as user neo4j.
Type :help for a list of available commands or :exit to exit the shell.
Note that Cypher queries must end with a semicolon.
neo4j>
```

图 4-6　cypher-shell 命令行状态

（5）修改 conf/neo4j.conf 配置信息，允许远程访问。

```
dbms.connectors.default_listen_address=0.0.0.0
```

注意：在本地打开浏览器，输入链接地址 http://ip:7474/browser，如果无法访问，就需要检查两点：防火墙是否处于关闭状态；端口 7474 是否被占用。

（6）打开 Neo4j 浏览器，在浏览器中输入 http://localhost:7474，输入用户名和密码后打开页面，如图 4-7 所示。

连接状态如图 4-8 所示。

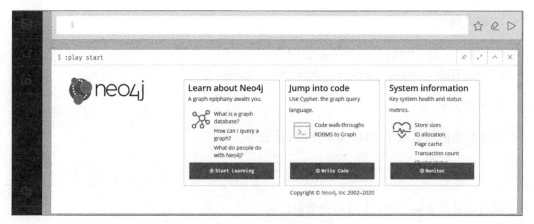

图 4-7 Neo4j 浏览器

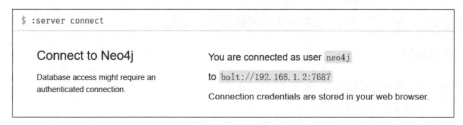

图 4-8 连接状态

在第一次进入该页面时，Neo4j 会提示修改密码，如图 4-9 所示。

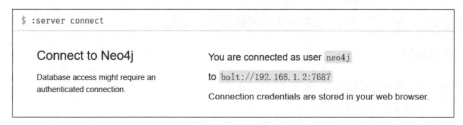

图 4-9 修改 Neo4j 的访问密码

4.2.2 安装 py2neo 模块

py2neo 是一个客户端库和工具包，用于在 Python 应用程序和命令行使用 Neo4j。该库支持 Bolt 和 HTTP，并提供了高级 API、OGM、管理工具、交互式控制台、用于 Pygments 的 CYPHER LEXER 以及许多其他功能。与以前的版本不同，py2neo v4 不必再启用 HTTP 的服务器，可以完全通过 Bolt 工作。

简单地说，py2neo 是用来对接 Neo4j 的 Python 库。

1. 相关链接

(1) 官方文档: http://py2neo.org/v4/index.html。

(2) GitHub: https://github.com/technige/py2neo。

2. 安装方法

安装最新的稳定版本,可以简单使用 pip 命令。

```
pip install py2neo
```

也可以直接安装 GitHub 发布的最新代码。

```
pip install git+https://github.com/technige/py2neo.git#egg=py2neo
```

请注意:直接从 GitHub 安装的代码可能是不稳定的。

3. 注意事项

Python 和 Neo4j 支持以下版本。

(1) Python 2.7/3.4/3.5/3.6/3.7。

(2) Neo4j 3.2/3.3/3.4/3.5(建议使用最新版本)。

尽管可以使用 Neo4j 社区版或企业版,但是 py2neo 不提供对企业专用特性的直接支持,例如因果聚类。此外还需要注意,py2neo 是使用标准的 CPython 发行版在 Linux 下开发和测试的。虽然其他操作系统和 Python 发行版可以工作,但缺少对这些版本的技术支持。

4.2.3 安装 scrapy 模块

scrapy 是适用于 Python 的一个快速、高层次的屏幕抓取和 Web 抓取框架,用于爬取 Web 站点并从页面中提取结构化数据。scrapy 用途广泛,可以用于数据挖掘、监测和自动化测试等。

1. scrapy 模块组成

scrapy 模块主要包括如下模块。

(1) Scrapy Engine(引擎)。引擎负责控制数据流在系统的所有组件中流动,并在相应动作发生时触发事件。

(2) Scheduler(调度器)。调度器从引擎接收 Request 并将它们入队,以便之后引擎请求它们时提供给引擎。

(3) Downloader(下载器)。下载器负责获取页面数据并提供给引擎,然后提供给 Spider。

(4) Spider(爬虫)。Spider 是 Scrapy 用户编写的用于分析 Response 并提取 Item(即获取到的 Item)或额外跟进的 URL 的类。每个 Spider 负责处理一个特定(或一些)网站。

(5) Item Pipeline(管道)。Item Pipeline 负责处理被 Spider 提取出来的 Item。典型的

处理有清理、验证及持久化(例如存储到数据库中)。

(6) Downloader Middlewares(下载器中间件)。下载器中间件是在引擎及下载器之间的特定钩子(Specific Hook),处理 Downloader 传递给引擎的 response。其提供了一个简便的机制,通过插入自定义代码来扩展 Scrapy 功能。

(7) Spider Middlewares(Spider 中间件)。Spider 中间件是在引擎及 Spider 之间的特定钩子,处理 Spider 的输入(Response)和输出(Items 及 Requests)。其提供了一个简便的机制,通过插入自定义代码来扩展 Scrapy 功能。

2. Scrapy 数据流程

Scrapy 中的数据流由执行引擎控制,其过程如下。

(1) 引擎打开一个网站,找到处理该网站的 Spider 并向该 Spider 请求第一个要爬取的 URL。

(2) 引擎从 Spider 中获取到第一个要爬取的 URL 并在调度器(Scheduler)以 Request 调度。

(3) 引擎向调度器请求下一个要爬取的 URL。

(4) 调度器返回下一个要爬取的 URL 给引擎,引擎将 URL 通过下载中间件(Request 方向)转发给下载器(Downloader)。

(5) 一旦页面下载完毕,下载器生成一个该页面的 Response,并将其通过下载中间件(Response 方向)发送给引擎。

(6) 引擎从下载器中接收到 Response 并通过 Spider 中间件(输入方向)发送给 Spider 处理。

(7) Spider 处理 Response 并返回爬取到的 Item 及(跟进的)新的 Request 给引擎。

(8) 引擎将(Spider 返回的)爬取到的 Item 给 Item Pipeline,将(Spider 返回的)Request 给调度器。

(9) 从第二步重复直到调度器中没有更多的 Request,引擎关闭该网站。

安装 scrapy 模块比较简单:

```
pip install scrapy
```

4.3　业务开发

Wikidata 是维基媒体基金会主持的一个自由的协作式多语言辅助知识库,旨在为维基百科、维基共享资源以及其他的维基媒体项目提供支持。它是 Wikipedia、Wikivoyage、Wikisource 中结构化数据的中央存储器,并支持免费使用。每个文档都有一个主题或一个管理页面,且有唯一的数字标识。项目采用 Wikidata 作为开源人物情报的数据源,从中爬取人物信息,提取亲属信息,构建美国总统的亲属节点和人物间关系。

获得维基百科人物列表有两种方式:一种是直接利用 scrapy 模块从维基官网爬取;另一种是使用 SPARQL 语句查询 Wikidata 的数据。下面分别讲解两种方法。需要说明的是,由于维基官网(www.wikidata.org)位于国外,网络有时很不稳定。如果无法直接爬取,可以直接使用已下载的数据。

4.3.1 使用 scrapy 模块爬取开源人物情报数据

1. 创建项目 WikiPersonList2

在终端执行命令：

```
scrapy startproject WikiPersonList2
```

命令执行后，scrapy 创建项目结果如图 4-10 所示。

```
D:\>cd PycharmProjects\WikiPersonInfos

D:\PycharmProjects\WikiPersonInfos>scrapy startproject WikiPersonList2
New Scrapy project 'WikiPersonList2', using template directory 'd:\programs\pyth
on\python37\lib\site-packages\scrapy\templates\project', created in:
    D:\PycharmProjects\WikiPersonInfos\WikiPersonList2

You can start your first spider with:
    cd WikiPersonList2
    scrapy genspider example example.com

D:\PycharmProjects\WikiPersonInfos>
```

图 4-10 scrapy 创建项目结果

scrapy 生成的目录结构如图 4-11 所示。

图 4-11 scrapy 生成的目录结构

2. 编写 items.py，定义提取的 Item

Item 是保存爬取到的数据的容器。如果 Item 未定义，Spider 所爬的数据将不会传入。这里只简单爬取人物的名称(itemlink_label)和跳转 id(itemlink_id)。

```
1.  import scrapy
2.  class Wikipersonlist2Item(scrapy.Item):
3.      name = scrapy.Field()           #人名
4.      linkid = scrapy.Field()         #跳转 id
5.      pass
```

3. 编写爬取网站的 Spider

Spider 是用户编写用于从单个网站(或一些网站)爬取数据的类。其包含了一个用于下载的初始 URL,如何跟进网页的链接以及如何分析页面中的内容,提取生成 item 的方法。为了创建一个 Spider,必须继承 scrapy.Spider 类,且定义以下 3 个属性。

(1) name:用于区别 Spider。该名字必须是唯一的,不可以为不同的 Spider 设定相同的名字。

(2) start_urls:包含了 Spider 在启动时进行爬行的 URL 列表。因此,第一个被获取到的页面将是其中之一。后续的 URL 则从初始的 URL 获取到的数据中提取。

(3) parse:Spider 的一个方法。被调用时,每个初始 URL 完成下载后生成的 Response 对象将会作为唯一的参数传递给该函数。该方法负责解析返回的数据(Response Data),提取数据(生成 Item)以及生成需要进一步处理的 URL 的 Request 对象。

在浏览器中打开维基知识库网站(www.wikidata.org),单击左侧 Tools 区域的 What links here,将打开查询页面,如图 4-12 所示。在输入框中输入 Q11696,表示查询美国总统,然后单击 Go 按钮,查询结果如图 4-13 所示。

图 4-12　Wikidata 查询页面

The following pages link to **President of the United States (Q11696):**

Displayed 50 items.

View (previous 50 | next 50) (20 | 50 | 100 | 250 | 500)

- United States of America (Q30) (← links)
- George Washington (Q23) (← links)
- Barack Obama (Q76) (← links)
- Abraham Lincoln (Q91) (← links)
- George W. Bush (Q207) (← links)
- Bill Clinton (Q1124) (← links)
- National Register of Historic Places (Q3719) (← links)
- 2012 United States presidential election (Q4226) (← links)
- Franklin Delano Roosevelt (Q8007) (← links)
- Andrew Johnson (Q8612) (← links)

图 4-13　查询结果列表

在页面上右击某个人名,在弹出的快捷菜单上选择"检查"命令,调出下方的控制台,如图 4-14 所示。

```
▼<li>
  ▼<a href="/wiki/Q9106" title="&lrm;Dmitri Mendeleev&lrm; | &lrm;Russian chemist&lrm;">
    ▼<span class="wb-itemlink">
      <span class="wb-itemlink-label" lang="en" dir="ltr">Dmitri Mendeleev</span> == $0
      <span class="wb-itemlink-id">(Q9106)</span>
    </span>
  </a>
</li>
```

图 4-14　人物解析信息

进入 WikiPersonList2 目录,使用命令创建一个基础爬虫类。

```
scrapy genspider WikiPersonList www.wikidata.org
#WikiPersonList 为爬虫名,www.wikidata.org 为爬虫作用范围
```

关键代码如下。

```
1.   import scrapy
2.
3.   from WikiPersonList2.items import Wikipersonlist2Item
4.
5.   hostUrl ='https://www.wikidata.org'
6.
7.
8.   class WikipersonlistSpider(scrapy.Spider):
9.       name ='WikiPersonList'
10.      allowed_domains = ['www.wikidata.org']
11.      start_urls = [
12.          "https://www.wikidata.org/w/index.php? \
13.          title=Special:WhatLinksHere/Q11696&from=0"
14.      ]
15.
16.      #单页分析器
17.      def parse(self, response):
18.          print("============开始爬取=======================")
19.          item =Wikipersonlist2Item()
20.          for li in response.css("ul#mw-whatlinkshere-list li"):
21.              print(li)
22.              name=li.css("a span.wb-itemlink-label ::text").extract_first()
23.              item['name'] =name
24.              linkid=li.css("a span.wb-itemlink-id ::text").extract_first()
25.              #过滤美国总统(关键字:President of the United States of America)
26.              title =li.css("a ::attr(title)").extract_first()
27.              #转换字符串中所有大写字符为小写
```

```
28.                title =title.lower()
29.                if (title.find('president of the united states') ==-1):
30.                    break
31.                if linkid is None:
32.                    continue
33.                else:
34.                    item['linkid'] =linkid.replace(')', '').replace('(', '')
35.                yield item
36.
37.            #是否还有下一页,如果有的话,则继续
38.            hrefAs =response.css("div#mw-content-text   a ")
39.            for obj in hrefAs:
40.                text =obj.css("::text").extract_first()
41.
42.                if (text.find('next') >=0):
43.                    print(text)
44.                    nextUrl=hostUrl +obj.css('::attr(href)').extract_first()
45.                    yield scrapy.Request(nextUrl, callback=self.parse)
46.                    break
```

4. 配置 piplelines,用于存储提取到的 Item

在 WikiPersonList2 下新建文件夹,用于存储数据文件,WikiPersonList2 的目录结构如图 4-15 所示。

图 4-15　WikiPersonList2 的目录结构

关键代码如下。

```
1.  import json
2.  import codecs
3.  import os
4.  import csv
5.
```

```
6.  class WikipersonlistPipeline(object):
7.      def __init__(self):
8.          #用于保存人物信息
9.          store_file=os.path.dirname(__file__) +'/datas/person_list.json'
10.         convert_csv=os.path.dirname(__file__) +'/datas/person_list.csv'
11.
12.         #  打开(创建)文件
13.         self.file = codecs.open(store_file, 'w', encoding='utf-8')
14.         self.csvFile = convert_csv
15.         self.storeFile = store_file
16.
17.     def process_item(self, item, spider):
18.         if(item['name']):
19.             line = json.dumps(dict(item), ensure_ascii=False) + '\n'
20.             self.file.write(line)
21.         return item
22.
23.     def close_spider(self, spider):
24.         self.file.close()
25.         with open(self.csvFile, 'w', newline='', encoding='utf-8') as tmp:
26.             fieldnames = ['name', 'linkid']
27.             writer = csv.DictWriter(tmp, fieldnames=fieldnames)
28.             writer.writeheader()
29.
30.             with open(self.storeFile, 'r', encoding='utf-8') as fr:
31.                 for line in fr.readlines():
32.                     data = json.loads(line)
33.                     writer.writerow(data)
```

5. settings 文件设置

修改 settings.py 配置文件，找到 pipelines 配置进行修改，如图 4-16 所示。

```
65  # Configure item pipelines
66  # See https://doc.scrapy.org/en/latest/topics/item-pipeline.html
67  ITEM_PIPELINES = {
68     'WikiPersonList2.pipelines.Wikipersonlist2Pipeline': 300,
69  }
70
```

图 4-16　修改 pipelines 配置

6. 运行爬虫

```
scrapy crawl WikiPersonList
```

4.3.2　使用 SPARQL 语句查询人物

SPARQL(SPARQL Protocol and RDF Query Language)是为 RDF 开发的一种查询语言和数据获取协议,它是为 W3C 所开发的 RDF 数据模型所定义,但是可以用于任何可以用 RDF 来表示的信息资源。

(1) 在浏览器中打开 https://query.wikidata.org 网页,如图 4-17 所示。

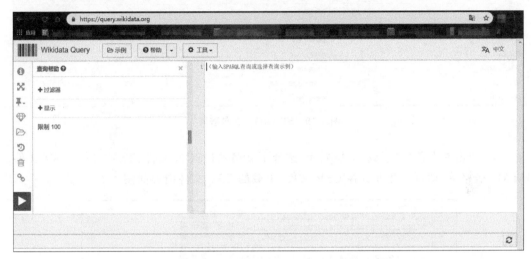

图 4-17　Wikidata Query Service 首页

(2) 编写 SPARQL,查询所有曾任职和现任职的美国总统的人类,并添加过滤条件。

① 性质=人类。

② 担任职务=美国总统。

Wikidata Query Service 过滤条件配置如图 4-18 所示。

图 4-18　Wikidata Query Service 过滤条件配置

```
1.  SELECT ? human ? humanLabel WHERE {
2.    SERVICE wikibase: label { bd: serviceParam wikibase: language " [AUTO_
LANGUAGE],en". }
3.    ?___wdt:P31 wd:Q5.                    #性质、人类
```

```
4.    ? human wdt:P39 wd:Q11696.              #担任职务、美国总统
5.    }
```

（3）单击"开始执行"，等待查询结果，如图 4-19 所示。

human	humanLabel
Q wd:Q23	乔治·华盛顿
Q wd:Q76	巴拉克·奥巴马
Q wd:Q91	亞伯拉罕·林肯
Q wd:Q207	乔治·沃克·布什
Q wd:Q1124	比尔·克林顿
Q wd:Q8007	富兰克林·德拉诺·罗斯福
Q wd:Q8612	安德鲁·约翰逊

图 4-19　SPARQL 查询结果

（4）单击右上角的"下载"下拉列表，选择下载格式（JSON 文件、TSV 文件、CSV 文件、HTML 表格等）即可。此处选择 CSV 文件，下载的 CSV 文件内容如图 4-20 所示。

```
1   human,humanLabel
2   http://www.wikidata.org/entity/Q23,乔治·华盛顿
3   http://www.wikidata.org/entity/Q76,巴拉克·奥巴马
4   http://www.wikidata.org/entity/Q91,亞伯拉罕·林肯
5   http://www.wikidata.org/entity/Q207,乔治·沃克·布什
6   http://www.wikidata.org/entity/Q1124,比尔·克林顿
7   http://www.wikidata.org/entity/Q8007,富兰克林·德拉诺·罗斯福
8   http://www.wikidata.org/entity/Q8612,安德鲁·约翰逊
9   http://www.wikidata.org/entity/Q9582,杰拉尔德·福特
10  http://www.wikidata.org/entity/Q9588,理查德·尼克松
11  http://www.wikidata.org/entity/Q9640,林登·约翰逊
12  http://www.wikidata.org/entity/Q9696,约翰·肯尼迪
```

图 4-20　下载的 CSV 文件内容

4.3.3　爬取已定义的所有关系

Wikidata 中的所有关系都汇总在 Wikidata：List of properties/Summary table 上，WikiPersonProperties 将该网页下汇总的所有关系及其对应的中文名称爬取下来，存储为JSON 格式的文件。网址为 https://www.wikidata.org/wiki/Wikidata：List_of _properties/Summary_table，页面如图 4-21 所示。

Table of properties [edit]

Generic [edit]

Generic	Authority control	Media	Dates
• instance of (P31)	• GND ID (P227)	• image (P18)	• start time (P580)
• subclass of (P279)	• ISNI (P213)	• audio (P51)	• end time (P582)
• part of (P361)	• Library of Congress authority ID (P244)	• video (P10)	• point in time (P585)
• has part (P527)	• ULAN ID (P245)	• Commons category (P373)	• valid in period (P1264)
• named after (P138)	• VIAF ID (P214)	• pronunciation audio (P443)	
• owned by (P127)	• Bibliothèque nationale de France ID (P268)	• spoken text audio (P989)	
• approved by (P790)	• IdRef ID (P269)	• document file on Wikimedia Commons (P996)	
• category's main topic (P301)	• CALIS ID (P270)	• Google Books ID (P675)	
• topic's main category (P910)	• CiNii author ID (books) (P271)		
• discoverer or inventor (P61)	• National Diet Library ID (P349)		

图 4-21　Wikidata：List of properties/Summary table

右击关系项值,在弹出的快捷菜单中选择“检查”,弹出浏览器的控制台窗口,查看页面的元素,分析提取公式。部分属性的元素构成如图 4-22 所示。

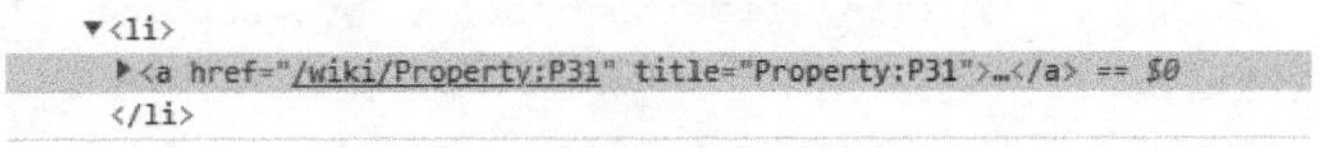

```
▼<li>
  ▶<a href="/wiki/Property:P31" title="Property:P31">…</a> == $0
  </li>
```

图 4-22　部分属性的元素构成

WikiPersonProperties 爬虫开发步骤如下。

(1) 创建 Scrapy 项目,项目名为 WikiPersonProperties。

```
scrapy startproject WikiPersonProperties
```

(2) 新增爬虫。切换到 WikiPersonProperties 目录下执行命令:

```
scrapy genspider main www.wikidata.org
```

(3) 新建文件夹 datas,用于存储爬虫数据文件。

(4) 编辑 items.py 文件,用于提取数据项。代码如下所示。

```
1.  import scrapy
2.  class WikipersonpropertiesItem(scrapy.Item):
3.      #define the fields for your item here like:
4.      #name = scrapy.Field()
5.
6.      #关系的 id
7.      rid = scrapy.Field()
8.      #关系所属的大类
9.      rtype = scrapy.Field()
10.     #关系所属子类
11.     rsubtype = scrapy.Field()
12.     #关系的英文表示
13.     rmention = scrapy.Field()
14.     #关系的中文表示
15.     chrmention = scrapy.Field()
16.     #对应的链接
17.     link = scrapy.Field()
18.     pass
```

(5) 编辑管道文件 pipelines.py,用于处理传入的数据。代码如下所示。

```
1.  import os
2.  import codecs
3.  class WikipersonpropertiesPipeline(object):
4.  def __init__(self):
```

```
5.        #可选实现,一般用于参数初始化等
6.        self.file1 =codecs.open(os.path.dirname(
7.            __file__) +'/datas/relations.json', 'w', encoding='utf-8')
8.        self.file2 =codecs.open(os.path.dirname(
9.            __file__) +'/datas/chrmention.json', 'w', encoding='utf-8')
10.
11.    def process_item(self, item, spider):
12.        #用于判断 item 值存储到哪一个文件中
13.        if(item.get('link') is not None):
14.            line =json.dumps(dict(item), ensure_ascii=False) +'\n'
15.            self.file1.write(line)
16.        else:
17.            line =json.dumps(dict(item), ensure_ascii=False) +'\n'
18.            self.file2.write(line)
19.        return item
```

运行该爬虫后,将得到 relation.json 和 chrmention.json 两个文件。

① relation.json 存储的内容格式:关系的 id,关系所属的大类,关系所属的子类,对应的链接,关系的英文表示。

② chrmention.json 存储的内容格式:关系的 id,关系的中文表示。

(6) 编写爬虫文件 main.py,具体代码如下所示。

```
1.    #- * -coding: utf-8 - * -
2.    import scrapy
3.    import re
4.    from WikiPersonProperties.items import WikipersonpropertiesItem
5.    from scrapy_splash import SplashRequest
6.
7.    class MainSpider(scrapy.Spider):
8.        name ='relation'
9.        allowed_domains = ["wikidata.org"]
10.        start_urls = [
11.            "https://www. wikidata. org/wiki/Wikidata: List _of _properties/
Summary_table"
12.        ]
13.
14.        def parse(self, response):
15.            #记录从维基百科上获取的关系 id 数目
16.            count =0
17.            rcount =0
18.            #存储关系对应链接的列表
19.            link_list =list()
20.            #存储关系的列表
```

```
21.          relationType = list()
22.          #存储大类
23.          rtype_list = list()
24.          #存储关系 item 的列表
25.          relationItem_list = list()
26.
27.          #获得关系的大类
28.          for headline in response.xpath('//span[contains(@class,"mw-
        headline")]'):
29.              rtype = re.sub("[^A-Za-z]", "",
30.                          headline.xpath(".//text()").extract()[0])
31.              rtype_list.append(rtype)
32.          #每个大类下的子类个数
33.          table_number_list = [5, 7, 9, 2, 14, 20, 13, 5]
34.          #class 为"wikitable"的 table 的个数
35.          rcount = 1
36.          #相当于指向 table_number_list 的指针
37.          rrcount = 0
38.          #记录当前大类下的第几个子类
39.          rrrcount = 0
40.          for table in response.xpath('//table[contains(@class,"wikitable")]'):
41.              #获得关系的子类
42.              rsubtype = re.sub(
43.                  "[^A-Za-z]", "", table.xpath(".//th/text()").extract()[0])
44.              #遍历子类下的关系集合
45.              for li in table.xpath(".//li/a"):
46.                  #获得关系 id
47.                  relationId = li.xpath("./small/text()").extract()[0]
48.                  #格式化关系 id,处理其他字符
49.                  relationId = re.sub('[^A-Za-z0-9]', "", relationId)
50.                  #获得对应的链接
51.                  link = li.xpath("./@href").extract()[0]
52.                  #处理链接
53.                  link = re.sub("[[]\'", "", link)
54.                  link = "https://www.wikidata.org" + link
55.                  link_list.append(link)
56.                  #获得关系的英文表示
57.                  rmention = li.xpath('.//text()').extract()[0]
58.                  rmention = re.sub("[^A-Za-z0-9]\s", "", rmention)
59.
60.                  #排除某些大类下的子类
61.                  if((rtype_list[rcount] == 'Organization'
62.                      and rsubtype == 'Generic') or
```

```
63.                        (rtype_list[rcount] =='Works' and rsubtype =='Film')):
64.                    continue
65.                tmp =WikipersonpropertiesItem()
66.                relationItem_list.append(WikipersonpropertiesItem())
67.                relationItem_list[count]['rid'] =relationId
68.                relationItem_list[count]['rtype'] =rtype_list[rcount]
69.                relationItem_list[count]['rsubtype'] =rsubtype
70.                relationItem_list[count]['link'] =link
71.                relationItem_list[count]['rmention'] =rmention
72.                yield relationItem_list[count]
73.                count +=1
74.            #配置当前大类下的第几个子类
75.            rrrcount +=1
76.            #如果当前子类个数等于当前大类的子类数
77.            if(rrrcount ==table_number_list[rrcount]):
78.                rrrcount =0
79.                rrcount +=1
80.                rcount +=1
81.        print('number of relation types is %d' %count)
82.        splash_args ={
83.            'wait': 0.5,
84.        }
85.
86.        #抓取关系链接
87.        for url in link_list:
88.            chrelationItem =WikipersonpropertiesItem()
89.            request =scrapy.Request(url, callback=self.parse_relation_pages)
90.            request.meta['item'] =chrelationItem
91.            rid =url.split(":")[2]
92.            request.meta['rid'] =rid
93.            yield request
94.
95.    def parse_relation_pages(self, response):
96.        chrelationItem =response.meta['item']
97.        chrelationItem['rid'] =response.meta['rid']
98.        zh_pattern =re.compile(
99.            r'\\\"language\\\":\\\"zh\\\",\\\"value\\\":\\\"(.*?)\\\"')
100.        zhhans_pattern =re.compile(
101.            r'\\\"language\\\":\\\"zh-hans\\\",\\\"value\\\":\\\"(.*?)\\\"')
102.        for script in response.xpath('//script').extract():
103.            zh =re.findall(zh_pattern, script)
104.            if (len(zh) >0):
105.                zh[0] =re.sub(r'\\\\', r'\\', zh[0])
```

```
106.                  chrelationItem['chrmention'] =zh[0].encode(
107.                     'latin-1').decode('unicode_escape')
108.              break
109.
110.          else:
111.              zh_hans =re.findall(zhhans_pattern, script)
112.              if (len(zh_hans) >0):
113.
114.                  zh_hans[0] =re.sub(r'\\\\', r'\\', zh_hans[0])
115.                  chrelationItem['chrmention'] =zh_hans[0].encode(
116.                     'latin-1').decode('unicode_escape')
117.                  break
118.              else:
119.                  chrelationItem['chrmention'] ="no chinese label"
120.      return chrelationItem
```

由于在此只对人物(Person)进行分析,所以只需部分 Properties 即可,从 relations.json 中获取{"rtype":"Person","rsubtype":"Generic"}或{"rtype":"Person","rsubtype":"RelationShip"}的值,存储到 JSON 文件 relation.json 中。

接下来,将 relation.json 和 chrmention.json 的数据进行合并,运行 mergeChrmentionToRelation.py 即可,具体代码如下所示。

```
1.  import os
2.  import json
3.  from langconv import *
4.
5.  baseDir =os.path.dirname(os.path.abspath(__file__))
6.  print(baseDir)
7.
8.  relation_list =list()
9.  chrmention_list =list()
10. result_list =list()
11. fail_list =list()
12. vis =dict()
13. duplicated_list =list()
14. count =0
15.
16. relation_file =baseDir +'/datas/relation.json'
17. chrmention_file =baseDir +'/datas/chrmention.json'
18. result_file =baseDir +'/datas/result.json'
19. fail_file =baseDir +'/datas/fail.json'
20.
21. #读取关系文件
```

```python
22. with open(relation_file, 'r', encoding='utf-8') as f1:
23.     for r in f1.readlines():
24.         data = json.loads(r)
25.         relation_list.append(data)
26. #读取 chrmention 文件
27. with open(chrmention_file, 'r', encoding='utf-8') as f2:
28.     for chr in f2.readlines():
29.         data = json.loads(chr)
30.         chrmention_list.append(data)
31.     for relation in relation_list:
32.         flag = 0
33.         for chrmention in chrmention_list:
34.             if(vis.get(relation['rid']) is None):
35.                 vis[relation['rid']] = 1
36.             else:
37.                 duplicated_list.append(relation['rid'])
38.                 count += 1
39.             if(relation['rid'] == chrmention['rid']):
40.                 flag = 1
41.                 #繁体字转换成简体字
42.                 relation['chrmention'] = Converter(
43.                     'zh-hans').convert(chrmention['chrmention'])
44.                 result_list.append(relation)
45.                 break
46.         if(flag == 0):
47.             fail_list.append(relation)
48.
49.     with open(result_file, 'w', encoding='utf-8') as fw:
50.         for item in result_list:
51.             json.dump(item, fw, ensure_ascii=False)
52.             fw.write("\n")
53.     with open(fail_file, 'w', encoding='utf-8') as fw:
54.         for item in fail_list:
55.             json.dump(item, fw, ensure_ascii=False)
56.             fw.write("\n")
```

4.3.4 爬取人物实体信息及关系

本节的任务是爬取实体和实体间的关系三元组。Wikidata 是一个开放的全领域的知识库,其中包含大量的实体以及实体间的关系,两个 Wikidata 的实体页面如图 4-23 和图 4-24 所示。

从图中可以看到 Wikidata 实体页面包含实体的描述和与该实体相关联的其他实体及对应的关系。本 WikiPresidentInfos 爬取得到的是实体与实体间的三元关系。例如

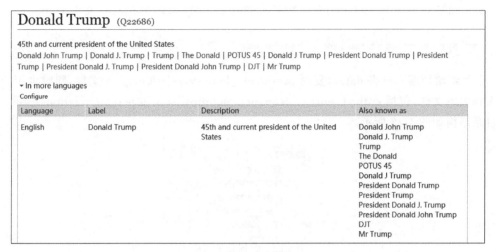

图 4-23　Wikidata 实体页面(一)

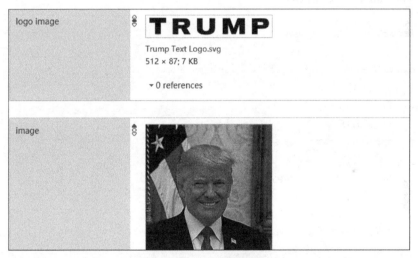

图 4-24　Wikidata 实体页面(二)

Donald Trump 和 male 之间存在 sex or gender 的关系,因此可以得到如下 JSON 格式的三元组:

```
{"entity1": "Donald Trump", "relation": "sex or gender", "entity2": "male", "chrelation": "性别"}
```

利用 scrapy 模块从维基百科上爬取人物信息,步骤如下。

(1) 新建 Scrapy 项目。

以 Windows 10 为例,打开 cmd(命令提示符)应用,切换到目标文件下,执行命令:

```
scrapy startproject WikiPresidentInfos
```

（2）切换到 WikiPresidentInfos 文件下，执行如下命令，新建 Spider 文件 main.py。

```
scrapy genspider main www.wikidata.org
```

（3）新增数据文件夹 datas，复制 presidents_list.csv、relations.json 文件，同时也用于存储人物关系文件，包括 entity1_entity2.json、person_infos.json 和 person_relations.json。数据目录结构如图 4-25 所示。

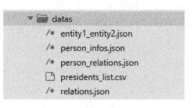

图 4-25　数据目录结构

（4）编辑 items.py 文件内容。

```python
1.  import scrapy
2.
3.  class WikipresidentinfosItem(scrapy.Item):
4.      #人名（默认英文）
5.      name = scrapy.Field()
6.      #中文名称
7.      #zhname = scrapy.Field()
8.      #对外身份
9.      description = scrapy.Field()
10.     #别名
11.     alias = scrapy.Field()
12.     #维基百科访问 id
13.     linkid = scrapy.Field()
14.     #维基百科访问网址
15.     url = scrapy.Field()
16.     pass
17.
18.
19. #关系 Item
20. class WikipersonrelationsItem(scrapy.Item):
21.     entity1 = scrapy.Field()
22.     linkid_entity1 = scrapy.Field()
23.     entity2 = scrapy.Field()
24.     relation = scrapy.Field()
25.     chrelation = scrapy.Field()
26.     relatedEntityId = scrapy.Field()
```

（5）编辑管道文件 pipelines.py。

```
1.  import codecs
2.  import json
3.  import os
4.  import copy
5.  from WikiPresidentInfos.items import WikipresidentinfosItem,
6.      WikipersonrelationsItem
7.
8.  class WikipresidentinfosPipeline(object):
9.      def __init__(self):
10.         basedir = os.path.dirname(__file__)
11.         self.entityfile = codecs.open(os.path.join(
12.             basedir, 'datas/person_infos.json'), 'a', encoding='utf-8')
13.         self.relationfile = codecs.open(os.path.join(
14.             basedir, 'datas/person_relations.json'), 'a', encoding='utf-8')
15.         self.relationfile2 = codecs.open(os.path.join(
16.             basedir, 'datas/entity1_entity2.json'), 'a', encoding='utf-8')
17.
18.     def process_item(self, item, spider):
19.         line = json.dumps(dict(item), ensure_ascii=False) + '\n'
20.
21.         if isinstance(item, WikipresidentinfosItem):
22.             self.entityfile.write(line)
23.             return item
24.         elif isinstance(item, WikipersonrelationsItem):
25.             entityRelationItem = copy.deepcopy(item)
26.             entityJson = json.dumps(
27.                 dict(entityRelationItem), ensure_ascii=False) + '\n'
28.             entityIdItem = copy.deepcopy(item)
29.             entityIdItem.pop("entity2")
30.             entityIdItem.pop("relation")
31.             entityIdJson = json.dumps(
32.                 dict(entityIdItem), ensure_ascii=False) + '\n'
33.             self.relationfile.write(entityJson)
34.             self.relationfile2.write(entityIdJson)
35.             return item
36.
37.     def close_spider(self, spider):
38.         self.entityfile.close()
39.         self.relationfile.close()
40.         self.relationfile2.close()
```

（6）编辑 Spider 文件。

Wikidata 人物关系如图 4-26 所示。

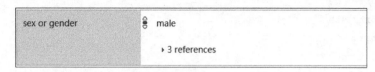

图 4-26　Wikidata 人物关系

右击 sex or gender，在弹出的快捷菜单中选择"检查"命令，打开浏览器控制台窗口，检查元素如图 4-27 所示。

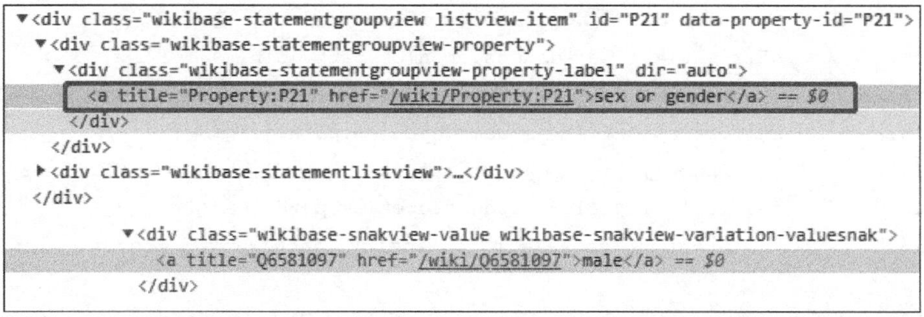

```
▼<div class="wikibase-statementgroupview listview-item" id="P21" data-property-id="P21">
  ▼<div class="wikibase-statementgroupview-property">
    ▼<div class="wikibase-statementgroupview-property-label" dir="auto">
        <a title="Property:P21" href="/wiki/Property:P21">sex or gender</a> == $0
      </div>
    </div>
  ▶<div class="wikibase-statementlistview">…</div>
  </div>
            ▼<div class="wikibase-snakview-value wikibase-snakview-variation-valuesnak">
                <a title="Q6581097" href="/wiki/Q6581097">male</a> == $0
              </div>
```

图 4-27　检查元素

根据页面元素构成规律，将整个节点选择出来并对整个节点进行循环，然后再对其内各个要素进行选取。具体步骤如下。

① 导入模块。

```
1.  import scrapy
2.  import csv
3.  import json
4.  import os
5.  from WikiPresidentInfos.items import WikipresidentinfosItem,
6.         WikipersonrelationsItem
```

② 读取人物关系文件。

```
1.  #网址前缀
2.  hostUrl = 'https://www.wikidata.org/wiki'
3.
4.  #数据文件存储路径
5.  baseDir = os.path.dirname(__file__)
6.  baseDir = baseDir[:baseDir.rfind('\\')]
7.
8.  relationChName = dict() #存储关系值对,如'sex or gender': '性别'
```

```
9.   #读取关系数据
10.  relationFile =os.path.join(baseDir, 'datas/relations.json')
11.  with open(relationFile , 'r', encoding='utf-8') as fr:
12.      for line in fr.readlines():
13.          tmp =json.loads(line)
14.          relation =tmp['rmention'].strip()              #关系(英文)
15.          relationChName[relation] =tmp['chrmention']    #关系(中文)
```

③ 按行遍历人员列表文件 presidents_list.csv。

```
1.   def parse(self, response):
2.       personlistFile =baseDir +'/datas/presidents_list.csv'
3.       with open(personlistFile, 'r', encoding='utf-8') as fr:
4.           reader =csv.DictReader(fr)
5.           #csv header : human(url) humanLabel(person_name)
6.           for row in reader:
7.               linkUrl =row['human']
8.               entity =scrapy.Request(linkUrl, callback=self.parseWebPage)
9.               entity.meta['name'] =row['humanLabel']
10.              tmpList =linkUrl.split("/")
11.              #http://www.wikidata.org/entity/Q23,分隔符/,取最后一个值
12.              entity.meta['linkid'] =tmpList[len(tmpList) -1]
13.              entity.meta['url'] =linkUrl
14.              yield entity
```

④ 解析 Wikidata 人物详情页面,提取 item。

```
1.   def parseWebPage(self, response):
2.       #try:
3.       name =response.meta['name']
4.       linkid =response.meta['linkid']
5.       url =response.meta['url']
6.
7.       #解析实体
8.       item =WikipresidentinfosItem()
9.       description =response.css('div.wikibase-entitytermsview-heading \
10.          .wikibase-entitytermsview-heading-description ::text').extract_
first()
11.      alias =response.css('div.wikibase-entitytermsview-heading-aliases \
12.          ul.wikibase-entitytermsview-aliases \
13.          li.wikibase-entitytermsview-aliases-alias ::text').extract_first()
14.      item['name'] =name
15.      item['linkid'] =linkid
```

```
16.     item['description'] =description
17.     item['url'] =url
18.     if alias is not None:
19.        item['alias'] =alias
20.     yield item
21.
22.     for section in response.xpath('//h2[contains(@class,\
23.        "wb-section-heading")]//span/text()'):
24.        title =section.extract()
25.
26.        #解析关系列表
27.        if (title =="Statements"):
28.           headers ={
29.              "user-agent": "Mozilla/5.0 (X11; Linux x86_64) \
30.              AppleWebKit/537.36 (KHTML, like Gecko) \
31.              Chrome/63.0.3239.108 Safari/537.36",
32.              "accept-language": "zh-CN,zh;q=0.9,en;q=0.8",
33.              "keep_alive": "False"
34.           }
35.           for statement in response.xpath('.//div[@class="wikibase-
statementgroupview"]'):
36.              entityRelation =WikipersonrelationsItem()
37.              relationItem =statement.xpath(
38.                 './/div[@class="wikibase-statementlistview"]')
39.              relationName =statement.xpath(
40.                 './/div[contains(@class,"wikibase-statementgroupview
-property-label")]\
41.                 //a[contains(@title,"P")]/text()').extract()
42.              if (len(relationName) >0):
43.                 relationName =relationName[0]
44.              else:
45.                 continue
46.
47.              #判断 relationName 是否在 relationChName 中
48.              if(relationName not in relationChName):
49.                 continue
50.
51.              for relatedEntity in relationItem.xpath('.//div[contains
(@class,\
52.                 "wikibase-statementview-mainsnak")]//div[contains(@
class,\
53.                 "wikibase-statementview-mainsnak")]\
```

```
54.                         //div[contains(@class,"wikibase-snakview-value
    -container")]\
55.                         //div[contains(@class,"wikibase-snakview-body")]\
56.                         //div[contains(@class,"wikibase-snakview-value")]\
57.                         //a[contains(@title,"Q")]'):
58.                 entityId =relatedEntity.xpath('./@title').extract()
59.                 entity2Name =relatedEntity.xpath(
60.                     './text()').extract_first()
61.                 if (len(entityId) ==0):
62.                     continue
63.                 else:
64.                     relatedEntityId =entityId[0]
65.                     entityRelation['entity1'] =name
66.                     entityRelation['linkid_entity1'] =linkid
67.                     entityRelation['relation'] =relationName
68.                     entityRelation['entity2'] =entity2Name
69.                     entityRelation['relatedEntityId'] =relatedEntityId
70.                     if (relationChName.get(relationName) is not None):
71.                         entityRelation['chrelation'] =relationChName.get(
72.                             relationName)
73.                     else:
74.                         entityRelation['chrelation'] =relationName
75.                     yield entityRelation
```

具体见源代码 WikiPresidentInfos\WikiPresidentInfos\spiders\main.py。

（7）运行爬虫。

```
scrapy crawl personEntity
```

4.3.5　提取亲属信息

从数据文件 person_relations.json 中提取各个总统（President）的亲属节点信息，包括名称（name）、链接号（linkid）、访问地址（url）等。由于本案例只从维基百科人物详情页面中提取 Person 下的 Generic 和 Relationship 子类属性项，所以此处可忽略 Generic 类和 Relationship 下的 number of children，亲属关系属性过滤值可设置为｛"father"，'mother'，'partner'，'sibling'，'spouse'，'child'，'stepparent'，'godparent'，'relative'｝。

具体代码如下，详情请参见 WikiPresidentInfos \ WikiPresidentInfos \ separateRelativeFromRelations.py 文件。

```
1. import os
2. import json
3. import csv
```

```
4.
5.    '''''从person_relations.json中提取亲属节点'''
6.    if __name__ == '__main__':
7.        path = os.path.dirname(os.path.abspath(__file__))
8.        jsonFile = os.path.join(path, 'datas\\json\\person_relations.json')
9.        filterList = ["father", 'mother', 'partner', 'sibling',
10.                     'spouse', 'child', 'stepparent', 'godparent', 'relative']
11.
12.       csvFile = os.path.join(path, 'datas\\csv\\relationship.csv')
13.       #print(csvFile)
14.       fieldnames = ['name', 'linkid', 'url']
15.       with open(csvFile, 'w', newline='', encoding='utf-8') as tmp:
16.           writer = csv.DictWriter(tmp, fieldnames=fieldnames)
17.           writer.writeheader()
18.           with open(jsonFile, 'r', encoding='utf-8') as fr:
19.               for line in fr.readlines():
20.                   obj = json.loads(line)
21.                   obj['url'] = 'http://www.wikidata.org/entity/' +\
22.                       obj['relatedEntityId']
23.
24.                   if(obj['relation'] in filterList):
25.                       writer.writerow(
26.                           {'name': obj['entity2'],
27.                            'linkid': obj['relatedEntityId'],
28.                            'url': obj['url']})
```

生成的 relationship.csv 文件内容如图 4-28 所示。

```
◄ ►   relationship.csv   ×
1    name,linkid,url
2    Jack Reagan,Q6114763,http://www.wikidata.org/entity/Q6114763
3    Nelle Wilson Reagan,Q6990072,http://www.wikidata.org/entity/Q6990072
4    Neil Reagan,Q15628572,http://www.wikidata.org/entity/Q15628572
5    Nancy Reagan,Q193426,http://www.wikidata.org/entity/Q193426
6    Jane Wyman,Q95055,http://www.wikidata.org/entity/Q95055
7    Maureen Reagan,Q6792754,http://www.wikidata.org/entity/Q6792754
8    Michael Reagan,Q6833765,http://www.wikidata.org/entity/Q6833765
```

图 4-28　relationship.csv 文件内容

4.3.6　通过工具导入批量数据

数据导入可选择两种方式：一种是利用 Neo4j 批量导入工具；另一种是通过程序解析导入。目前，导入 Neo4j 的工具有两种：load csv 指令和 neo4j-import 工具，这两种都是基于 CSV 文件的。

1. 将数据文件转换成 CSV 格式

在使用 Neo4j 批量导入工具之前，需要将数据文件转换成 CSV 格式。此处定义 CSV 的头部。在数据爬取阶段已获得了人物实体文件（person_infos.json）、人物关系文件（person_relation. json）和人物关系节点辅助文件（entity1_entity2. json）文件，下面需要将这些文件转换成 CSV 格式。待转换文件结构如图 4-29 所示。

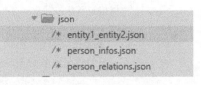

图 4-29　待转换文件结构

转换代码如下，具体代码可参见文件 WikiPresidentInfos\WikiPresidentInfos \jsonToCsv.py。

```python
1.   import os
2.   import json
3.   import csv
4.
5.   def csvFile(jsonDirPath, csvDirPath, fname):
6.       csvFile =os.path.join(csvDirPath, fname +'.csv')
7.       jsonFile =os.path.join(jsonDirPath, fname +".json")
8.
9.       with open(csvFile, 'w', newline='', encoding='utf-8') as tmp:
10.          #设置 CSV 文件的头部列名
11.          fieldnames =[]
12.          with open(jsonFile, 'r', encoding='utf-8') as fr:
13.              for line in fr.readlines():
14.                  data =json.loads(line)
15.                  tmpKeys =data.keys()
16.                  for key in tmpKeys:
17.                      fieldnames.append(key)
18.                  print(fieldnames)
19.                  break
20.
21.          writer =csv.DictWriter(tmp, fieldnames=fieldnames)
22.          writer.writeheader()
23.          with open(jsonFile, 'r', encoding='utf-8') as fr:
24.              for line in fr.readlines():
25.                  data =json.loads(line)
26.                  writer.writerow(data)
27.
28.
29.  if __name__ =='__main__':
30.      #设置文件路径
31.      path =os.path.dirname(os.path.abspath(__file__))
```

```
32.      jsonDirPath = os.path.join(path, 'datas\\json')
33.      csvDirPath = os.path.join(path, 'datas\\csv')
34.      jsonFileList = os.listdir(jsonDirPath)
35.      #遍历 JSON 文件
36.      for tmpFile in jsonFileList:
37.          print(tmpFile)
38.          #获得文件名(fname)和扩展名(fext)
39.          [fname, fext] = os.path.splitext(tmpFile)
40.          print(fname, fext)
41.          csvFile(jsonDirPath, csvDirPath, fname)
42.      pass
```

执行该文件后,将生成对应的 CSV 文件,如图 4-30 所示。

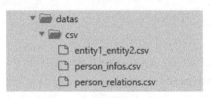

图 4-30　生成的 CSV 文件

2. 使用 load csv 指令导入 Neo4j

Neo4j 提供了 load csv 命令帮助将 CSV 数据文件导入 Neo4j 中。

第一步:获得 Neo4j 的安装目录,并将待导入的 CSV 文件复制到 import 文件夹下,如图 4-31 所示。

```
[root@master neo4j-community-3.5.17]# pwd
/opt/neo4j/neo4j-community-3.5.17
[root@master neo4j-community-3.5.17]# ll
total 164
drwxr-xr-x. 3 root root      112 Apr 13 13:28 bin
drwxr-xr-x. 2 root root       41 Apr  3 14:07 certificates
drwxr-xr-x. 2 111  input      24 Apr  3 14:53 conf
drwxr-xr-x. 4 111  input      35 Apr  3 14:07 data
drwxr-xr-x. 2 root root       21 Apr 13 13:24 graph.db
drwxr-xr-x. 2 111  input     109 Apr 13 13:04 import
drwxr-xr-x. 2 root root     8192 Apr  3 14:00 lib
-rw-r--r--. 1 111  input  101712 Mar 21 00:41 LICENSES.txt
-rw-r--r--. 1 111  input   36005 Mar 21 00:41 LICENSE.txt
drwxr-xr-x. 2 111  input      40 Apr  3 14:07 logs
-rw-r--r--. 1 111  input    6603 Mar 21 00:41 NOTICE.txt
drwxr-xr-x. 2 111  input      24 Apr  3 14:00 plugins
-rw-r--r--. 1 111  input    1590 Mar 21 00:41 README.txt
drwxr-xr-x. 2 111  input      23 Apr 13 13:35 run
-rw-r--r--. 1 111  input      92 Mar 21 00:41 UPGRADE.txt
[root@master neo4j-community-3.5.17]#
```

图 4-31　CVS 文件上传路径

第二步：在浏览器中进入 Neo4j Browser 网站，并输入用户名和密码，进入 Neo4j 的操作界面。在命令输入区中输入如下 Cypher 语句新增 President 节点。

```
load csv with headers from 'file:///person_infos.csv' as line
create (:President {Name:line.name,Linkid:line.linkid,Desc:line.description,
Alias:line.alias,Url:line.url})
```

单击命令输入区右边的 Play 按钮，执行命令，执行结果如图 4-32 所示。

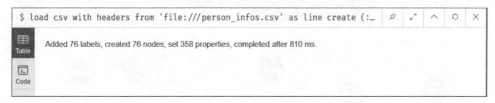

图 4-32　执行结果

在状态工具栏单击数据库图标，可以查看当前数据库的基本状态，如数据库中现有的节点类型、关系类型、属性名以及当前连接数据库的用户名和数据库版本、数据库名、数据库大小等信息，如图 4-33 所示。

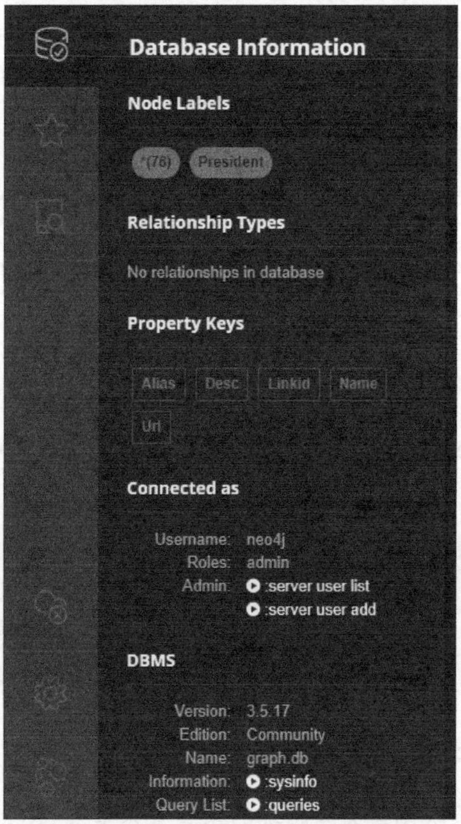

图 4-33　工具栏数据库信息选项卡

单击 President 节点标签，在结果显示区查看节点信息，如图 4-34 所示。

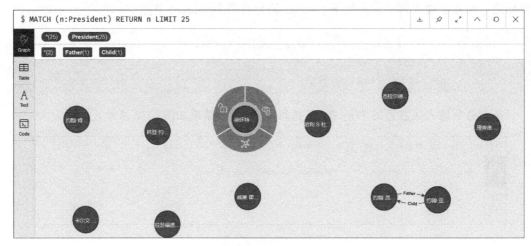

图 4-34　查找到的节点

3. 使用 neo4j-admin 工具导入 Neo4j

从 Neo4j 2.2 版本开始，系统就自带了一个大数据量的导入工具 neo4j-import，可支持并行、可扩展的大规模 CSV 数据导入。下面介绍使用 neo4j-admin import 导入 CSV 数据。

第一步：可以在 Neo4j 安装目录下找到 neo4j-import 这个可执行文件，如图 4-35 所示。

```
[root@master neo4j-community-3.5.17]# cd bin
[root@master bin]# ll
total 48
-rwxr-xr-x. 1 root root    2082 Jan 23 18:57 cypher-shell
-rw-r--r--. 1 root root       0 Apr 13 13:34 import.report
-rwxr-xr-x. 1  111 input 16494 Mar 21 00:41 neo4j
-rwxr-xr-x. 1  111 input  9225 Mar 21 00:41 neo4j-admin
-rwxr-xr-x. 1  111 input  8820 Mar 21 00:41 neo4j-import
drwxr-xr-x. 2  111 input    61 Apr  3 14:00 tools
[root@master bin]#
```

图 4-35　neo4j-import 工具

第二步：**必须停止 Neo4j，并且只能将数据导入新的数据库中**，而不能在已存在的数据库中插入数据。执行命令：

```
./neo4j-admin import \
--mode=csv --database=relationship.db \
--nodes:Relationship "/opt/neo4j/neo4j-community-3.5.17/import/
relationship.csv"
```

4.3.7　利用 py2neo 模块导入数据

本节将利用 py2neo 模块创建美国总统的亲属关系节点（RelationShip）、人物特征属性节点（PropertyNode）和人物间关系。

1. 创建美国总统的亲属关系节点

设计思路如下。

（1）初始化参数，包括文件地址、Neo4j 数据库链接地址、数据库用户名和访问密码。

（2）连接 Neo4j 数据库。

（3）读取 CSV 文件，判断是否存在标题行，若是则跳过第一行。

（4）创建 CSV 的 DictReader 对象，指定标题行字段。

（5）遍历每一行数据，根据名字（Name）值判断该节点是否已创建，若是，则更新该节点的属性信息；否则，创建 RelationShip 节点。

具体的 Python 代码如下。

```
1.  import os
2.  import csv
3.  from py2neo import Graph, Node
4.
5.  '''''
6.  新增 RelationShip 节点
7.  '''
8.  class loadDataToNeo4j(object):
9.      graph =None
10.     csvFile =None
11.     url =None
12.     username =None
13.     password =None
14.
15.     def __init__(self, url, username, password):
16.         self.url =url
17.         self.username =username
18.         self.password =password
19.
20.     def connectDB(self):
21.         try:
22.             if (self.url.isspace() or self.username.isspace()
23.                 or self.password.isspace()):
24.                 raise Exception('Neo4j 连接参数为空')
25.             self.graph =Graph(self.url, auth=(self.username, self.password))
26.             print(self.graph)
27.         except Exception as e:
28.             print(e)
29.
30.     def readData(self):
31.         #读取数据文件
32.         with open(csvFile, 'r', newline='', encoding='utf-8') as fr:
```

```
33.            #判断 CSV 文件是否存在标题行
34.            has_header = csv.Sniffer().has_header(fr.readline())
35.            fr.seek(0)  #Rewind
36.            reader = csv.DictReader(fr, fieldnames=['name', 'linkid', 'url'])
37.            #若存在标题行,则跳过第一行
38.            if has_header:
39.                next(reader)
40.            #遍历数据行
41.            for row in reader:
42.                #存储到 Neo4j 中,检查节点是否存在,如果不存在则创建它并设置属性
43.                #Merge (p:RelationShip {Name:'Jack Regan'})
44.                #ON CREATE SET p.Linkid='Q6114763',
45.                #p.Url='http://www.wikidata.org/entity/Q6114763'
46.                self.graph.run("Merge (p:RelationShip {Name:'"
47.                    +row['name'] +"'})\
48.                    on create set p.Linkid='" +row['linkid'] +"',\
49.                    p.url='" +row['url'] +"'")
50.
51. if __name__ == "__main__":
52.     #设置数据文件路径
53.     csvFile = os.path.join(os.path.dirname(os.path.abspath(__file__)),
54.                     'datas\\csv\\relationship.csv')
55.     loadData = loadDataToNeo4j("http://192.168.1.2:7474", "neo4j", "123456")
56.     loadData.csvFile = csvFile
57.     loadData.connectDB()
58.     loadData.readData()
```

详情请参考文件 WikiPresidentInfos/WikiPresidentInfos/ importRelationshipNodes. py。查询节点如图 4-36 所示。文字形式如图 4-37 所示。

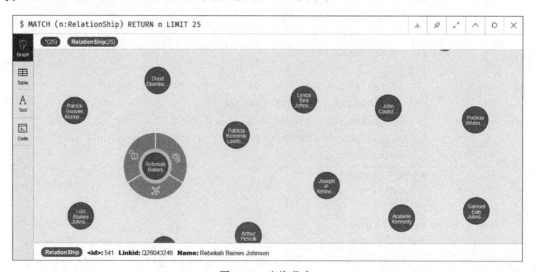

图 4-36　查询节点

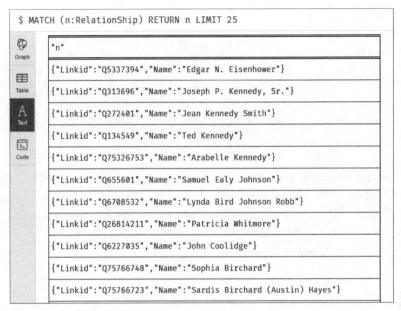

图 4-37　文字形式

2. 创建人物特征属性节点和人物间关系

本节将根据生成的人物关系 CSV 文件创建 PropertyNode 节点和节点间的关系。节点间的关系是有向的,所以在建立关系时,必须定义一个起始节点和一个结束节点。值得注意的是,起始节点和结束节点可以是同一个节点,这时的关系就是这个节点指向它自己。

步骤如下。

(1) 初始化参数(包括文件地址、Neo4j 数据库链接地址、数据库用户名和访问密码)并连接 Neo4j 数据库。

(2) 读取 CSV 文件,判断是否存在标题行,若是则跳过第一行。

(3) 创建 CSV 的 DictReader 对象,指定标题行字段。

(4) 遍历每一行数据,根据 Linkid 值判断该节点是否已创建,若不存在,创建 PropertyNode 节点;创建节点间的关系,三元组为(entity1,relation,entity2)。

具体的 Python 代码如下。

```
1.  import sys
2.  import os
3.  import csv
4.  from py2neo import Graph, Relationship, Node
5.
6.  class loadRelationsToNeo4j(object):
7.      graph =None
8.      csvFile =None
```

```
9.        url = None
10.       username = None
11.       password = None
12.
13.    def __init__(self, url, username, password):
14.        self.url = url
15.        self.username = username
16.        self.password = password
17.
18.    def connectNeo4j(self):
19.      try:
20.            if (self.url.isspace() or self.username.isspace()
21.                or self.password.isspace()):
22.                raise Exception('Neo4j 连接参数为空')
23.            self.graph = Graph(self.url, auth=(self.username, self.password))
24.            print(self.graph)
25.      except Exception as e:
26.            print(e)
27.
28.    def parseData(self):
29.        relationShipList = ["father", 'mother', 'partner', 'sibling',
30.                            'spouse', 'child', 'stepparent',
31.                            'godparent', 'relative']
32.        #读取数据文件
33.        with open(self.csvFile, 'r', newline='', encoding='utf-8') as fr:
34.            #判断 CSV 文件是否存在标题行
35.            has_header = csv.Sniffer().has_header(fr.readline())
36.            fr.seek(0)    #Rewind
37.
38.            reader = csv.DictReader(fr, fieldnames=[
39.                                'entity1', 'linkid_entity1', 'relation',
40.                                'entity2', 'relationEntityId',
41.                                'chrelation'])
42.            #若存在标题行,则跳过第一行
43.            if has_header:
44.                next(reader)
45.            #遍历数据行
46.            for row in reader:
47.                try:
48.                    #检查 entity2 节点是否存在,如果不存在则创建它并设置属性
49.                    linkid_entity1 = row['linkid_entity1']
50.                    relation = row['relation']
51.                    entity2 = row['entity2']
```

```
52.                    linkid_entity2 = row['relationEntityId']
53.                    chrelation = row['chrelation']
54.                    print(linkid_entity1, relation, entity2, linkid_entity2)
55.                    #判断 entity2 节点是否存在,不存在,则新增
56.                    #Match (p) where n.Linkid='Q9640' return n
57.                    results = self.graph.run(
58.                        "Match (n) where n.Linkid={linkid_entity2} return n",
59.                        linkid_entity2=linkid_entity2).data()
60.                    if len(results) == 0:
61.                        nodeName ="RelationShip"
62.                        if relation in relationShipList else "PropertyNode"
63.                        #新增节点,需判断 relation 是否包含在 relationShipList 中,
64.                        #若是,则节点 Label 为 RelationShip,否则为 PropertyNode
65.                        #CREATE (A:{nodeName}) SET A.Name={name},A.Linkid=
       {linkid}
66.                        self.graph.run("CREATE (a:" +nodeName +") \
67.                            SET a.Name={name},a.Linkid={linkid}",name=entity2,
68.                            linkid=linkid_entity2).data()
69.                    #创建关系
70.                    relation =relation.strip().title().replace(" ", "_")
71.                    self.graph.run("MATCH (n1:President{Linkid:'"
72.                        +linkid_entity1 +"'}),\
73.                        (n2{Linkid:'" +linkid_entity2 +"'}) \
74.                        create (n1)-[:" +relation +" {type:'"
75.                        +chrelation +"'}]->(n2)").data()
76.                except Exception as e:
77.                    print(e)
78.
79. if __name__ =='__main__':
80.     try:
81.         obj =loadRelationsToNeo4j("http://192.168.1.2:7474",
82.          "neo4j", "123456")
83.         obj.connectNeo4j()
84.         path =os.path.dirname(os.path.abspath(__file__))
85.         csvFile =os.path.join(path, "datas\\csv\\person_relations.csv")
86.         obj.csvFile =csvFile
87.         obj.parseData()
88.     except Exception as e:
89.         raise e
```

4.4　可视化分析

在本案例中，有 3 种类型的节点，分别是 President 节点、RelationShip 节点和 PropertyNode 节点。

（1）President 节点：该节点用于存储美国各届总统的信息，包括名字（Name）、别名（Alias）、维基标识号（Linkid）、人物标签（Desc）及维基链接地址（Url）。

（2）RelationShip 节点：该类节点用于存储总统的亲属人物信息，包括名字（Name）、维基标识号（Linkid）和维基链接地址（Url）。

（3）PropertyNode 节点：这类节点用于存储关系值，包括名字（Name）和维基链接地址（Linkid）。

下面，对以上 3 类节点进行信息查询及关系查询。

4.4.1　通过人物属性值查找节点

打开 Neo4j Browser 网站，在命令输入区中输入 Cypher 语句，查询人物别名为 George Walker Bush 的节点信息，Cypher 语句如下。

```
MATCH (n:President) WHERE n.Alias='George Walker Bush'
RETURN n
```

单击 Play 按钮查看查询结果，如图 4-38 所示。

```
{
  "Desc": "43rd President of the
United States",
  "Alias": "George Walker Bush",
  "Url":
"http://www.wikidata.org/entity/Q207"
  "Linkid": "Q207",
  "Name": "乔治·沃克·布什"
}
```

图 4-38　查询结果

单击 Expand/Collapse child relationship，展开关系网络，如图 4-39 所示。

4.4.2　通过人物属性值查找相关联的节点

查询特朗普（维基标识号为 Q22686）的所有亲属关系。执行如下 Cypher 语句。

```
MATCH (n:President)-[]->(n2:RelationShip)
WHERE n.Linkid='Q22686' RETURN n,n2
```

执行结果如图 4-40 所示。

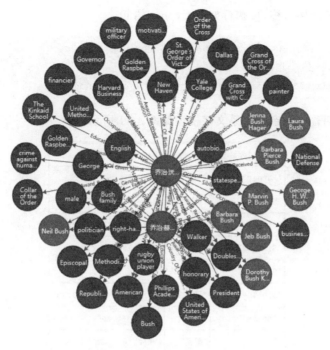

图 4-39　时任美国总统 George Walker Bush 的关系网络

图 4-40　显示美国总统特朗普的亲属关系网络①

———————————

① 作者定稿时,唐纳德·特朗普仍是美国总统。——编辑注,2020 年 12 月

只查看关系和亲属名称,可执行如下 Cypher 语句。

```
MATCH (n:President)-[r]->(n2:RelationShip)
WHERE n.Linkid='Q22686'
RETURN type(r) AS relationship,r.type,n2.Name AS name
```

美国总统特朗普社会亲属关系文字描述如图 4-41 所示。

"relationship"	"r.type"	"name"
"Father"	"父亲"	"Fred Trump"
"Mother"	"母亲"	"Mary Anne MacLeod"
"Sibling"	"兄弟姊妹"	"Maryanne Trump Barry"
"Sibling"	"兄弟姊妹"	"Fred Trump Jr."
"Sibling"	"兄弟姊妹"	"Robert Trump"
"Sibling"	"兄弟姊妹"	"Elizabeth Trump Grau"
"Spouse"	"配偶"	"Ivana Trump"
"Spouse"	"配偶"	"Melania Trump"
"Spouse"	"配偶"	"Marla Maples"
"Child"	"子女"	"Donald Trump Jr."

图 4-41　美国总统特朗普社会亲属关系文字描述

4.4.3　监测时任美国总统罗斯福的亲属关系

执行程序:

```
MATCH path =(n:President)-[]->(n2:President),
    path2=(n:President)-[]->(n3:RelationShip),
    path3=(n2:President)-[]->(n4:RelationShip)
WHERE n.Linkid='Q8007'
RETURN path,path2,path3
```

展示效果如图 4-42 所示。

4.4.4　查询时任美国总统约翰·肯尼迪的校友关系

执行程序:

```
MATCH path=(n:President {Linkid:'Q9696'})-[:Educated_At]->(n2) <-[:Educated_
At]-()
return path
order by n2.Name
```

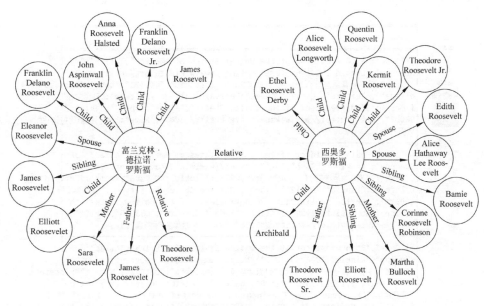

图 4-42　时任美国总统罗斯福的亲属关系网络

执行上述查询语句,将返回如图 4-43 和图 4-44 所示的结果。

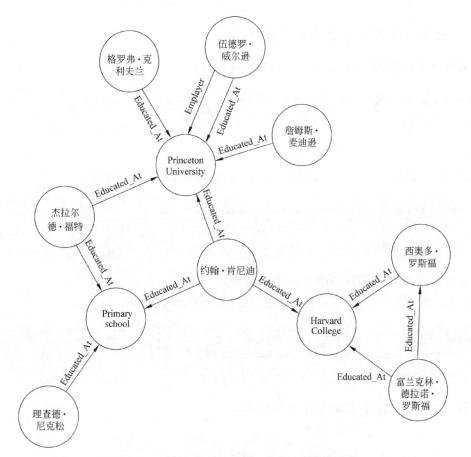

图 4-43　时任美国总统约翰·肯尼迪的校友关系

"path"

[{"Desc":"35th President of the United States of America","Alias":"JF Kennedy","Linkid":"Q9696","Url":"http://www.wikidata.org/entity/Q9696","Name":"约翰·肯尼迪"},{"type":"就读学校"},{"Linkid":"Q49123","Name":"Harvard College"},{"Linkid":"Q49123","Name":"Harvard College"},{"type":"就读学校"},{"Desc":"32nd President of the United States","Alias":"FDR","Linkid":"Q8007","Url":"http://www.wikidata.org/entity/Q8007","Name":"富兰克林·德拉诺·罗斯福"}]

[{"Desc":"35th President of the United States of America","Alias":"JF Kennedy","Linkid":"Q9696","Url":"http://www.wikidata.org/entity/Q9696","Name":"约翰·肯尼迪"},{"type":"就读学校"},{"Linkid":"Q49123","Name":"Harvard College"},{"Linkid":"Q49123","Name":"Harvard College"},{"type":"就读学校"},{"Desc":"American politician, 26th President of the United States (in office from 1901 to 1909)","Alias":"Teddy","Linkid":"Q33866","Url":"http://www.wikidata.org/entity/Q33866","Name":"西奥多·罗斯福"}]

[{"Desc":"35th President of the United States of America","Alias":"JF Kennedy","Linkid":"Q9696","Url":"http://www.wikidata.org/entity/Q9696","Name":"约翰·肯尼迪"},{"type":"就读学校"},{"Linkid":"Q21578","Name":"Princeton University"},{"Linkid":"Q21578","Name":"Princeton University"},{"type":"就读学校"},{"Desc":"4th President of the United States (1809–1817)","Alias":"James Madison, Jr.","Linkid":"Q11813","Url":"http://www.wikidata.org/entity/Q11813","Name":"詹姆斯·麦迪逊"}]

图 4-44　查询结果文本展示图

4.4.5　分析往届美国总统的死亡原因

查询死于心脏病的美国总统，执行 Cypher 语句：

```
MATCH p=(n1)-[r:Cause_Of_Death]->(n2 {Name:'heart failure'})
RETURN p
```

执行上述语句，将返回如图 4-45 所示结果。

查询往届美国总统的死亡原因和死亡地点，执行如下 Cypher 语句：

```
MATCH p=(n1)-[r:Cause_Of_Death]->(n2),
p2=(n1)-[r2:Place_Of_Death]->(n3)
RETURN n1.Name,n2.Name,n3.Name
```

执行上述语句，将返回如图 4-46 所示结果。

按死亡原因进行分组，统计死亡人数，执行如下 Cypher 语句：

```
MATCH p=(n1)-[r:Cause_Of_Death]->(n2)
RETURN n2.Name AS Cause_of_Death,count(*) AS lcount
ORDER BY lcount desc
```

执行上述语句，返回如图 4-47 所示结果。

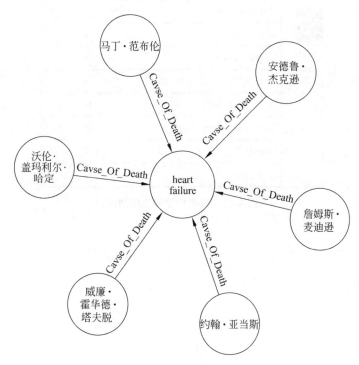

图 4-45 美国总统死亡原因

"n1.Name"	"n2.Name"	"n3.Name"
"安德鲁·杰克逊"	"heart failure"	"The Hermitage"
"约翰·昆西·亚当斯"	"cerebral hemorrhage"	"Washington, D.C."
"詹姆斯·门罗"	"tuberculosis"	"New York City"
"詹姆斯·麦迪逊"	"heart failure"	"Montpelier"
"托马斯·杰斐逊"	"uremia"	"Charlottesville"
"约翰·亚当斯"	"heart failure"	"Quincy"
"哈利·S·杜鲁门"	"pneumonia"	"Kansas City"
"哈利·S·杜鲁门"	"multiple organ dysfunction syndrome"	"Kansas City"
"理查德·尼克松"	"stroke"	"Manhattan"

`$ MATCH p=(n1)-[r:Cause_Of_Death]→(n2), p2=(n1)-[r…`

图 4-46 往届美国总统死亡原因及死亡地点

	"Cause_of_Death"	"lcount"
Table	"heart failure"	6
	"stroke"	6
Text	"myocardial infarction"	6
	"pneumonia"	5
Code	"ballistic trauma"	3
	"cerebral hemorrhage"	2
	"sepsis"	2
	"cholera"	2

图 4-47　按死亡原因分组结果

第5章 用户行为情报分析及个性化推荐

随着大数据的发展,如何针对大数据背景下的用户行为进行分析逐渐成了研究热点。简而言之,用户行为就是用户上网时所发生的行为,例如购买、浏览、给视频评分等。推荐系统是基于用户的历史行为,进而进行个性化推荐。在现如今的互联网中,对于推荐系统的应用随处可见,例如各类购物平台、音乐软件、广告推送以及百花齐放的视频软件及输入法等,时时刻刻都在采集非常重要的用户行为情报大数据。本章以视频类的用户行为分析为例,描述如何根据用户行为情报进行精准分析画像以及个性化推荐。

通过本章的学习,将掌握以下技能知识点。

(1) Spark 的基本知识及环境搭建。

(2) Scala 的环境搭建。

(3) IDEA 和 Maven 的环境搭建。

(4) Spark 平台＋IDEA＋Maven 环境下的视频推荐。

5.1 总 体 设 计

5.1.1 需求分析

随着移动互联网的普及,自媒体越来越盛行,每个人都是视频的生产者和消费者。各种视频成功地吸引了大部分人的注意力,整个社会对于视频资源的需求在不断增加,带来海量丰富的视频资源的同时,也让人目不暇接,无从选择,感到信息过剩。

视频推荐如今覆盖了人们的大部分生活,例如非常火爆的各种短视频软件,几乎囊括了大部分手机上的休闲时间,人们对于自己喜爱的视频的选择越来越个性化,对于不喜欢的视频一划而过。各种视频平台也越来越有针对性,投其所好地推送合其胃口的视频。

透过现象看本质,可知各种电影网站、短视频网站都使用了推荐技术来对用户进行视频推荐,根据每个用户不同的喜好而推荐有个人偏好的视频。当用户观看了某个视频后,系统就会推荐与之相关的视频作品,或者说同类型的作品。当然,如果用户整天沉迷于某种单一类型的视频,或者被自动智能化识别认为有某些不良倾向,也可能会推荐一些正能量的视频以期对其产生潜移默化的影响,以免由于负面效应同频共振而导致偏激情绪积压。

视频推荐可以根据用户的喜好,把满足用户需求的信息或数据推送到用户的眼前,从而完成具有个人特色的推荐任务。从视频的推荐,可以了解人们的行为习惯,知道人们喜欢哪种类型的视频,以及这种喜爱的变化曲线。这无疑要耗费大量的数据计算,才能进行有针对性的推荐。

视频的推荐分为离线部分和实时部分推荐,在本章中主要进行离线的视频推荐。当采集到用户的视频观看数据以后,首先需要对数据进行处理。对于数据量较大的数据集,可采用数据仓库技术(ETL),将数据通过抽取(Extract)、转换(Transform)、加载(Load)至 Hive 和 MySQL,因为 Hive 是基于海量数据的批处理,可处理海量数据。对于数据量较小的数据集,可以将其存储在缓存中,以便需要时再次使用。

在面对海量数据计算时,被熟知的框架有 Hadoop,其采用的是分布式计算,但是其作业时间较长,没有办法做到高效快速,对于高质量的服务要求还有一些差距。直到 Spark 的出现,它基于内存计算从而性能大大提升,解决了数据中多次迭代的问题,取得了很好的效果。

Spark 产生在 Hadoop 基础之上,面对各类信息资源库的情况,能辅以相关技术来进行快速高效的数据计算,其优越性已经明显高于 Hadoop。借助 Spark 平台来实现视频的推荐,为用户提供高效的、交互式的查询和计算,能够有效地了解用户的兴趣习惯以及社会行为,能快速发现数据内在信息,这对于收集和处理行为数据情报,以提供更为贴切的视频,很有实用价值。

5.1.2　技术选型

Spark 是由 AMP(Algorithms、Machines and People Lab)实验室开发的一种通用的大数据计算框架,它为 Java、Scala 和 Python 等提供了高级的 API,而且包含了大数据领域中常用的高级工具,如用来实时流式计算的 Spark Streaming、用在机器学习领域的 Spark MLlib、用于 SQL 和结构化数据处理并可以进行交互式查询的 Spark SQL、用于图计算的 Spark GrahpX 等。这些不同类型的处理都可以在同一个应用中无缝使用,逐渐形成了大数据处理一站式解决处理平台。

在 Spark 出现之前,被大家所熟知的大数据技术是 Hadoop 的 MapReduce、Hive 引擎以及 Storm 流式实时计算引擎等。Hadoop 的计算框架是 MapReduce,计算模式固定,必须基于磁盘以及大量的网络传输,所使用的是分布式文件系统(HDFS),其计算耗时多,效率不高。正因为 Hadoop 不能满足人们的高需求,才会有 Spark 的应运而生。

Spark 基于内存计算,运算速度要比 Hadoop 快 100 倍以上,基于硬盘的运算也要快 10 倍以上,很大程度上节省了时间,提高了计算效率,而且它能很好地兼容 HDFS 和 Hive 等分布式存储层,甚至能够很好地融入 Hadoop 的生态系统,有望替代 Hadoop 在大数据中的地位。Spark 是基于内存计算的大数据并行计算框架,正因为如此才提高了在大数据环境下的数据处理的实时性。

Spark 生态系统以 Spark Core 为核心,能够读取文本文件、HDFS 和 Alluxio 等数据源,同时可利用 Standalone、YARN 等资源调度管理,完成应用程序的分析和处理。Spark 的生态系统详细组件如图 5-1 所示。

Spark 之所以成为主流的大数据处理平台之一,是因为它有以下优点。

(1) 高效快速。Spark 计算速度特别快,Spark 基于内存进行计算,允许中间输出和结果存储在内存中,大大节省了磁盘 I/O。Spark 使用先进的 DAG 调度程序,查询优化程序和物理执行引擎,同时 DAG 执行引擎也支持数据在内存中的计算,比 Hadoop 快 100 倍;即使内存不足而需要使用磁盘 I/O,其运算速度也远在 Hadoop 之上。

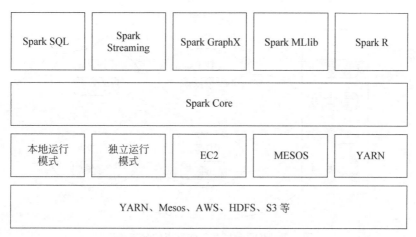

图 5-1　Spark 的生态系统详细组件

（2）简洁易懂，容易上手。Spark 支持 Java、Scala、Python 和 R 等语言，使得大多数使用者能够很快上手，而且 Spark 基于 RDD 的计算模型比 Hadoop 的 MapReduce 计算模型更加容易理解，所以对于使用会更加方便。

（3）兼容性好。Spark 可以和其他开源产品进行融合使用，例如可以使用 Hadoop 的 YARN 和 Apache Mesos 作为它的资源管理和调度器，并且还可以处理所有 Hadoop 支持的数据，包括 HDFS、HBase 等。这个特点对于已经部署 Hadoop 集群的用户特别重要，不需要做任何数据迁移就可以使用 Spark 的强大处理能力。Spark 也可以不依赖于第三方的资源管理和调度器，它实现了 Standalone 作为其内置的资源管理和调度框架，进一步降低了 Spark 的使用门槛，使得所有人都可以非常容易地部署和使用 Spark。

（4）全栈式数据处理。Spark 还具有非常强的通用性，提供了一系列的技术组件，如 Spark RDD、Spark SQL、Spark Streaming、Spark MLlib 和 Spark GraphX，从而可以一站式地完成大数据领域的离线批处理、交互式查询、流式查询、机器学习和图计算等常见任务。

下面着重介绍两个常用的技术组件。

1. Spark RDD

Spark 的核心建立在统一的抽象弹性分布式数据集（Resilient Distributed Datasets，RDD）之上，这使得 Spark 的各个组件可以无缝地进行集成，能够在同一个应用程序中完成大数据处理。那什么是 RDD 呢？其实 RDD 是 Spark 提供的最重要的抽象概念，因为它是一种有容错机制的特殊数据集合，可以分布在集群的节点上，以函数式操作集合的方式进行各种并行操作，更简单地说，可以把 RDD 理解成一个分布式对象的集合，其本质上是一个只读的分区记录集合，而每个 RDD 可以分成多个分区，每个分区就是一个数据集片段。RDD 分区和工作节点的分布关系如图 5-2 所示。

RDD 实质上是一种更为通用的迭代并行计算框架，用户可以显示控制计算的中间结果，然后将其自由运用于之后的计算。通过使用 RDD，用户不必担心底层数据的分布式特性，只需要将具体的应用逻辑表达为一系列转换处理，就可以实现管道化，从而避免了中间

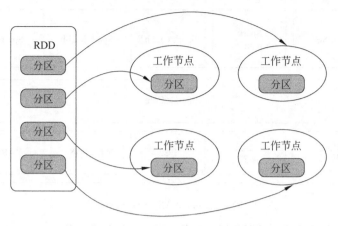

图 5-2   RDD 分区和工作节点的分布关系

结果的存储,大大降低了数据复制、磁盘 I/O 和数据序列化的开销。

2. Spark SQL

Spark SQL 是 Spark 用来处理结构化数据的一个模块,它包含 Core、Catalyst、Hive 和 Hive-Thrifserver,功能分别是:Core 负责数据的输入输出,从不同的数据源获取数据,然后将查询的数据输出成 DataFrame;Catalyst 负责查询语句的整个过程,包括解析、优化等;Hive 负责对 Hive 数据的处理;Hive-Thrifserver 提供 CLI 和 JDBC/ODBC 接口等。同时它也提供了两个编程抽象,分别叫作 DataFrame 和 DataSet,它们用于作为分布式 SQL 查询引擎。从图 5-3 可以看出 RDD、DataFrame 与 DataSet 的关系。

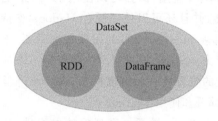

图 5-3   DataSet、DataFrame
和 RDD 的关系

5.1.3   技术分析

视频的推荐,需要对大量的数据进行运算。对于这些视频数据的挖掘往往是千万级别乃至亿级别数据量的处理,使用 Spark 大数据框架非常合适。在迭代多次的计算场景中,Spark 优势非常明显,而且在并行化计算时,能做到既快又准,能在很短的时间推荐十分个性化的视频,满足了人们对于观看自己喜爱视频的需求。

在进行推荐模型训练时,主要涉及 Spark MLlib 机器学习算法库的使用,Spark MLlib 当前支持基于模型的协同过滤,其中用户和商品通过一小组隐性因子进行表达,并且这些因子也用于预测缺失项的潜在因素。

Spark MLlib 是 Spark 中可以扩展的机器学习库,它由一系列的机器学习算法和实用程序组成,其中包括聚类、分类、回归和推荐等,还包含一些底层优化的方法,如图 5-4 所示。

在该项目实战中,主要使用到 MLlib 中的交替最小二乘法(ALS),通过学习这些隐性因子,来对模型进行训练。

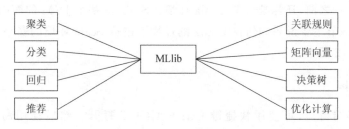

图 5-4　Spark MLlib 包含的算法和实用程序

5.1.4　开发流程

经过对技术的分析,可以设计项目开发流程如图 5-5 所示。首先,从官网上下载数据集 MovieLens,并对数据处理,通过对业务系统数据的抽取、清洗、转换等过程后加载到数据仓库,目的是将数据中的分散、零乱、标准不统一的数据整合到一起;然后使用 Spark MLlib 的协同过滤算法对其进行训练,得到初始的模型。接着通过测试数据代入到模型中,得到推荐的结果;最后,将推荐的结果输出。

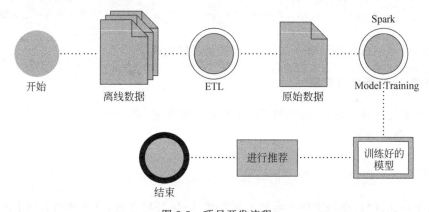

图 5-5　项目开发流程

5.2　实战环境搭建

Spark 可以运行在 Windows 环境下,也可以运行在 Linux 环境中。本章使用的 Linux 是免费的 Ubantu 18.04.4 的 64 位版本,使用 64 位的好处就是能够使用更大的内存,使得计算性能大大提高。

如果搭建本地模式或者伪分布模式 Spark,则可以不安装 Hadoop,若搭建完全分布模式 Spark,使用 HDFS 来处理数据,则需要安装 Hadoop。

5.2.1　搭建 Scala 环境

在搭建 Spark 之前,还需要安装 Scala 环境。Scala 是基于 JVM 的面向函数和面向对象的编程语言,本节主要说明如何在 Linux 的环境下进行 Scala 环境的安装,所使用到的版本是 Scala 2.11.12 版本。

1. 下载 Scala

首先打开终端窗口,可使用快捷键 Ctrl＋Alt＋T 打开。然后使用命令行直接下载 Scala,下载地址为 https://downloads.lightbend.com/scala/2.11.12/scala-2.11.12.tgz,如果想使用其他版本,也可以到相应的网站选择不同的版本进行下载,其命令如下所示。

```
wget  https://downloads.lightbend.com/scala/2.11.12/scala-2.11.12.tgz
```

下载过程中,在命令终端会显示下载内容,直至下载完毕。下载结束以后,将其解压到指定路径,这里是解压到/usr/local/scala 路径下。解压之前,首先需要先创建一个新的文件夹,文件的位置为需要解压到的指定路径,其命令如下所示。

```
sudo mkdir /usr/local/scala                          #创建一个根目录
sudo tar -zxf scala-2.11.12.tgz -C /usr/local/scala  #解压缩到指定位置
```

新建以后可以根据路径打开文件夹,查看是否创建成功。

2. 添加 Scala 到环境变量

解压到选定的路径以后,需要给 Scala 添加环境变量,在终端窗口打开文件～/.bashrc 进行编辑,其命令如下所示。

```
sudo vim ~/.bashrc
```

进入窗口文件后,在该文件内容的末尾添加 Scala 环境变量,其具体内容如下所示。

```
export SCALA_HOME=/usr/local/scala/scala-2.11.12
export PATH=${SCALA_HOME}/bin:$PATH
```

添加完成环境变量之后,需要使得环境变量生效。输入以下命令,对配置的环境进行生效处理。

```
source ~/.bashrc
```

3. 检查 Scala 环境是否安装成功

以上两步完成以后,需要检验 Scala 环境是否安装成功,这时可以输入以下命令进行查看。

```
scala -version
```

输入命令后,如果 Scala 环境安装成功会显示 Scala 的版本信息,如图 5-6 所示。如果未能正常显示 Scala 的版本信息,就需要检查以上步骤,查看每一步是否正确。

```
hadoop@ubuntu:~$ scala -version
Scala code runner version 2.11.12-- Copyright 2002-2017, LAMP/EPFL and Lightbend, Inc.
```

图 5-6　显示 Scala 的版本信息

如果能显示 Scala 的版本信息,证明已经安装成功。这时可以使用简单的例子,检验 Scala 语言是否能正常进行。例如,计算 1+1 的值。

首先进入 Scala 的环境中,然后输入算式 1+1,可得到如图 5-7 所示结果,计算结果为 2,说明 Scala 能正常运行,至此 Scala 的安装也完成了。

```
hadoop@ubuntu:~$ scala
Welcome to Scala 2.11.12(Java HotSpot(TM) 64-Bit Server VM, Java 1.8.0_141).
Type in expressions for evaluation. Or try :help.

scala> 1+1
res0: Int = 2
```

图 5-7　Scala 环境中的运算

5.2.2　搭建 Spark 平台

完成以上环境的搭建之后,就可以进行 Spark 平台的搭建。为了能够快速了解 Spark,并在 Spark 环境下进行项目实战,本节主要介绍 Spark 单机版的搭建,由于该模式下可以满足对 Spark 的应用程序的测试工作,对于开发者来说是非常有帮助的。

1. 下载 Spark 及解压

在安装 Spark 之前,需要确定安装的版本,然后找到链接进行下载。本书中使用的是 spark-2.4.5-bin-hadoop2.7。首先是打开终端窗口进行下载,其命令如下所示。

```
wget http://archive.apache.org/dist/spark/spark-2.4.5/spark-2.4.5-bin-
hadoop2.7.tgz
```

下载完毕以后,再将文件进行移动和解压。首先在/usr/loca/下建立 spark 文件夹,然后将下载的压缩包移动到该文件夹下,最后直接进行解压,其命令如下所示。

```
sudo mkdir /usr/local/spark
sudo mv s spark-2.4.5-bin-hadoop2.7.tgz /usr/local/spark
cd /usr/local/spark/
sudo tar -zxf spark-2.4.5-bin-hadoop2.7.tgz
```

2. 配置环境变量

环境变量的配置与 Hadoop 类似,用命令行,进入/etc/profile 目录下进行修改,使用 vim 编辑器编辑 profile 文件,添加 Spark 环境,其命令如下所示。

```
sudo vim /etc/profile
```

使用命令行后,会弹出 vim 的编辑窗口,移动到文件的最下面,进入编辑模式,然后添加环境变量,其具体内容如下所示。

```
#Spark
export SPARK_HOME=/usr/local/spark/spark-2.4.5-bin-hadoop2.7
export PATH=${SPARK_HOME}/sbin:${SPARK_HOME}/bin:$PATH
```

接着按下 Esc 键,再使用":wq"进行保存并退出 vim 编辑模式,最后使用以下命令使修改文件立即生效。

```
source /etc/profile
```

3. 配置 Spark 的配置文件

完成上述步骤以后,需要配置 Spark 的配置文件。首先进入绝对路径 ${SPARK_HOME}/conf 中,其中 ${SPARK_HOME} 是 Spark 的安装路径。进入该路径以后,复制 spark-env.sh.template 为 spark-env.sh,同时复制 slaves.template 为 slaves,其命令如下所示。执行完命令以后,可以看到该文件夹下会多两个文件 spark-env.sh 和 slaves。

```
cd ${SPARK_HOME}/conf
cp spark-env.sh.template spark-env.sh
cp slaves.template slaves
```

复制文件以后,需要配置 spark-env.sh,这里同样需要用 vim 编辑器对 spark-env.sh 进行编辑,命令如下所示。

```
sudo vim spark-env.sh
```

打开以后,在操作 vim 编辑器时与上文提到的一样,需要用快捷键打开编辑模式进行编辑,然后在文件的末尾添加以下内容。

```
export JAVA_HOME=/usr/local/java/jdk1.8.0_161
export SCALA_HOME=/usr/local/scala/scala-2.11.12
export HADOOP_HOME=/usr/local/hadoop
export HADOOP_CONF_DIR=/usr/local/hadoop/etc/hadoop
export SPARK_MASTER_IP=localhost
export SPARK_WORKER_MEMORY=8g
```

这些内容的具体含义如下。

（1）JAVA_HOME：指定的是 Java 的安装目录。

（2）SCALA_HOME：指定的是 Scala 的安装目录。

（3）HADOOP_HOME：指定的是 Hadoop 的安装目录。

（4）SPARK_MASTER_IP：指定的是 Spark 集群的 Master 节点的 IP 地址。

（5）SPARK_WORKER_MEMOERY：指定的 Worker 节点能够最大分配给 Excutors 的内存大小。

最后按 Esc 键盘输入“：wq”，保存修改文件并退出 vim 编辑模式，最后使用以下命令使配置生效。

```
source spark-env.sh
```

4. 启动 Spark 集群

启动 Spark 集群需要使用＄{SPARK_HOME}/sbin 目录下的 start-all.sh，所以先进入 Spark 安装目录的路径下，其命令如下所示。

```
cd ${SPARK_HOME}
```

这里的＄{SPARK_HOME}指的是 Spark 安装目录，需要将其替换成自己的安装目录才行，最后启动 start-all.sh，命令如下所示。

```
./sbin/start-all.sh
```

如果出现如图 5-8 所示的结果，则证明启动成功，然后可以使用 jps 命令来查看 Spark 启动的状态。

```
hadoop@ubuntu:/usr/local/spark/spark-2.4.5-bin-hadoop2.7$ ./sbin/start-all.sh
starting org.apache.spark.deploy.master.Master, logging to /usr/local/spark/spark-2.4.5-bin-hadoop
2.7/logs/spark-hadoop-org.apache.spark.deploy.master.Master-1-ubuntu.out
localhost: starting org.apache.spark.deploy.worker.Worker, logging to /usr/local/spark/spark-2.4.5
-bin-hadoop2.7/logs/spark-hadoop-org.apache.spark.deploy.worker.Worker-1-ubuntu.out
hadoop@ubuntu:/usr/local/spark/spark-2.4.5-bin-hadoop2.7$ jps
2835 Master
3023 Jps
2959 Worker
hadoop@ubuntu:/usr/local/spark/spark-2.4.5-bin-hadoop2.7$
```

图 5-8　Spark 启动

同时可用以下命令查看 start-all.sh 文件的内容。

```
cat start-all.sh
```

执行完命令以后，start-all.sh 文件的运行内容如图 5-9 所示。从结果可以发现它加载了 spark-config.sh 配置文件，并且启动了集群 master 主节点和 slaves 子节点。

启动 Spark 以后，在浏览器中输入 http://localhost：8080/并按 Enter 键，可以得到

```
#
#     http://www.apache.org/licenses/LICENSE-2.0
#
# Unless required by applicable law or agreed to in writing, software
# distributed under the License is distributed on an "AS IS" BASIS,
# WITHOUT WARRANTIES OR CONDITIONS OF ANY KIND, either express or implied.
# See the License for the specific language governing permissions and
# limitations under the License.
#

# Start all spark daemons.
# Starts the master on this node.
# Starts a worker on each node specified in conf/slaves

if [ -z "${SPARK_HOME}" ]; then
  export SPARK_HOME="$(cd "`dirname "$0"`"/..; pwd)"
fi

# Load the Spark configuration
. "${SPARK_HOME}/sbin/spark-config.sh"

# Start Master
"${SPARK_HOME}/sbin"/start-master.sh

# Start Workers
"${SPARK_HOME}/sbin"/start-slaves.sh
```

图 5-9   start-all.sh 文件的运行内容

Spark 启动界面如图 5-10 所示。

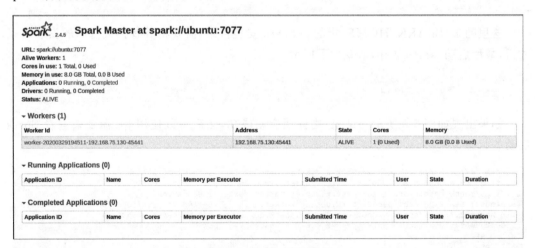

图 5-10   Spark 启动界面

以上步骤完成以后,可以打开 spark-shell 运行 Scala 语句。首先进入 Spark 的安装路径目录,再启动 spark-shell,其命令如下所示。

```
cd /usr/local/spark/
./bin/spark-shell
```

打开 spark-shell 可以看到 spark-shell 界面如图 5-11 所示。因为 Spark 也是 Scala 语言编写而成的,所以可以看到 Scala 的输入命令。

如果要在 Spark 集群上运行程序,首先得将 Scala 程序打成 JAR 包,然后在 spark-shell

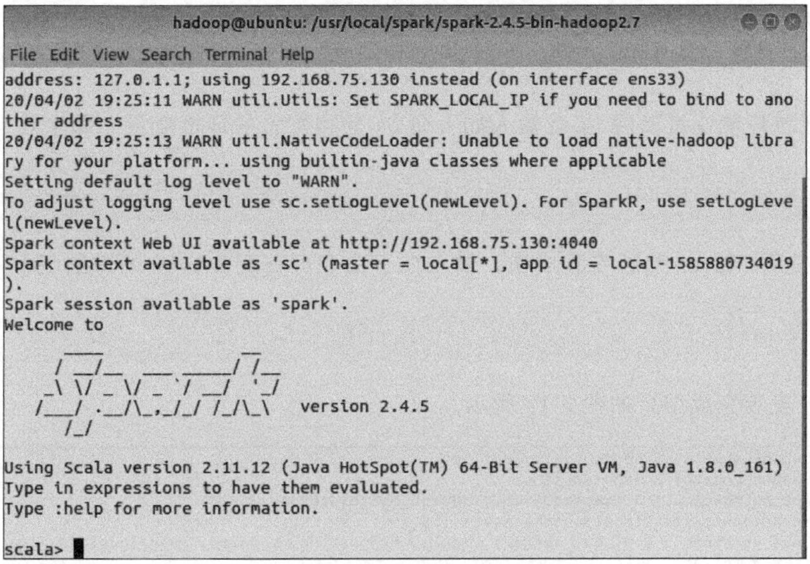

图 5-11　spark-shell 界面

上用命令执行。

5.2.3　安装 Maven

Maven 是一个创新的软件项目管理工具,可以对 Java 项目进行构建和依赖管理。它提供了一个项目对象模型(Project Object Model,POM)文件的新概念,来管理项目的构建、相关性和文档,最强大的功能就是能够自动下载项目依赖库。

Maven 也可被用于构建和管理各种项目,例如 C♯、Ruby、Scala 和其他语言编写的项目。Maven 支持构建一个完整的生命周期框架。开发团队可以自动完成项目的基础工具建设,Maven 使用标准的目录结构和默认构建生命周期。

在多个开发团队环境时,Maven 可以设置按标准在非常短的时间里完成配置工作。由于大部分项目的设置都很简单,并且可重复使用,Maven 让开发人员的工作更轻松,同时创建报表、检查、构建和测试自动化设置。

Linux 系统和 Windows 系统下的 Maven 安装不太一样。在 Linux 系统下首先需要进入命令行,然后输入以下命令进行安装,接着再对下载的安装包进行解压,方法与上文提到的相同,解压到固定路径,其命令如下所示。

```
wget https://mirrors. tuna. tsinghua. edu. cn/apache/maven/maven - 3/3. 6. 3/
binaries/apache-maven-3.6.3-bin.tar.gz
tar -zxf  apache-maven-3.6.1-bin.tar.gz -C /usr/local
```

然后需要在/etc/profile 中进行环境的配置,同样使用 vim 编辑器进行编辑,将以下环境变量添加到该文件中,然后保存退出即可。

```
export MAVEN_HOME=/usr/local/maven-3.6.1
export PATH=$JAVA_HOME/bin:$MAVEN_HOME/bin:$PATH
```

完成配置环境变量以后,接着输入如下命令,使得配置的环境变量立即生效。

```
source /etc/profile
```

最后,查看 Maven 是否安装成功。输入如下命令可查看 Maven 的详细版本信息。

```
mvn -version
```

Maven 安装完成结果如图 5-12 所示。

```
hadoop@ubuntu:~$ source /etc/profile
hadoop@ubuntu:~$ mvn -version
Apache Maven 3.6.3 (cecedd343002696d0abb50b32b541b8a6ba2883f)
Maven home: /usr/local/apache-maven-3.6.3
Java version: 1.8.0_161, vendor: Oracle Corporation, runtime: /usr/local/java/jd
k1.8.0_161/jre
Default locale: en_US, platform encoding: UTF-8
OS name: "linux", version: "5.3.0-28-generic", arch: "amd64", family: "unix"
```

图 5-12　Maven 安装完成结果

另外,安装成功后需要对 Maven 进行配置,其配置教程有许多,在此不再详细说明,可自行查阅相关资料。

5.2.4　搭建 IDEA 集成开发工具

可以用多种语言编写 Spark 应用程序,如 Java、Python 和 Scala 等语言,在本章中主要使用 Scala 语言,而所使用的开发环境是 IDEA,当然如果习惯 Eclipse 等其他开发工具,也都是可以选择的。

在本章中主要使用的是 IDEA 开发工具,IDEA 全称 IntelliJ IDEA,是 Java 语言开发的集成环境,其功能齐全,如代码自动提示和代码审查等。IDEA 每个版本都有 Community 和 Ultimate 两个版本,在本章中使用的是完全免费的 Community 版本。下载 IDEA 的地址为 https://www.jetbrains.com/idea/download/#section=linux。在系统中的部署方法与上文安装方法类似,同样是使用命令进行下载→解压→安装,操作较为简单。

如果要运行 Scala 程序,还需要安装 Scala 插件,因为在默认情况下 IDEA 是没有安装 Scala 插件的。因此,第一次启动时可在界面上选择 Configure,然后在选项中选择 Plugins,如图 5-13 所示。如果第一次进去时没有安装,则在打开的界面中,选中菜单栏中的 File,然后单击 Settings 中的 Plugins。

打开插件管理界面以后,会显示一些插件在目录中。如果没有安装 Scala,可通过搜索栏输入进行搜索,如图 5-14 所示,然后进行安装。

完成安装以后,可在 IDEA 中编写代码,直接在里面进行调试和运行。也可以打包成 JAR,然后进入 Spark 的 bin 目录,使用 spark submit 运行代码。

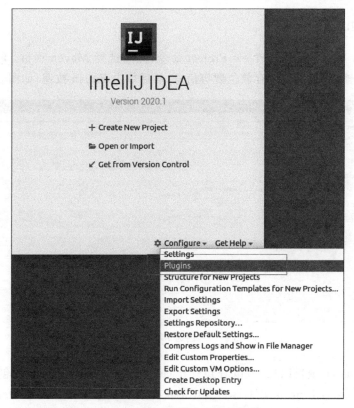

图 5-13　第一次进入 IDEA 界面

图 5-14　安装 Scala

1. 直接在 IDEA 中运行

打开 IDEA 后,选择 File→New Project 命令,然后选择 Maven 项目,单击"下一步"按钮,在该界面中输入项目名称、存放位置等信息,然后单击 Finish 按钮,如图 5-15 所示。

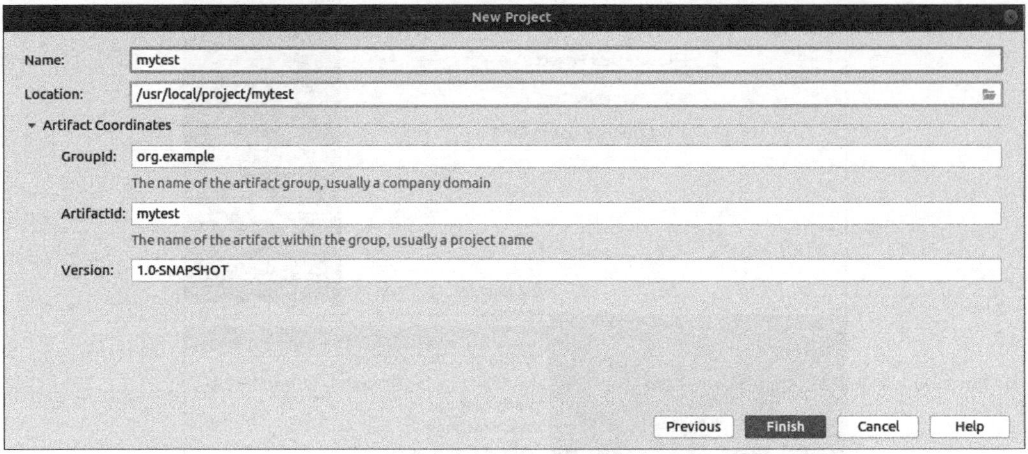

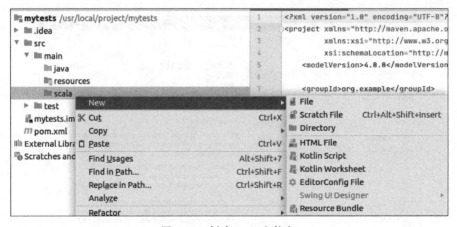

图 5-15　创建 Maven 项目

完成创建 Maven 项目以后,可以看到只有 java 文件夹。这时需要自己创建一个目录文件,如图 5-16 所示,右击 main 文件夹,在弹出的快捷菜单中选择 New→Directory 命令,并将其命名为 scala,然后需要创建 Scala Class 文件,这时会发现没有这个选项,只有 Java Class。

图 5-16　创建 scala 文件夹

因此,需要先选择 File→Profile Structrue 命令,如图 5-17 所示,再选择 Modules,选择 scala 文件夹,然后单击 Sources,此时会发现 scala 文件夹变成蓝色,则操作成功,scala 文件夹下的文件都会是 Sources 文件。

完成上述步骤后,添加 Scala SDK Library,选择安装的版本,如图 5-18 所示。

接着就可以创建 Scala Class 文件了,如图 5-19 所示。

图 5-17 Project Structrue 窗口

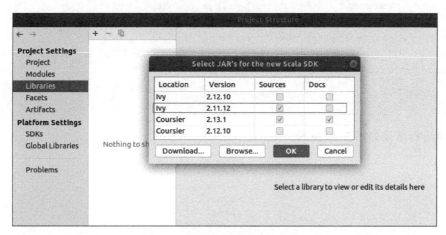

图 5-18 添加 Scala SDK Library

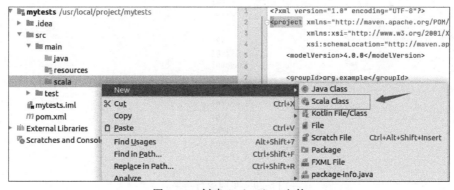

图 5-19 创建 Scala Class 文件

　　设置完成后修改 Maven 的路径,将默认的路径分别修改为 Maven 安装的路径和配置文件路径,接下来就可以实现第一个实例的编写。本节用一个很简单的例子进行测试,代码如下所示。

```
1.  import org.apache.log4j.{Level, Logger}
2.  import org.apache.spark.sql.{DataFrame, Dataset, SparkSession}
3.
4.  object mytest {
5.    def main(args:Array[String]) {
6.      Logger.getLogger("org.apache.spark").setLevel(Level.WARN)
7.  Logger.getLogger("org.apache.eclipse.jetty.server").setLevel(Level.OFF)
8.
9.    val spark: SparkSession =SparkSession.builder
10.       .appName("WordCount")              //可选,如不指定将自动生成
11.       .master("local")                   //避免将实施环境写在代码中
12.       .enableHiveSupport()               //启用 Hive 支持
13.       .config("spark.sql.warehouse.dir", "/user/hive/warehouse")
14.       .getOrCreate
15.
16.    val lines =spark.read.textFile("src/main/resources")
17.    import spark.implicits._
18.    val words: Dataset[String] =lines.flatMap(_.split(" "))
19.    words.show()
20.    words.createTempView("t_wordcount")
21.     val dataFrame: DataFrame = spark.sql("select value, count(*) counts
from t_wordcount group by value order by value desc")
22.   }
23. }
```

　　实例运行结果如图 5-20 所示。

```
+------+
| value|
+------+
| hello|
| world|
|   dog|
|  fish|
|hadoop|
| spark|
| hello|
| world|
|   dog|
|  fish|
|hadoop|
| spark|
| hello|
| world|
|   dog|
|  fish|
|hadoop|
| spark|
+------+
```

图 5-20　实例运行结果

2. 提交到 Spark Submit 中运行

如果要提交到 Spark Submit 中运行，需重新打开项目配置界面，选择 Artifacts，在右面的窗口中单击"＋"图标，选择添加 JAR 包的 From modules with dependencies 方式，如图 5-21 所示，然后填完窗口中的信息。

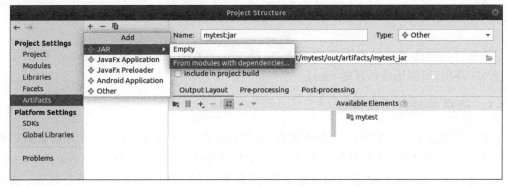

图 5-21　项目打包界面

添加完毕后，如图 5-22 所示，然后选择 Build→Build Artifacts 命令，再将打包好的文件移动到 Spark 根目录下。

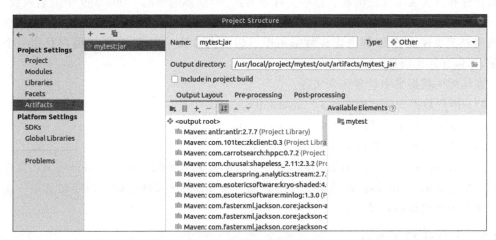

图 5-22　添加 Artifacts

移动到 Spark 的根目录下的命令如下所示。

```
cd /usr/local/project/mytest/out/artifacts
cp mytest_jar /usr/local/spark/spark-2.4.5-bin-hadoop-2.7
ls /usr/local/spark/spark-2.4.5-bin-hadoop-2.7
```

先启动 Spark，然后使用 Spark Submit 在集群中运行：

```
cd  /usr/local/spark/spark-2.4.5-bin-hadoop-2.7
./bin/spark-submit --class mytest
--master local[2]
/usr/local/spark/spark-2.4.5-bin-hadoop-2.7/mytest.jar
```

5.3　业务开发

前面已经搭建了项目所需要的环境,包括 Linux 系统、Spark 平台、Maven 和 Java 环境、Scala 环境,所使用的语言是 Scala。

5.3.1　用户视频行为数据集

本实例主要实现对用户进行视频推荐,根据用户的不同喜好,给用户推荐所喜好的视频。这里采用的数据集是离线的视频数据,其数据来源于开源网站 https://grouplens.org/datasets/movielens,可以从该网站进行下载,数据集为 MovieLens,该数据是开源的。实例中进行了模型的训练、模型的预测和模型的检测,然后输出结果。

首先介绍一下所使用的数据集。在网站中可以选择不同的数据集,本章选择的是 MovieLens 最小型集,该数据集为 ml-latest-small.zip,描述了电影推荐服务 MovieLens 的 5 星级评分和自由文本标记活动。这些文件包含约 3900 部电影的 1 000 209 个匿名收视率,由 6040 名 2000 年加入 MovieLens 的 MovieLens 用户制作,且用户是随机纳入的,所有选定的用户至少评价了 20 部电影。数据集中不包括人口统计信息,且每个用户只用一个 id 表示,不包含其他信息。

在压缩的数据集中包含 3 个文件。

(1) 用户数据文件结构文件——users.dat。

(2) 电影数据文件结构文件——movies.dat。

(3) 评分数据文件结构文件——ratings.dat。

其中,users.dat 文件里面的内容是用户生成的有关电影的元数据。movies.dat 文件里包含一部电影的 id 和标题,以及该电影的类别。ratings.dat 文件里面的内容包含每一个用户对于每一部电影的评分。

5.3.2　个性化视频推荐

下面是个性化视频推荐的主要代码。

```
1.  import java.io.Serializable
2.  import org.apache.log4j.{Level, Logger}
3.  import org.apache.spark.rdd._
4.  import org.apache.spark.sql._
5.  import org.apache.spark.mllib.recommendation.Rating
6.  import org.apache.spark.mllib.recommendation.ALS
7.
```

```
8.   object RecommendMovie extends Serializable {
9.   //屏蔽不必要的日志显示在终端上
10.  Logger.getLogger("org.apache.spark").setLevel(Level.WARN)
11.  Logger.getLogger("org.apache.eclipse.jetty.server").setLevel(Level.OFF)
12.
13.  //定义电影、用户数据的实体类
14.  case class Movie(movieId: Int, title: String) extends Serializable
15.  case class User(userId: Int, gender: String, age: Int, occupation: Int,
zipCode: String)
16.  //定义解析函数
17.  def parseMovieData(data: String): Movie ={
18.    val dataField =data.split("::")
19.    assert(dataField.size ==3)
20.    Movie(dataField(0).toInt, dataField(1))
21.  }
22.
23.  def parseUserData(data: String): User ={
24.    val dataField =data.split("::")
25.    assert(dataField.size ==5)
26.    User(dataField(0).toInt, dataField(1).toString, dataField(2).toInt,
dataField(3).toInt, dataField(4).toString)
27.  }
28.  def parseRatingData(data: String): Rating ={
29.    val dataField =data.split("::")
30.    Rating(dataField(0).toInt, dataField(1).toInt, dataField(2).toDouble)
31.  }
32.  def main(args: Array[String]){
33.    val spark: SparkSession =SparkSession.builder
34.      .appName("RecommendMovie")
35.      .master("local")
36.      .enableHiveSupport()
37.      .config("spark.sql.warehouse.dir", "/user/hive/warehouse")
38.      .getOrCreate
39.
40.  //读取本地文件
41.    import spark.implicits._
42.    val moviesData =spark.read.textFile("src/main/resources/ml-1m/
movies.dat").map(parseMovieData _).cache()
43.    val usersData =spark.read.textFile("src/main/resources/ml-1m/users.
dat").map(parseUserData _).cache()
44.    val ratingsData = spark.read.textFile ("src/main/resources/ml-1m/
ratings.dat").map(parseRatingData _).cache()
45.
```

```
46.        // 隐式转换 DataFrame
47.        val moviesDF = moviesData.toDF()
48.        val usersDF = usersData.toDF()
49.        val ratingsDF = ratingsData.toDF()
50.
51.        // 切分成训练数据集和验证数据集
52.        val tempPartitions = ratingsData.randomSplit(Array(0.7, 0.3))
53.        val trainingSetOfRatingsData = tempPartitions(0).cache().rdd
54. val testSetOfRatingData = tempPartitions(1).cache().rdd
55.
56.        // 模型训练
57. val recomModel = new ALS().setRank(20).setIterations(10).run
(trainingSetOfRatingsData)
58.
59.        //模型推荐
60.        val recomResult = recomModel.recommendProducts(1555, 10)
61.        println(s"Recommend Movie to User ID 1555")
62.        println(recomResult.mkString("\n"))
63.
64.        val movieTitles = moviesDF.as[(Int, String)].rdd.collectAsMap()
65.        var i = 1
66.        // println(movieTitles)
67.        recomResult.foreach {rating=>
68.          println("%d".format(i) + ":" + movieTitles(rating.product) + "," +
rating.rating)
69.          i+=1
70.        }
71.
72.        //模型验证
73. val predictResultOfTestSet = recomModel.predict(testSetOfRatingData.map{
74.          case Rating(user, product, rating) => (user, product)
75.        })
76.        val formatResultOfTestSet = testSetOfRatingData.map{
77.          case Rating(user, product, rating) => ((user, product), rating)
78.        }
79.        val formatResultOfPredictionResult = predictResultOfTestSet.map {
80.          case Rating(user, product, rating) => ((user, product), rating)
81.        }
82.        val finalResultForComparison = formatResultOfPredictionResult.join
(formatResultOfTestSet)
83.
84.        val MAE = finalResultForComparison.map {
85.          case ((user, product), (ratingOfTest, ratingOfPrediction)) =>
```

```
86.         val error =(ratingOfTest -ratingOfPrediction)
87.         Math.abs(error)
88.     }.mean()
89.     println(s"Mean Absolute Error: $MAE")
90.     spark.stop()
91.   }
92. }
```

5.3.3　个性化推荐结果分析

在对数据处理完以后,需要进行推荐模型的训练,这里使用的方法是 ALS 算法。ALS 算法的原理是给各个指标加权重,根据这些权重,通过矩阵分解的方法,计算相似度进行评分,即为喜好程度,然后再将喜好程度高的商品推荐给用户。Spark MLlib 中已经实现了 ALS 算法,可以调用该算法进行模型的训练,进而给用户推荐电影进行预测。

在模型的训练中,特征矩阵的秩 Rank 选择的是 10,而迭代次数 Iterations 选择的是 20,一般情况下 10~1000 都可以。接着调用模型进行推荐,例如要给用户 id 为 1555 的用户推荐适合他(她)看的 10 部电影,得到的结果如图 5-23 所示。

```
Recommend Movie to User ID 1555
Rating(1555,2238,8.92054055083558)
Rating(1555,3894,8.358284046313738)
Rating(1555,1000,8.316866670436347)
Rating(1555,1809,8.11503329846359)
Rating(1555,3310,7.986112280625433)
Rating(1555,1684,7.9651967197177225)
Rating(1555,2426,7.919398122439767)
Rating(1555,2189,7.77512805966621)
Rating(1555,2727,7.725496436020212)
Rating(1555,1211,7.704665918405595)
```

图 5-23　针对用户 id 为 1555 的推荐结果

从以上结果可以看到推荐的内容,其具体含义实际是(用户 id,电影 id,预测评分),因为在最开始时,从本地读取电影数据 MoviesData,读取的为 RDD 集合,可以通过 toDF()进行隐式转换,实现 RDD 到 DataFrame 数据类型的转换,然后再通过 collectAsMap()方法,可以得到电影信息的输出结果,如图 5-24 所示。

```
1:Seven Beauties (Pasqualino Settebellezze) (1976),8.92054055083558
2:Solas (1999),8.358284046313738
3:Curdled (1996),8.316866670436347
4:Hana-bi (1997),8.11503329846359
5:Kid, The (1921),7.986112280625433
6:Mrs. Dalloway (1997),7.9651967197177225
7:Theory of Flight, The (1998),7.919398122439767
8:I Married A Strange Person (1997),7.77512805966621
9:Killer's Kiss (1955),7.725496436020212
10:Wings of Desire (Der Himmel über Berlin) (1987),7.704665918405595
```

图 5-24　推荐的 10 部电影

经过训练和预测之后,对模型进行了验证,通过调用模型得出的预测结果与验证数据集中的原数据进行对比,进而得出结果。这里通过 map 和 join 操作,将预测数据与验证数据集的原始数据组合成为((用户 id,电影 id),(验证数据集原有评分,预测数据集评分))的格式。之所以处理成这种形式,是因为需要计算平均绝对误差的值,以其作为衡量模型正确的标准。平均绝对误差(Mean Absolute Error,MAE)表示预测值和观测值之间绝对误差的平均值。将同一个用户对应的同一部电影下的预测评分和原有评分组成一个组合,可方便两者之间比较和后续的计算。

最后计算出的平均绝对误差的值如图 5-25 所示。

Mean Absolute Error: 0.7423345317054025

图 5-25　平均绝对误差的值

从结果可以观察到,平均绝对误差的值约为 0.74,说明模型结果还比较理想,若想进一步优化,可以在模型训练时,增加 ALS 算法中 Rank 的值与 Iterations 的值,其中 Rank 的值为特征矩阵的秩,如果这个值太小,拟合的就会不够,误差就很大;如果这个值很大,就会导致模型的泛化能力较差,所以就需要把握一个度,一般情况下 10～1000 都是可以的,进而提高准确率。

5.4　可视化分析

5.3 节通过 Spark 平台,根据电影之间的相似度对用户进行了电影推荐,了解了用户行为。为了进一步展示,本节从数据本身进行可视化分析。

在 5.3 节中给 id 为 1555 的用户推荐了 10 部电影,电影的结果已经在 5.3 节有所展示,从给该用户的推荐结果来看,在 10 部电影中,一半是犯罪类的电影,一半是关于爱情和剧情的电影。

通过该推荐结果,可以发现该用户的观影习惯比较倾向于爱情类和剧情类的电影,同时也比较喜欢黑色系的犯罪电影,那为什么会推荐该类型的电影给用户呢?原理如图 5-26 所

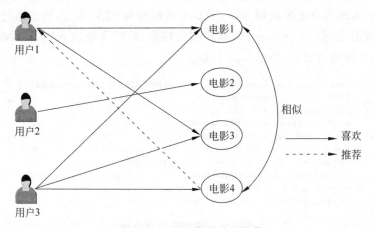

图 5-26　根据相似度进行推荐

示。所有用户对电影都有历史偏好,而电影和电影之间存在相似度。通过计算相似度,然后根据用户的历史偏好信息,将相似度较高的电影推荐给用户。

通过数据查询,可知该用户年满 18 岁,性别为男,职业是自由人。其观影习惯很符合他这个年纪,追求刺激,渴望爱情。因此,可以发现通过推荐的方式,能够了解人们的兴趣习惯、社会行为等,可以迅速发现数据背后的信息,可选择性提供可能偏爱的视频,这对于收集、处理用户行为情报数据十分有效。

在前面推荐的过程里,在上文中利用相似度来对用户进行电影推荐,但是如果以后能够将其他指标也纳入进来,例如年龄、职位、电影类型等,再进行推荐会使得推荐效果更好。

在下面,通过 Python 编程实现对观影人群的年龄、职位以及电影类型等方面的可视化,并进行分析。首先根据电影数据进行可视化分析。为了便于分析和处理,在此之前对数据进行了一定的处理,然后通过 Python 编程实现观影人群的年龄、职位以及电影类型等方面进行可视化。

编程实现的具体步骤如下。

(1) 通过读取电影的相关数据文件,放在数组里面以方便调用。

(2) 从不同方面,统计各类字段中相应的数据,以便进行下一步分析和操作。

(3) 将统计好的数据,通过绘制图的形式表现出来。

5.4.1　观影人员评价总体分析

首先对观影人员评价电影的总体情况进行分析,其代码如下所示。

```
1.  import csv
2.  import numpy as np
3.  from matplotlib import pyplot as plt
4.  #读取 CSV 文件
5.  filename ='ratings.csv'
6.  with open(filename,encoding='gb18030', errors='ignore') as f:
7.      reader =csv.reader(f)
8.      store =[]
9.      header_row =next(reader)
10.     for i in range(1000208):
11.         header_row =next(reader)
12.         store.append(header_row[0])
13. #生成数组
14. store =[int(i) for i in store]
15. s,arr=np.unique(store,return_counts=True)
16. print(s)
17. print(arr)
18. print(np.max(arr),np.min(arr),np.mean(arr))
19. #绘制图像
20. x_axis =s
```

```
21. plt.bar(x=s, height=arr, label='num',color=['red'])
22. #for a, b in enumerate(s):
23. #    plt.text(a, b, '%s' %b, ha='center', va='bottom')
24. plt.rcParams['font.sans-serif']=['SimHei']      #显示中文标签
25. plt.rcParams['axes.unicode_minus']=False
26. plt.title('观影人员的评价电影情况')
27. plt.xlabel("用户id")
28. plt.ylabel("评价电影数")
29. plt.legend()
30. plt.savefig('evaluation.png', dpi=500)
31. plt.show()
```

运行代码得到的观影人员的评价情况如图 5-27 所示。

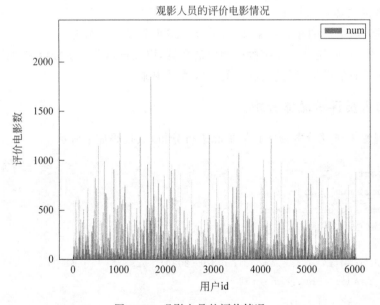

图 5-27　观影人员的评价情况

经过统计得到,观影总人数为 6040 人,其中个人评价最多的电影数量为 2314 部,最少为 20 部,得到的平均评价电影数量约为 165.59735 部,从这些数据观察可以得知,人们对于观影的需求和追求其实还是很高的。

5.4.2　观影人员年龄段分布

根据观影用户的 user.csv 文件,统计各个年龄段用户的数量,并绘制条形图,其代码如下所示。

```
1. import csv
2. from matplotlib import pyplot as plt
```

```
3.   #读取 CSV 文件
4.   filename ='users.csv'
5.   with open(filename) as f:
6.       reader =csv.reader(f)
7.       store =[]
8.       header_row =next(reader)
9.       for i in range(6040):
10.          header_row =next(reader)
11.          store.append(header_row[2])
12.  #生成数组
13.  store =[int(i) for i in store]
14.  #将不同年龄段的用户分类,共 6040 人
15.  for j in range(6040):
16.      if 0 <store[j] <18:
17.          store[j] =9
18.      elif 18 <=store[j] <24:
19.          store[j] =21
20.      elif 25 <=store[j] <34:
21.          store[j] =27
22.      elif 35 <=store[j] <44:
23.          store[j] =39
24.      elif 45 <=store[j] <49:
25.          store[j] =47
26.      elif 50 <=store[j] <55:
27.          store[j] =53
28.      else:
29.          store[j] =59
30.  #统计不同年龄段的用户人数
31.  y_axis =[]
32.  y_axis.append(store.count(9))
33.  y_axis.append(store.count(21))
34.  y_axis.append(store.count(27))
35.  y_axis.append(store.count(39))
36.  y_axis.append(store.count(47))
37.  y_axis.append(store.count(53))
38.  y_axis.append(store.count(59))
39.  #按用户的年龄段绘制条形图
40.  x_axis =['0~18', '18~24', '25~34', '35~44', '45~49','50~55','>56']
41.  plt.bar(x= x_axis, height= y_axis, label= 'Age ', alpha= 0.8 , color= ['
orangered', 'orange', 'yellow','chartreuse', 'cyan', 'pink'])
42.  for a, b in enumerate(y_axis):
43.      plt.text(a, b, '%s' %b, ha='center', va='bottom')
44.  plt.title('观影人员的年龄情况分布')
```

```
45. plt.xlabel("年龄")
46. plt.ylabel("数量")
47. plt.legend()
48. plt.savefig('populationOfAge.png', dpi=500)
49. plt.show()
```

运行代码后,得到的观影用户年龄情况如图 5-28 所示。

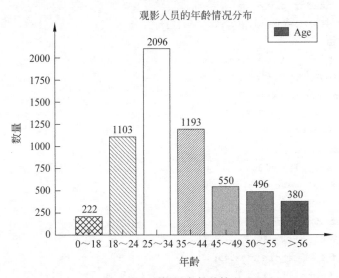

图 5-28　观影用户年龄情况

从图 5-28 中可以发现,电影在 25～34 年龄段的用户中非常受欢迎,18～24 年龄段与 35～44 年龄段的人其次。从这里观察出,18～24 年龄段和 35～44 的年龄段虽然有观影的兴趣,但前者财力有限,后者时间较少,因此观影的数相较于 25～34 年龄段的人较少,其他年龄段的人就更少了。

因此,在电影推荐的过程中,可以通过年龄段不同,分比重进行推荐,这样会使得推荐更加个性化。

5.4.3　观影人员职业分布

下面分析观影用户的职业分布情况,其代码如下所示。

```
1. import csv
2. import numpy as np
3. from matplotlib import pyplot as plt
4. #读取 CSV 文件
5. filename ='users.csv'
6. with open(filename) as f:
7.     reader =csv.reader(f)
8.     store = []
```

```
9.        header_row =next(reader)
10.       for i in range(3879):
11.           try:
12.               header_row =next(reader)
13.           except StopIteration:
14.               break
15.           store.append(header_row[3])
16. #生成数组
17. store =[str(i) for i in store]
18. #统计3879条电影数据。1,2,…,20表示不同用户的职业
19. for j in range(3879):
20.     for n in range(0,21):
21.         if store[j] ==str(n):
22.             store[j] =n
23.             continue
24. y_axis =[]
25. #统计每一种职业的用户数,并写入到y_axis
26. for n in range(0,21):
27.     y_axis.append(store.count(n))
28. #print(y_axis)
29. #根据用户的不同职业情况绘制图像
30. y=np.array(y_axis)
31. x_axis =['其他', '学术/教育者', '艺术家', "文书/管理员", '大学生/研究生', '客服
人员', '医生', '管理人员', '农民', '料理家务者', 'K12学生', '律师', '程序员', '已退休
人员', '销售员', '科学家', '个体经营者', '技术员/工程师', '手艺人/工匠', '失业人员',
'作家']
32. plt.barh(x_axis, y, color= ['mistyrose', 'salmon', 'tomato', 'coral', '
orangered', 'bisque','darkorange', 'tan','navajowhite','y', 'yellow', 'gold',
'yellowgreen', 'chartreuse', 'honeydew','palegreen', 'aquamarine', 'lightcyan
','teal', 'cyan','dodgerblue'],label='position')
33. plt.title("观影者的职位情况")             #图片标题
34. plt.xlabel("数量")                      #x轴标题
35. plt.legend(loc=[0, 0])                  #图例的显示位置设置
36. plt.savefig("professional.png", bbox_inches='tight',dpi=500)
                                           #保存图片命令一定要放在plt.show()前面
37. plt.show()
```

　　运行代码,得到的观影用户职业情况如图5-29所示。

　　从中不难发现,大学生/研究生的观影数量是最多的。因此,可以说在观影这件事情上,学生往往都是主力军,因为他们的空闲时间和闲余的财务支出很多都用在了休闲娱乐上。从用户职业的分布可以看出,哪些群体是主要的消费群体。

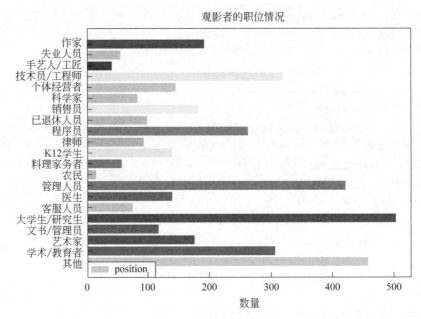

图 5-29　观影用户职业情况

5.4.4　视频类型标签分析

对视频的类型也可以进行标签化分析。这里将 Movies.dat 文件进行了一定的处理，因为一部电影可能有多个标签,这里将最主要的标签作为电影的类型来统计,其代码如下所示。

```python
1.  import csv
2.  import numpy as np
3.  from matplotlib import pyplot as plt
4.  #读取 CSV 文件
5.  filename ='moives_modify_oneline.csv'
6.  with open(filename) as f:
7.      reader =csv.reader(f)
8.      store = []
9.      header_row =next(reader)
10.     for i in range(3879):
11.         try:
12.             header_row =next(reader)
13.         except StopIteration:
14.             break
15.         store.append(header_row[3])
16. #生成数组
17. store =[str(i) for i in store]
```

```
18.  #对 18 种类型的电影进行编码,编码为 1,2,…,18
19.  list = ['Action', 'Adventure', 'Animation', "Children's", 'Comedy', 'Crime',
     'Documentary', 'Drama', 'Horror', 'Musical','Mystery','Fantasy','Romance',
     'Thriller', 'War', 'Western', 'Film-Noir', 'Sci-Fi']
20.  for j in range(3879):
21.      for n in range(0,len(list)):
22.          if store[j] == list[n]:
23.              store[j] = str(n+1)
24.              continue
25.
26.  y_axis = []
27.  #统计 store 中各类电影的数量,并写入 y_axis
28.  for n in range(1,19):
29.      y_axis.append(store.count(n))
30.  print(y_axis)
31.  y=np.array(y_axis)
32.  mpl.rcParams['font.sans-serif'] = ['SimHei']
33.  #按电影的类别绘制条形图
34.  x_axis = ['动作片', '冒险片', '动画片', "儿童片", '喜剧片', '犯罪片', '纪录片', '
     戏剧片', '恐怖片',  '音乐片','悬疑片', '魔幻片', '爱情片', '惊悚片', '战争片', '西部
     片', '黑色电影', '科幻片']
35.  plt.barh(x_axis,y, color=['slategrey', 'lightsteelblue', 'cornflowerblue
     ','royalblue', 'blue', 'darkslateblue', 'mediumslateblue', 'darkviolet', '
     violet', 'm', 'orchid', 'mediumvioletred', 'deeppink', 'hotpink', '
     lavenderblush', 'palevioletred', 'crimson', 'mediumspringgreen'], label = '
     movies')
36.  plt.title("每种类型电影的数量")          #图片标题
37.  plt.xlabel("数量")                      #x 轴标题
38.  plt.legend(loc=[0, 0])                   #图例的显示位置设置
39.  plt.savefig("filmTypeNum.png", bbox_inches='tight',dpi=500)
                                             #保存图片命令一定要放在 plt.show()前面
40.  plt.show()
```

运行代码后,得到每种类型电影的数量如图 5-30 所示。

从图 5-30 中可以看出,最为突出的 3 种类型的电影分别为戏剧片、喜剧片以及动作片,从而可以发现,大众用户群体较为喜欢的电影为这三类。当用户没有任何用户行为数据时,例如新注册的用户,可以从这几种较受用户群体喜爱的电影中进行推荐。

从这几个方面分析,年龄、职位、观影类型都和用户的行为有所关联,如果能将它们纳入到推荐指标,那么将会使得电影推荐更加人性化和个性化。而对于有些经常具有负面视频观看行为的用户,也可有针对性地推送一些正面视频,润物细无声地影响其个性倾向。

总的来说,通过对视频信息本身以及用户观影情况等方面的分析,可以发现多数用

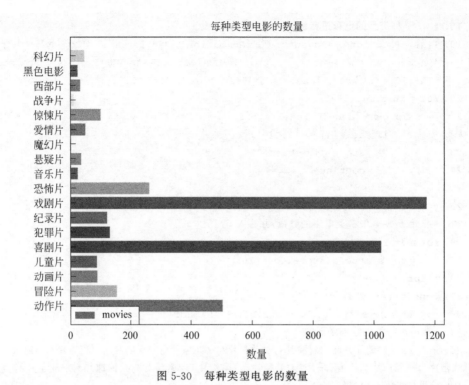

图 5-30　每种类型电影的数量

户还是很享受观影的,这与人们的现实生活息息相关。视频类的用户行为分析表现出,人们在生活中普遍愿意以观看视频、电影的方式来放松心情。从这点出发,会发现视频类的用户行为分析及推荐,可以更好地给人们展现五彩斑斓的生活,对社会的稳定安宁带来积极作用。

第6章 科技动态情报
大数据搜索优化

科技情报研究是对特定的领域或主题收集,积累相关文献、数据,加以整理、分析和研究,并根据用户的需要出具分析研究报告。科技动态情报研究是情报研究的重要组成部分,是专题情报研究和基本情况积累的先导和基础,也是经常性采集工作和提供科技情报服务的最常用方式,具有十分重要的作用。本章将在科技动态情报大数据搜索优化的背景下,讲解什么是搜索优化、搜索优化涉及哪些技术以及搜索优化的效果。

通过本章的学习,将掌握以下技能知识点。

(1) 掌握如何对 Elasticsearch 搜索引擎技术进行优化。

(2) 掌握 Spring Data JPA 技术进行对象关系映射。

(3) 了解 Logstash 和 Kibana 等技术。

(4) 以 ELK 技术栈搭建可视化日志分析系统。

6.1 总 体 设 计

6.1.1 需求分析

科技动态情报搜集是科技情报研究工作的前提和基础。对科技网站的动态新闻跟踪监视,是科技动态情报搜集的常用手段之一,通过及时监测互联网上重要科技网站的信息来达到信息搜集的目的。科技信息是创新的基础,而学术搜索让科研工作者可以从海量资料中更快捷、更精准地搜集所需要的信息。科技动态情报大数据搜索引擎,通过针对科技特定领域、科研特定人群或特定需求提供的有一定价值的信息和相关服务,可以大大提高科技情报研究工作的效率。

据不完全数据统计,2009—2019 年,中国科技人员共发表国际论文 260.64 万篇,按数量排名处在世界第 2 位;论文共被引用 2845.23 万次,也排在世界第 2 位。快速增长的科技文献规模早已远远超出了个人的处理能力,面对海量的科技动态情报文献资源,对大数据搜索的能力要求日益增强。

随着大数据驱动的科研创新的发展,科技情报分析越来越侧重基于数据进行科技创新,而科技创新必然会带来新的大数据。所以,在这过程中科技情报搜索的范围越来越广,深度越来越精,迫切需要通过科技动态情报找到并使用大规模的科研数据,来支持科研创新甚至引发新一代技术浪潮。

科技动态情报大数据搜索的本质,是帮助科技情报人员快速从海量的科技文献资源中找到需要的资源,助力科研创新,提升创新的速度,发现值得研究的问题以及具体的研究方法,以加速科技创新的研究过程。与此同时,科技动态情报大数据搜索的内涵和外延也在不断扩大,从传统的文献检索一直扩展到科研人员画像、交叉学科发现和学术趋势分析等。

6.1.2 技术选型

在科技动态情报大数据背景下,情报信息的获取效率以及准确性相关性一直都是一个受关注的话题,用户总是希望用尽可能少的输入检索到最有用的信息。在这样的应用背景下,传统的关系数据库应付不了大数据背景下的信息检索。例如 MySQL 数据库,当数据量达到百万级别时查询效率会变得非常慢,更是无法应对皮字节(PB)级别的数据。

其次,在关系数据库中检索数据,通常使用 like 模糊查询,但是这种简单粗暴的查询结果不一定是用户最想要的。如果仅使用模糊查询,很多本来相关性很高的信息都会遗漏,因此,需要采用语义搜索这种新的技术手段。

在这样的需求背景下,Elasticsearch 搜索引擎应运而生。Elasticsearch 是一个基于 Lucene 的分布式搜索引擎。它提供了一个分布式多用户能力的全文搜索引擎。Elasticsearch 使用 Java 开发,并作为 Apache 许可条款下的开放源码发布,是当前流行的企业级搜索引擎,具有实时、稳定、可靠和快速等特点。

Elasticsearch 检索 PB 级别数据可做到秒级响应,还可支持分词检索、高亮显示、设置搜索权重等功能。本章以 Elasticsearch 为核心,以科技新闻数据为载体,讲解如何在检索科技动态情报的过程中充分发挥 Elasticsearch 的高级功能。

为了方便学习并能快速地掌握 Elasticsearch 搜索引擎的使用,本章使用 SpringBoot＋Elasticsearch＋MySQL 作为主要技术栈,并以科技新闻信息作为信息搜索的对象,构建一个科技新闻搜索网站,在实战中逐步讲解如何进行搜索优化。科技动态情报大数据搜索的主要技术如表 6-1 所示。

表 6-1 科技动态情报大数据搜索的主要技术

技　　术	功　　能
Elasticsearch 搜索引擎	完成站内搜索,附加中文分词、拼音分词和高亮显示等功能
MySQL 数据库	基础信息存储,如用户信息、权限信息
SpringBoot	项目搭建的基础框架
Thymeleaf	模板引擎,负责视图模板搭建以及前端数据解析

6.1.3 数据库设计

基于 Elasticsearch 的科技新闻搜索网站中,主要涉及新闻表、一级评论表、二级评论表、用户表、权限表和新闻分类表等。由于介绍重点是信息检索,故在此仅给出新闻表和用户表的类图设计,其余表可按需求自行设计。

科技新闻表的实体关系如图 6-1 所示。

用户表的实体关系如图 6-2 所示。

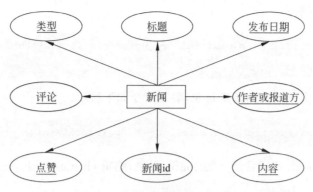

图 6-1　科技新闻表的实体关系

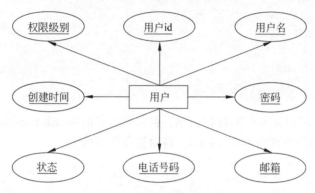

图 6-2　用户表的实体关系

6.2　实战环境搭建

本节主要围绕搭建 Elasticsearch 环境、集成中文和拼音分词器等内容展开。本项目的软件开发及运行环境具体如下。

（1）开发环境操作系统：Windows 10。

（2）项目管理工具：Maven 3.6.0。

（3）项目部署环境操作系统：Linux 操作系统（CentOS 8）。

（4）Java 环境版本：JDK 1.8。

（5）Elasticsearch 版本：6.2.2。

（6）Kibana 版本：6.2.2。

（7）Logstash 版本：6.2.2。

6.2.1　搭建 Elasticsearch 环境

要安装 Elasticsearch，先登录官网下载安装压缩包（下载地址为 https://www.elastic.co/cn/downloads/past-releases/）。这里以在 Linux 环境下安装 6.2.2 版本的 Elasticsearch

为例,下载指令如下所示。

```
wget https://artifacts.elastic.co/downloads/elasticsearch/elasticsearch-6.
2.2.tar.gz
```

下载完成后解压压缩包到指定目录,解压指令如下所示。

```
tar -zxvf elasticsearch-6.2.2.tar.gz -C  /usr/local/soft/
```

打开 Elasticsearch 解压目录下的 config 目录,编辑 elasticsearch.yml 配置文件,具体设置如下所示。

```
1.  #开放远程访问
2.  server port: 0.0.0.0
3.  #设置 HTTP 访问端口
4.  http:post: 9200
5.  #设置 TCP 访问端口
6.  transport.tcp.port: 9300
```

至此完成配置 Elasticsearch,可以启动。但需要注意的是,Elasticsearch 不支持 root 用户启动,需要以普通用户身份登录 Linux。启动指令如下所示。

```
#进入 Elasticsearch 解压目录
./bin/elasticsearch
```

6.2.2 Elasticsearch 集成中文分词器

在 Elasticsearch 中,分词功能以插件形式提供。Elasticsearch 提供了一些默认的分词器,如标准分词器 standard、去空格分词器 whitespace,但这些默认分词器对中文支持度不高,需要额外集成中文分词器。

在 GitHub 官网中,对中文支持较好的分词器为 elasticsearch-analysis-ik,也就是常说的 ik 分词器。因为分词器对应于具体的 Elasticsearch 版本,所以分词器版本与 Elasticsearch 要严格保持一致。

以安装 6.2.2 版本的 ik 分词器为例,安装指令如下所示。

```
#进入 Elasticsearch 解压目录
./bin/elasticsearch-plugin install https://github.com/medcl/elasticsearch-
analysis-ik/releases/download/v6.2.2/elasticsearch-analysis-ik-6.2.2.zip
```

待系统提示 Installed analysis-ik,即表示 ik 分词器安装成功。

6.2.3 Elasticsearch 集成拼音分词器

如果想让 Elasticsearch 具有拼音分词的功能,同样需要集成对应的拼音分词器。进入

GitHub 官方网站,查找 elasticsearch-analysis-pinyin,复制 6.2.2 版本的下载地址,安装指令如下所示。

```
#进入 Elasticsearch 安装目录
./bin/elasticsearch-plugin install https://github.com/medcl/elasticsearch-
analysis-pinyin/releases/download/v6.2.2/elasticsearch-analysis-pinyin-6.2.
2.zip
```

待提示 Installed analysis-pinyin 即表示拼音分词器安装成功。

安装完两款分词器后,务必重启 Elasticsearch 让分词器生效。

6.2.4　搭建 SpringBoot 应用框架

SpringBoot 框架作为目前 Java Web 开发的主流框架,可以极大地提高开发效率。构建 SpringBoot 应用的方式有很多,例如在 Spring Tool Suite、MyEclipse 等开发工具中新建 Maven 项目后,填写项目基本信息即可搭建 SpringBoot 项目。

除了上述方式,还可以使用 Spring 官方推出的 Spring Initializr 中构建 SpringBoot 项目。这是一个基于浏览器的 Web 应用,专门用于构建 Spring 应用。本节将详细介绍如何使用 Spring Initializr 构建项目,具体步骤如下。

(1) 在浏览器中访问 https://start.spring.io/,如图 6-3 所示。

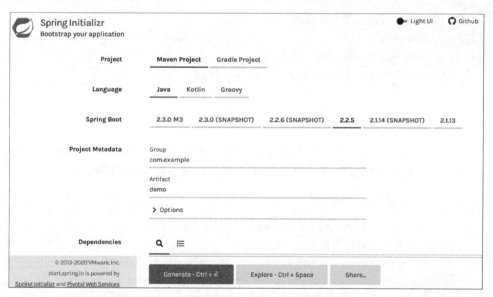

图 6-3　使用 Spring Initializr 构建项目

(2) 填写基本的 SpringBoot 应用信息,例如构建方式,SpringBoot 版本以及项目的 Group 和 Artifact。本章构建的项目详细信息包括如下。

① Project:Maven Project(表示用 Maven 构建)。

② Language:Java。

③ SpringBoot 版本：2.2.5。

④ Group：cn.zk。

⑤ Artifact：newsnet。

（3）选择项目依赖，填写完项目基本信息后，需要在 Dependencies 选项中搜索并选择所需依赖，初始项目暂时选择 Web 依赖、Devtools 依赖和 Thymeleaf 依赖，在项目开发的过程中，如果需要其他依赖可以手动添加。

（4）一切准备工作结束后，可单击 General 按钮，即可下载项目的 ZIP 包到本地，将解压后的解压文件作为 Maven 项目导入到编辑器即可。

6.2.5　SpringBoot 集成 MySQL 数据库

本项目中将用户基本信息以及权限认证信息存储在 MySQL 数据库中，所以需要集成 MySQL 数据库，具体集成步骤如下。

（1）在 pom.xml 文件中添加 MySQL 数据库和 ORM 映射框架相关依赖，如下所示。

```
1.  <!--spring-boot-starter-data-jpa -->
2.  <dependency>
3.  <groupId>org.springframework.boot</groupId>
4.  <artifactId>spring-boot-starter-data-jpa</artifactId>
5.  </dependency>
6.  <!--mysql-connector-java -->
7.  <dependency>
8.  <groupId>mysql</groupId>
9.  <artifactId>mysql-connector-java</artifactId>
10. </dependency>
```

（2）添加 MySQL 配置。

SpringBoot 项目中默认配置文件为 application.properties，该配置文件所在目录为 src/main/resources，打开该配置文件，加入 MySQL 数据库相关配置，如下所示。

```
1.  #数据库驱动
2.  spring.datasource.driver-class-name=com.mysql.cj.jdbc.Driver
3.  #URL,IP地址+端口+数据库名
4.  spring.datasource.url=jdbc:mysql://localhost:3306/newsnet?
serverTimezone=GMT%2B8&useUnicode=true&characterEncoding=utf-8
&allowMultiQueries=true&useSSL=false&allowPublicKeyRetrieval=true
5.  spring.datasource.username=          #用户名
6.  spring.datasource.password=          #登录密码
```

（3）编写实体类。

由于使用了 ORM 框架 SpringData JPA，所以只要几行简单的代码即可实现对 MySQL 数据的增、删、查、改。

在查询数据前,需要编写实体类,指明 Java 类和数据库表的映射关系,以 t_user 表为例,需要添加@Table 注解指明表名映射,以及@ID、@Column 等注解,注解释义以及功能如下所示。

```
1.  //Entity 注解表明该类是实体类
2.  @Entity
3.  //Table 注解表明实体类和表的映射关系
4.  @Table(name="t_user")
5.  public class User {
6.      @Id                              //主键
7.      private String id;
8.      @Column(name="nick_name")        //列名与属性名不一致时用 Column 注解
9.      private String nickName;
10.     private String password;
11.     private String email;
12.     private String phone;
13.     private Integer status;
14.     @Column(name="create_time")
15.     private Date createTime;
16.     @Column(name="update_time")
17.     private Date updateTime;
18.     @Column(name="last_login")
19.     private Date lastLogin;
20.     @Column(name="head_image")
21.     private String headImage;
22. …//属性的 get、set 以及 toString 方法
23. }
```

（4）编写 Repository 接口,查询数据。

编写完实体类后,使用 extends 关键字扩展 JpaRepository 接口,即可使用 JPA 提供的增、删、改、查方法,如下所示。

```
1.  //Repository 将该接口交给 Spring 容器管理
2.  @Repository
3.  public interface UserRepo extends JpaRepository<User, String>{
4.  }
```

JpaRepository 接口中默认实现了许多增、删、改、查方法,如 findAll()、findById()等,以查询所有 t_user 表中数据为例,如下所示。

```
1.  @Autowired
2.  private UserRepo repo;
3.  public void index() {
```

```
4.        List<User>list=repo.findAll();
5.    }
```

6.2.6　SpringBoot 集成 Elasticsearch 搜索引擎

项目使用 Elasticsearch 搜索引擎存储科技新闻数据,并基于 Elasticsearch 开发一系列的搜索功能,如全文检索、中文分词、高亮显示和相关性搜索等。SpringBoot 集成 Elasticsearch 的步骤和集成 MySQL 数据库类似,具体步骤如下。

(1) 添加 Elasticsearch 所需依赖,如下所示。

```
1.  <dependency>
2.      <groupId>org.springframework.boot</groupId>
3.      <artifactId>spring-boot-starter-data-elasticsearch</artifactId>
4.  </dependency>
```

(2) 添加配置文件,在 SpringBoot 配置文件 application.properties 中添加 Elasticsearch 相关配置,如下所示。

```
1.  #集群名称
2.  spring.data.elasticsearch.cluster-name=newsnet
3.  #节点 IP 地址以及端口号
4.  spring.data.elasticsearch.cluster-nodes=127.0.0.1:9400
```

其中,cluster-name 是 Elasticsearch 集群名称,cluster-nodes 是 Elasticsearch 集群主节点的 URL 信息。由于 Java 程序使用 TCP/IP 与 Elasticsearch 通信,所以需要为 Elasticsearch 配置通信端口,默认是 9300 端口,本项目中配置的端口为 9400。

(3) 编写实体类。

由于使用了 JPA 对象关系映射框架,所以实体类的编写是后续使用 JPA 的重要步骤,需要在实体类中指定索引信息、type 名称和 field 的类型等信息。在配置 Elasticsearch 实体类前,可对 MySQL 数据库和 Elasticsearch 搜索引擎中的概念进行对比,加深对 Elasticsearch 的理解,如表 6-2 所示。

表 6-2　MySQL 和 Elasticsearch 中的概念对比

MySQL	Elasticsearch
Database:表示数据库	Index:表示索引
Table:数据表	Type:类型,相当于表
Row:记录	Document:文档
Column:字段	Field:相当于字段

以新闻索引为例,实体类如下所示。

```
1.  //配置索引和 type 信息
2.  @Document(indexName="newsnet",type="news")
3.  public class News implements Serializable {
4.      private static final long serialVersionUID =1L;
5.      @Id
6.      @Field(type=FieldType.Text)
7.      private String id;
8.       @MultiField(mainField=@Field(type=FieldType.Text,analyzer="ik_
smart"),
9.          otherFields=@InnerField(suffix="inner",type=FieldType.Text,analyzer
="pinyin"))
10.     private String  title;
11.     @Field(type=FieldType.Text)
12.     private String  reporter;
13.      @Field(name="pub_date",type=FieldType.Date,format=DateFormat.
custom,
14.             pattern="yyyy-MM-dd HH:mm:ss || yyyy-MM-dd || epoch_millis")
15.     private Date pubDate;
16.     //analyzer 表明该 field 使用的分词器
17.      @MultiField(mainField=@Field(type=FieldType.Text,analyzer="ik_
smart"),
18.         otherFields=@InnerField(suffix="inner",type=FieldType.Text,analyzer
="pinyin"))
19.     private String  content;
20.     @Field(type=FieldType.Integer)
21.     private Integer  clicks;
22.     @Field(type=FieldType.Integer)
23.     private Integer likes;
24.     @Field(type=FieldType.Text)
25.     private String comment;
26.     @Field(type=FieldType.Text)
27.     private String  recommend;
28.     @Field(name="news_type",type=FieldType.Text)
29.     private String newsType;
30. …//get、set 以及 toString 方法
31. }
```

由于篇幅原因,实体类中 get 方法、set 方法以及 toString 方法可自行实现。

(4) 扩展 ElasticsearchRepository 接口。

Elasticsearch 和 MySQL 整合 JPA 的步骤较为相似,在完成编写实体类后,都需要用
extends 关键字扩展对应的 Repository 接口,扩展后就可以使用 JPA 默认的增、删、改、查方
法。具体代码在此不再赘述,可参照 6.2.5 节中的方法自行扩展 ElasticsearchRepository 接
口,并调用默认的诸如 findAll( )、findById(String id)和 save( )等方法实现对索引的增、

删、查、改。

6.3　业务开发

前文已经搭建了 Elasticsearch 搜索引擎环境并集成了中文和拼音分词器,搭建了 SpringBoot 应用框架并集成了 MySQL 数据库和 Elasticsearch。接下来开发科技新闻爬虫模块,实现搜索引擎并进行搜索优化。

6.3.1　科技新闻爬虫模块

网络爬虫技术是有效地获取网络数据资源的重要方式。简单理解,例如对某个科技论坛的一个帖子内容特别感兴趣,而帖子的回复却有 1000 多页,这时如果采用逐条复制的方法会耗时耗力,而采用网络爬虫技术便可以很轻松地采集到该帖子下的所有内容。

网络爬虫的常见场景主要有以下几个。

(1)网络舆论情报分析:利用爬取的数据,采用数据挖掘的相关方法,发掘用户讨论的内容,实行事件监测、舆情引导等。

(2)商业用户情报分析:利用网络爬虫,采集用户对其产品的看法、观点以及态度,进而分析用户的需求、自身产品的优劣势、顾客抱怨等。

(3)科研情报分析:现有很多科学研究都以网络大数据为基础,而采集网络大数据的必备技术便是网络爬虫。利用网络爬虫技术采集的数据可用于研究产品个性化推荐、文本挖掘和用户行为模式挖掘等。

目前,比较成熟的基于 Java 语言的爬虫框架有很多,例如 Apache Nutch、Crawler4j、WebMagic 以及 WebController 等。本次项目实战中,选择的爬虫框架是 WebController,该框架上手难度适中,资源抓取效果较好。

在正式开始编写爬虫程序之前,需要通过在 pom 文件中添加 WebController 依赖的方式整合 WebController,核心代码如下所示。

```
1.  <dependency>
2.      <groupId>cn.edu.hfut.dmic.webcollector</groupId>
3.      <artifactId>WebCollector</artifactId>
4.      <version>2.73-alpha</version>
5.  </dependency>
```

在项目中新建子类 ChinaNetNews,该类继承于 WebController 框架提供的 BreadthCrawler 类,使用者需要在 ChinaNetNews 类中实现默认的构造方法以及 visit( )方法,具体代码如下。

```
1.  public class ChinaNetNews extends BreadthCrawler{
2.      public ChinaNetNews(String crawlPath, boolean autoParse) {
3.          super(crawlPath, autoParse);
```

```
4.          //设置爬虫起始页、分页逻辑以及 URL 规则
5.      }
6.      @Override
7.      public void visit(Page page, CrawlDatums next) {
8.          //设置需要抓取的页面元素
9.
10.     }
11. }
```

以抓取某科技网站的科技文章为例,打开该科技网首页,通过观察页面结构发现,起始页为 http://www.stdaily.com/qykj/qianyan/rgzn.shtml,之后每一次分页,在起始页 URL 路径中添加"_n"就可以得到分页的 URL,例如 http://www.stdaily.com/qykj/qianyan/rgzn_2.shtml 表示第 2 个分页。每个分页中,都存在若干条科技新闻,观察这些 URL,也可以用相关的正则表达式过滤出符合条件的链接,具体代码如下。

```
1.  public AiTechnology() {
2.      super("technology", true);
3.      this.addSeed("http://www.stdaily.com/qykj/qianyan/rgzn.shtml");
4.      for(int pageIndex =2; pageIndex <=5; pageIndex++) {
5.          String seedUrl =String.format("http://www.stdaily.com/qykj/qianyan/
rgzn_%d.shtml", pageIndex);
6.          System.out.println(seedUrl);
7.      }
8.      this.addRegex("http://www.stdaily.com/qykj/qianyan/[0-9]+-[0-9]+/[0
-9]+/content_[0-9]+.shtml");
9.      //排除图片
10.     this.addRegex("-.*\\.(jpg|png|gif).*");
11.     setThreads(5);
12. }
```

接下来,在 visit()方法中设置需要抓取的页面元素以及过滤规则,WebController 的一大好处就是可以用 CSS 中的选择器选择符合条件的页面元素,以科技新闻标题为例,在浏览器中通过 F12 快捷键打开页面调试面板,在 HTML 中找到标题所在标签,就可以配合 CSS 语法写出该标签的选择器,再调用 WebController 提供的 select("选择器名称")方法获取内容,具体代码如下。

```
1.  @Override
2.      public void visit(Page page, CrawlDatums next) {
3.          String url =page.url();
4.          News news=new News();
5.          if (page.matchUrl("http://www.stdaily.com/qykj/qianyan/[0-9]+-[0
-9]+/[0-9]+/content_[0-9]+.shtml")) {
```

```
6.              String title = page.select("body > div.main > div.aticleHead >
h1").text();
7.              if(StringUtils.isNotBlank(title)) {
8.                  log.info("人工智能类型:{}",title);
9.              }
10.             else {
11.                 log.warn("文章标题获取失败,url={}",url);
12.             }
13.             String type=page.select("body > div.f_location > span > a:nth-
child(3) > span").text();
14.             List< String > result=page.select("# printContent > div.content
> p").eachText();
15.             String content="";
16.             if(result.size()>0) {
17.                 for (String string : result) {
18.                     content+=string;
19.                     content+="&";
20.                 }
21.             }
22.             String reportTime="";
23.             String sourceFrom=page.select("body > div.main > div.aticleHead
> div.time > span.f_source").text();
24.             String author=page.select("body > div.main > div.aticleHead >
div.time > span.f_author").text()==null? "":page.select("body > div.main > div.
aticleHead > div.time > span.f_author").text();
25.             news.setTitle(title);
26.             news.setContent(content);
27.             news.setReporter(sourceFrom);
28.             news.setRecommend(author);
29.             news.setNewsType(type);
30.             news.setId(UUID.randomUUID().toString().replace("-",""));
31.             System.out.println(news.toString());
32.             repo=BeanContext.getBean(NewsRepo.class);
33.             repo.save(news);
34.         }
35.     }
```

6.3.2　搜索引擎实现

搜索引擎作为数据检索的核心,在用户检索数据时担任重要的角色。本次实战中采用 Elasticsearch 作为搜索引擎,为上层提供全文检索、分词检索等功能。本节会逐步介绍如何实现分词检索以及高亮显示,例如搜索"区块链"或者 qukuailian 时,系统能返回到搜索词或者拼音相关的内容,并对相关关键词进行高亮显示。

1. 分词搜索实现

Elasticsearch 中内置了一些分词器,例如 standard 分词器和 language 分词器,但是这些默认的分词器对中文的支持度不高,所以在 6.2 节中结合了本次实战的需求,安装了对中文比较友好的 ik 分词器,以及专门用于拼音分词的拼音分词器。

安装完分词器后,还需要在对象关系映射中指明需要分词的字段,让 Elasticsearch 知道哪些字段需要分词,哪些字段不需要分词。这一工作将在配置实体类的过程中实现,以科技新闻表中的标题为例,要让该字段同时支持中文分词和英文分词,则需要注解如下所示。

```
1.  @MultiField(mainField=@Field(type=FieldType.Text,analyzer="ik_smart"),
2.  otherFields=@InnerField(suffix="inner",type=FieldType.Text,analyzer="
pinyin"))
3.  private String  title;
```

其中,analyzer="ik_smart"表示该字段会启用中文分词。当然,如果仅需要中文分词,则注解中仅使用一个 analyzer 即可,如下所示。

```
1.  @Field(type=FieldType.Text,analyzer="ik_smart")
2.  private String  content;
```

安装完成分词插件、配置完成实体类映射以及扩展 JPA 的 ElasticsearchRepository 接口后,接下来就需要在业务层实现分词查询。以查询科技新闻为例,核心代码如下所示。

```
1.  @Field(type=FieldType.Text,analyzer="ik_smart")
2.  private String  content;@Autowired
3.  private NewsRepo newsRepo;
4.
5.  /**
6.  * description:查询科技新闻相关数据,支持分词查询
7.  * name:search
8.  * void
9.  */
10. public void search(String keyword) {
11.     QueryBuilder queryBuilder=new QueryStringQueryBuilder(keyword);
12.     Iterable<News>iterable=newsRepo.search(queryBuilder);
13.     Iterator<News>iterator=iterable.iterator();
14.     while(iterator.hasNext()) {
15.         System.out.println(iterator.next());
16.     }
17. }
```

在设置分词搜索后,以"新能源和人工智能"为关键字为例,既可以查询出与"新能源"相关的记录,又可以查询出与"人工智能"相关的记录。分词搜索效果如图 6-4 所示。

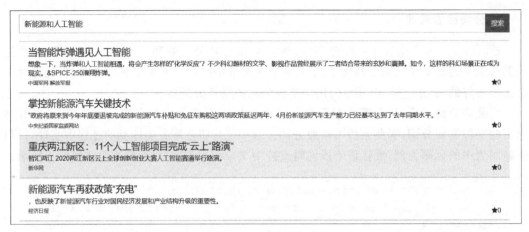

图 6-4   分词搜索效果

2. 分页查询实现

分页是网站优化常见手段,按需加载数据,有利于减少网络负载,提高页面加载速度。分页查询中主要涉及页码和单页条数两个参数,页面初始化时默认加载第一页;当用户每次单击分页时,前端只请求用户需要的数据。核心代码如下所示。

```
1.  @Autowired
2.  private NewsRepo newsRepo;
3.  /**
4.   * description:分页查询
5.   * name:search
6.   * void
7.   */
8.  public void search(String keyword, int pageSize, int pageNum) {
9.      QueryBuilder queryBuilder=new QueryStringQueryBuilder(keyword);
10.     Pageable pageable=PageRequest.of(pageNum-1,pageSize);
11.     Page<News>page=newsRepo.search(queryBuilder, pageable);
12.     List<News>list=page.getContent();
13.     for (News news : list) {
14.         System.out.println(news.toString());
15.     }
16. }
```

设置分页查询后,即可按照页码加载所需数据,分页查询效果如图 6-5 所示。

3. 高亮查询实现

支持将查询结果高亮显示也是 Elasticsearch 的优点,要实现高亮显示,需要自己构建高亮查询语句,核心代码如下所示。

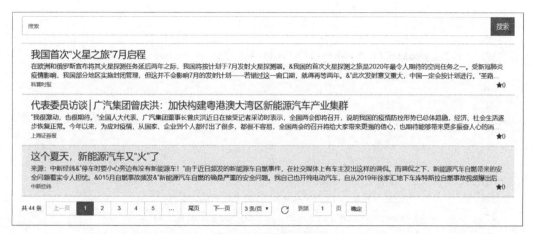

图 6-5　分页查询效果

```
1.   HighlightBuilder.Field ikField =new HighlightBuilder
2.   .Field("*")
3.   //设置高亮标签
4.   .preTags("<span>")
5.   .postTags("</span>")
6.   .requireFieldMatch(false);
```

除了自定义高亮查询语句,还需要用户对高亮查询结果进行遍历,逐一取出高亮查询结果,此处以对科技新闻表的高亮查询为例,核心代码如下所示。

```
1.    public ResponseData searchAndPage ( String  keyword, int pageSize, int pageNum) {
2.       QueryBuilder queryBuilder=new QueryStringQueryBuilder(keyword);
3.       //构建高亮查询语句
4.       HighlightBuilder.Field ikField =new HighlightBuilder
5.               .Field("*")
6.               .preTags(config.gethLPrefix())
7.               .postTags(config.gethLSuffix())
8.               .requireFieldMatch(false);
9.
10.    NativeSearchQuery searchQuery=new NativeSearchQueryBuilder()
11.            .withQuery(queryBuilder)
12.            .withPageable(PageRequest.of(pageNum-1,pageSize))
13.            .withHighlightFields(ikField)
14.            .build();
15.       //分页查询语句
16.       AggregatedPage<News>page=template.queryForPage(searchQuery, News.class,new SearchResultMapper() {
```

```
17.
18.        @Override
19.        public <T>T mapSearchHit(SearchHit searchHit, Class<T>type) {
20.            return null;
21.        }
22.
23.        @SuppressWarnings("unchecked")
24.        @Override
25.        public <T>AggregatedPage<T>mapResults(SearchResponse response,
Class<T>clazz, Pageable pageable) {
26.            List<News>list=new ArrayList<News>();
27.            SearchHits searchHits=response.getHits();
28.            SearchHit[] searchHitArray=searchHits.getHits();
29.        //遍历高亮查询结果
30.            for (SearchHit hit:searchHitArray) {
31.                News news=new News();
32.                Map<String, Object>sourceMap=hit.getSourceAsMap();
33.                for(Map.Entry<String, Object>entry:sourceMap.entrySet()) {
34.                    //取出 id,用 news 对象接收
35. if(entry.getKey().equals("id")) {
36.                        news.setId((String)entry.getValue());
37.                    }
38.                    if(entry.getKey().equals("title")) {
39.                        news.setTitle((String)entry.getValue());
40.                    }
41.                    if(entry.getKey().equals("reporter")) {
42.                        news.setReporter((String) entry.getValue());
43.                    }
44.                    if(entry.getKey().equals("pub_date")) {
news.setPubDate(dateConverterConfig.convert((String)entry.getValue()));
45.                    }
46.                    if(entry.getKey().equals("content")) {
47.                        news.setContent((String) entry.getValue());
48.                    }
49.                    if(entry.getKey().equals("clicks")) {
50.                        if(entry.getValue() !=null) {
51.                            news.setClicks((Integer) entry.getValue());
52.                        }
53.                        news.setClicks(0);
54.                    }
55.                    if(entry.getKey().equals("likes")) {
56.                        if(entry.getValue() !=null) {
57.                            news.setLikes((Integer) entry.getValue());
```

```
58.                        }
59.                        news.setLikes(0);
60.                    }
61.                    if(entry.getKey().equals("comment")) {
62.                        news.setComment((String) entry.getValue());
63.                    }
64.                    if(entry.getKey().equals("recommend")) {
65.                        news.setRecommend((String) entry.getValue());
66.                    }
67.                    if(entry.getKey().equals("news_type")) {
68.                        news.setNewsType((String) entry.getValue());
69.                    }
70.                }
71.                Map<String, HighlightField >hlMap=hit.getHighlightFields();
72.                //如果存在高亮字段,则取出并设置到 news 对象上
73.                if(hlMap.get("content")!=null) {
74.                    news.setContent(hlMap.get("content").fragments()[0].
toString());
75.                }
76.                //将 news 对象添加到 list 集合中
77.                list.add(news);
78.            }
79.            //返回查询结果
80.            if(list.size()>0) {
81.                return new AggregatedPageImpl<T>((List<T>) list);
82.            }
83.            return null;
84.        }
85.    });
86.    if(null !=page) {
87.        return ResponseData.ok(page.getContent());
88.    }
89.    return ResponseData.ok();
90. }
```

　　设置高亮查询后,只要有与搜索关键字相关的内容,都会用红体字显示出来,高亮查询效果如图 6-6 所示。

6.3.3　Elasticsearch 搜索优化

　　关于 Elasticsearch 优化,与调优相关的一般建议从索引性能和查询性能方面着手。一般来说,常见的调优可以从索引刷新频率、线程池调优和数据分布三方面入手。

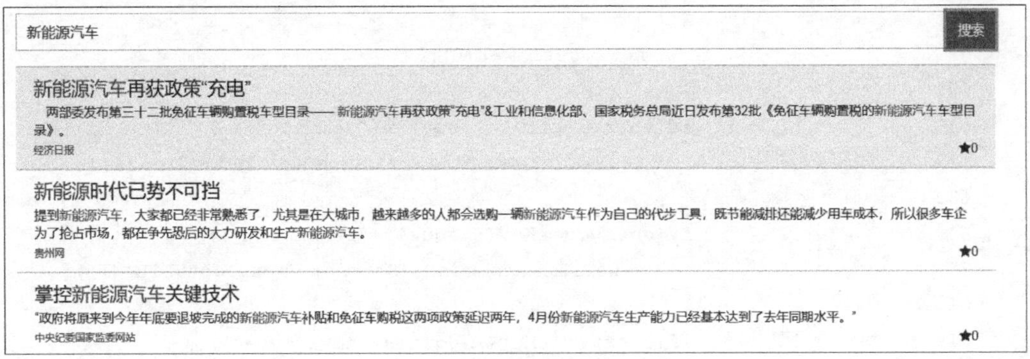

图 6-6　高亮查询效果

1. 索引刷新频率

首先需要关注索引刷新频率。索引刷新频率是指文档从保存到出现在搜索结果中要经历多长时间。规则非常简单：刷新频率越高，查询越慢，且索引文档的吞吐量越低。如果能接受一个较低的刷新频率，如 10s 或者 15s，那么这样设置是十分有益的，会减轻 Elasticsearch 压力。

在 Elasticsearch 中默认的刷新时间是 1s，这意味着索引查询器每隔 1s 就要重新打开一次。但值得一提的是，无限制地增加刷新时间是没有意义的，因为超过某一特定值（取决于数据负载和数据量）后，性能提升将变得微乎其微。

2. 线程池调优

线程池调优与部署环境紧密相关，一般而言，Elasticsearch 默认的线程池配置已经足够优化了。然而，总有时这些配置不满足实际需要。如果遇到以下情况，可以考虑调整默认的线程池配置：节点的队列已经被填满，并且仍然有计算能力剩余，而且这些计算能力可以被指定用于处理等待中的操作。

例如，在做性能测试时发现 Elasticsearch 实例并不是 100% 饱和的，但是却收到了拒绝执行的错误，那么此时就需要调整线程池，增加连接数。这样既可以增加同时执行的线程数，也可以增加队列的长度。当然，队列超大也不是一个好主意，通常来说宁可快速地报错，也比被队列中成千上万的请求来压垮 Elasticsearch 要好。

3. 数据分布

Elasticsearch 的每个索引都可以被分成多个分片，并且每个分片都会有多个副本。当有若干个 Elasticsearch 节点，并且索引被切分成多个分片时，数据的均匀分布对平衡集群的负载就非常重要了，不要让某些节点做了比其他节点多太多的工作。

对于数据分布、副本和分片，还有一件事非常重要，在设计架构时要牢记目标。如果是一个高索引量的使用场景，通常将索引分散到多个分片上，来降低服务器的 CPU 和 I/O 子系统的压力。如果节点无法处理查询带来的负载，那么单做分片就没太大意义，可以增加 Elasticsearch 节点，利用多个节点来分摊压力，从而提高处理更多查询的能力。

6.4　日志可视化

日志是追溯系统使用、问题跟踪的依据,是一个系统不可或缺的部分。在开发阶段,很容易实现对单个应用的日志进行监控,但随着部署的应用增加,日志的收集、监控、分析会变得越来越困难。

目前比较流行的日志收集、处理技术有很多,本节就以 ELK(Elasticsearch＋Logstash＋Kibana)为例,介绍如何搭建 ELK 环境以及如何完成日志收集,最终在 Kibana 可视化界面中实现对日志的监控分析。

简单的 ELK 日志收集流程:首先在服务器上部署 Logstash,对日志文件进行数据采集,将采集到的文件输送到 Elasticsearch 集群中。然后再配置 Kibana 读取 Elasticsearch 集群中的数据,提供 Web 展示页面。

6.4.1　搭建 Kibana 环境

Kibana 是一个针对 Elasticsearch 的开源分析及可视化平台,用来搜索、查看交互存储在 Elasticsearch 索引中的数据。使用 Kibana,可以通过各种图表进行高级数据分析及展示。

进入 Kibana 下载页面,下载和 Elasticsearch 一致的 Kibana 版本,如下所示。

```
wget https://artifacts.elastic.co/downloads/kibana/kibana-6.2.2-linux-x86_
64.tar.gz
```

解压 Kibana 压缩包到指定目录,解压命令如下所示。

```
tar -zxvf kibana-6.2.2-linux-x86_64.tar.gz -C /usr/local/softins/
```

下一步打开 Kibana 解压目录中的 config 文件夹,编辑 kibana.yml 配置文件,具体配置如下所示。

```
1.  #配置访问端口
2.  Server.port: 5601
3.  #开启远程访问
4.  Server.host: "0.0.0.0"
5.  配置 Elasticsearch 地址
6.  elasticsearch.url: "http://localhost:9200"
```

由于 Kibana 会读取 Elasticsearch 中的数据,所以需要在 Kibana 配置文件中加入 Elasticsearch 的 IP 以及端口。

至此,Kibana 配置完毕,切换到 Kibana 解压目录,启动命令如下所示。

```
nohup ./bin/kibana  &
```

在浏览器中访问 http://IP 地址：5601，即可进入 Kibana 的可视化页面，如图 6-7 所示。

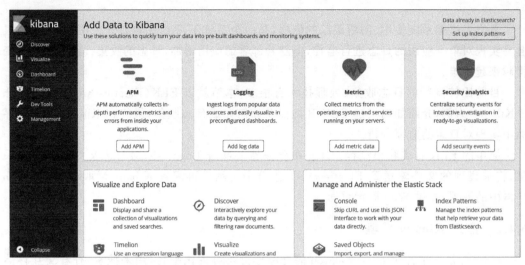

图 6-7　访问 Kibana 的可视化页面

6.4.2　搭建 Logstash 环境

Logstash 是一款强大的数据处理工具，它可以实现数据传输、格式处理和格式化输出，还有强大的插件功能，常用于日志处理。Logstash 的原理如图 6-8 所示。

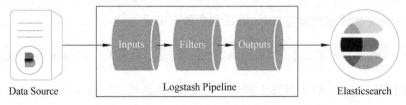

图 6-8　Logstash 的原理

进入 Logstash 下载页面（https://www.elastic.co/cn/downloads/past-releases），选择 6.2.2 版本进行下载，如下所示：

```
wget https://artifacts.elastic.co/downloads/logstash/logstash-6.2.2.tar.gz
```

解压 Logstash 到指定目录，解压命令如下：

```
tar -zxvf logstash-6.2.2.tar.gz -C /usr/local/softins/
```

Logstash 支持的数据源非常多，例如文件、数据库或者监听端口，通过 TCP 传输的方式获取日志数据。本节中选择监听端口的方式获取日志数据。打开 Logstash 解压目录的 config 文件夹，新建 log2es.conf 作为 Logstash 启动时的配置文件，并且需要在该配置文件中指明监听的 IP 地址、端口号以及 Elasticsearch 搜索引擎的 IP 地址、端口号、索引名称等信息,具体的配置如下。

```
1.  #input 为输入组件
2.  input{
3.        tcp{
4.             mode =>"server"
5.             host =>"192.168.43.55"
6.             port =>9600
7.             codec =>json_lines
8.        }
9.  }
10.
11. output{
12.        elasticsearch{
13.             hosts=>["localhost:9200"]
14.             index=>"newnetlog"
15.        }
16.        stdout{codec=>rubydebug}
17. }
```

上述配置文件中,tcp 大括号中配置的是 Logstash 监听的 IP 地址和端口号,此处分别为服务器本机 IP 以及 Logstash 默认端口号。Elasticsearch 大括号中配置的是目标 Elasticsearch 的 IP 地址以及端口号。

接下来进入 Logstash 目录,输入启动命令,如下所示。

```
nohup ./bin/logstash -f log2es.conf &
```

至此,Elasticsearch、Kibana、Logstash 三者均已安装并启动完毕,只需要在 SpringBoot 中稍加配置,即可将项目日志直接输送到 Logstash 中。打开 SpringBoot 项目的 pom 文件,加入与 Logstash 相关的依赖包,具体如下。

```
1.  <dependency>
2.        <groupId>net.logstash.logback</groupId>
3.        <artifactId>logstash-logback-encoder</artifactId>
4.        <version>5.3</version>
5.  </dependency>
```

在 resources 目录中新建 logback.xml 配置文件,在该配置文件中指名 Logstash 的 IP 地址、端口号以及日志格式等,具体如下。

```
1.  <?xml version="1.0" encoding="UTF-8"?>
2.  <configuration>
```

```
3.      < include resource =" org/springframework/boot/logging/logback/base.
xml" />
4.
5.      < appender name =" LOGSTASH" class =" net. logstash. logback. appender.
LogstashTcpSocketAppender">
6.          <destination>192.168.43.55:9600</destination>
7.          < encoder charset =" UTF - 8" class =" net. logstash. logback. encoder.
LogstashEncoder" />
8.
9.      < encoder charset =" UTF - 8" class =" net. logstash. logback. encoder.
LoggingEventCompositeJsonEncoder">
10.          <providers>
11.              <timestamp>
12.                  <timeZone>UTC</timeZone>
13.              </timestamp>
14.              <pattern>
15.                  <pattern>
16.                      {
17.                      "logLevel": "%level",
18.                      "serviceName": "${springAppName:-}",
19.                      "pid": "${PID:-}",
20.                      "thread": "%thread",
21.                      "class": "%logger{40}",
22.                      "rest": "%message"
23.                      }
24.                  </pattern>
25.              </pattern>
26.          </providers>
27.      </encoder>
28.  </appender>
29.  <root level="INFO">
30.      <appender-ref ref="LOGSTASH" />
31.      <appender-ref ref="CONSOLE" />
32.  </root>
33. </configuration>
```

　　上述配置中,<destination>标签中配置了目标 Logstash 地址,<pattern>标签中配
置日志格式以及包含的内容。至此,与 ELK 技术相关的环境搭建以及整合工作全部完毕,
只要项目中有日志产生,就会自动输送到 Logstash 和 Elasticsearch,最终在 Kibana 控制面
板中进行可视化展示。

6.4.3　日志可视化分析

　　Kibana 的日志可视化分析功能非常强大,例如常见的监控异常信息、统计常规日志信

息形成可视化分析界面等工作,都可以靠 Kibana 完成。

　　由于 Kibana 使用索引模式从 Elasticsearch 索引中检索数据,进而支撑可视化工作,所以在浏览器中访问 http://IP 地址:5601,打开 Kibana 控制面板,单击左下方的设置按钮,进入索引模式的创建页面,输入 Elasticsearch 中存储日志的索引名称,单击 Next step,即可创建索引模式,如图 6-9 所示。

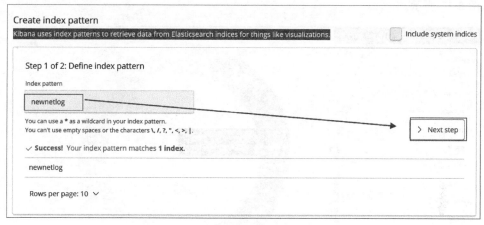

图 6-9　创建索引模式

　　接下来,可利用 Kibana 统计指定时间段的异常信息,打开 Kibana 面板中左上角的 Discover 页面,设置过滤条件为 WARN,时间段为最近一天,即可看到最近的警告信息:"文章标题获取失败",并附带了该篇文章的 URL。项目部署后,开发人员可以通过上述方式查看异常信息,并根据异常维护应用程序,显示指定时间段的异常日志,如图 6-10 所示。

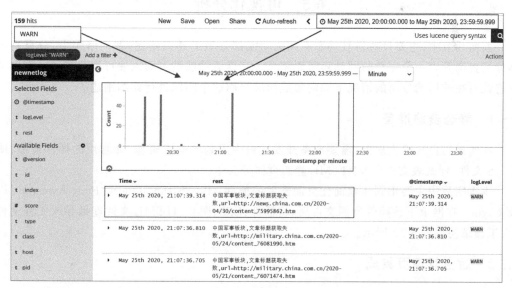

图 6-10　显示指定时间段的异常日志

　　由于在前面爬取科技新闻的过程中,通过日志的方式记录了新闻的分类以及 URL 信息,所以可通过 Kibana 的仪表盘功能,创建可视化的分析图表,此处以饼状图为例进行说明。

打开 Kibana 面板中的 Dashbord 页面,单击饼状图的图标,进入饼状图的创建界面,统计人工智能、新能源、精准医学、航空航天的记录数以及所占比例,从统计结果可以看到,最近一天爬取的新能源相关新闻为 280 条,占该时间段内爬取总数的 44.09%,日志可视化展示如图 6-11 所示。

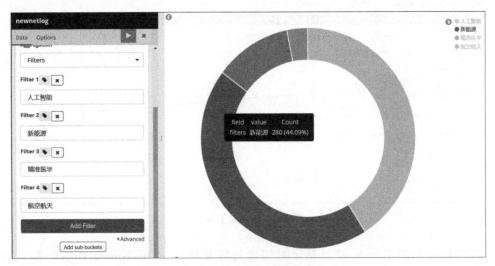

图 6-11　日志可视化展示

6.5　可视化分析

前面几节中,主要针对科技动态新闻的功能部分做了详细阐述,如网络爬虫、分页查询和分词查询等。一个完整的网站还需要整合一套合适的前端页面以便可视化展示。在本节中将针对在前后端分离的情况下如何集成前端页面这个问题进行详细阐述。

6.5.1　静态资源准备

在实现后台管理模块前,需要准备开发过程中用到的静态资源,如常用的插件资源、图片、JS 文件、样式表文件以及 HTML 静态页面等。

本次实战中主要用到 4 款简化页面开发的插件:BootStrap、jQuery、Font-Awesome 以及 Layui。在网上下载插件资源文件后,将插件、CSS、图片、HTML 文件逐批导入工程文件中,工程结构如图 6-12 所示。

6.5.2　后台管理页集成

后台管理页中,通过分页查询结合可视化分析图表的方式,形成对新闻的统计管理页面。集成该页面主要分为以下 3 个步骤。

(1)编写控制器,处理浏览器端 HTTP 请求。

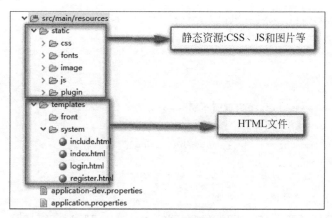

图 6-12　工程结构图

（2）调试页面中的静态资源，让页面正常显示。

（3）利用 AJAX 技术请求后台数据并渲染到页面。

在 MVC 架构中，控制器主要完成接受 HTTP 请求、处理 JSON 数据、跳转路径或返回视图等工作。SpringBoot 项目中，控制器的编写较为简单，@Controller 注解表明这是一个控制器类，并将之交给 Spring 容器管理，@GetMapping 或@PostMapping 表明 HTTP 请求的种类以及请求路径，后台模块的控制器代码如下所示。

```
1.  @Controller
2.  @RequestMapping("/sys")
3.  public class SystemController {
4.
5.      @GetMapping("/index")
6.      public String index() {
7.  //返回 index 页面
8.          return "index";
9.      }
10. }
```

编写完控制器后，接下来就是比较重要的一个步骤：联调静态 HTML 中 CSS、JS、图片等资源，让控制器返回的视图可以正常渲染。本次实战中运用了 Thymeleaf 模板引擎，所以在联调静态资源时需要使用 Thymeleaf 的语法请求静态资源，核心代码如下所示。

```
1.  <!doctype html>
2.  <html lang="en">
3.  <head>
4.      <meta charset="UTF-8">
5.      <title>后台管理</title>
6.      <!--请求 CSS 文件语法 -->
```

```
7.      <link rel="stylesheet" th:href="@{/css/custom.css}">
8.      <!--...bootstrap、layui 等 CSS -->
9.  </head>
10. <body>
11.     <div>
12.         <!--body 体中为页面布局 -->
13.         <!--请求图片语法 -->
14.         <img th:src="@{/image/head.png}" alt="">
15.     </div>
16. </body>
17. <!--请求 JS 文件语法 -->
18. <script th:src="@{/plugin/jquery-3.4.1.min.js}"></script>
19. <script th:src="@{/plugin/bootstrap.min.js}"></script>
20. </html>
```

上述代码中对 CSS 文件、JS 文件、图片文件的请求语法均做了示范，实际的联调过程中会遇到更多的静态文件，由于篇幅有限，此处不再一一举例。

除了集成必要的静态资源，在后台管理页中还需要查询后台新闻数据，形成统计图表，本节中绘制统计图表使用的是开源产品 ECharts，在 HTML 文件中，通过<script>标签引入构建好的 echarts.js 文件，在绘制统计图表前需要为 ECharts 准备一个具备高宽的 DOM 容器，具体如下。

```
1.  <body>
2.      <!--为 ECharts 准备一个具备大小(宽高)的 DOM -->
3.      <div id="chart1" style="width: 600px;height:400px;">
4.      </div>
5.  </body>
```

接下来就可以通过 echarts.init 方法初始化一个 ECharts 实例，在 HTML 页面加载时，会执行 AJAX 的 get()方法向服务端请求相关数据项。本例中 result.data 就是从服务端请求到的 JSON 数据，最终通过 setOption()方法将 result.data 中的数据项一一配置到图表中并渲染成饼状图，下面是完整代码。

```
1.  var pieDom =document.getElementById("chart1");
2.  var pieEcharts =echarts.init(pieDom);
3.  $.get("[[@{/news/pieAnalysis}]]",function(result){
4.  if(result.code==0){
5.   pieEcharts.setOption({
6.     tooltip: {
7.     trigger: 'item',
8.     formatter: '{a} <br/>{b}: {c} ({d}%)'
9.   },
```

```
10. legend: {
11.     orient: 'vertical',left: 10,data: result.data.pieLegend
12. },
13. series: [{
14.         name: '细类',
15.         type: 'pie',
16.         radius: ['40%', '55%'],
17.         label: {
18.             formatter: '{a|{a}}{abg|}\n{hr|}\n  {b|{b}:}{c}  {per|{d}%}  ',
19.             backgroundColor: '#eee',
20.             borderColor: '#aaa',
21.             borderWidth: 1,
22.             borderRadius: 4,
23.             rich: {
24.                 a: {color: '#999',lineHeight: 22,align: 'center'},
25.                 hr: {borderColor: '#aaa',width: '100%',borderWidth: 0.5,height: 0},
26.                 b: {fontSize: 16,lineHeight: 33},
27.                 per: {color: '#eee',backgroundColor: '#334455',padding: [2,
4],borderRadius: 2}
28.             }
29.         },data: result.data.list
30.     }]
31.  },true);
32. }}});
```

最后,启动项目,在浏览器中请求后台管理页面,新闻占比分析和趋势统计如图 6-13
所示。

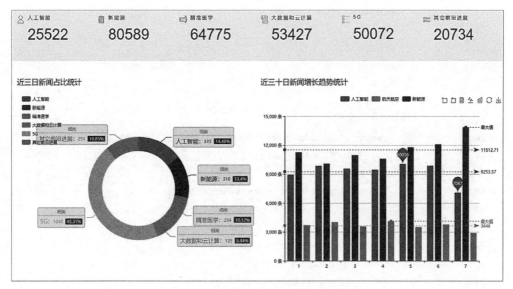

图 6-13　新闻占比分析和趋势统计

6.5.3　新闻列表页集成

6.5.2 节从后端数据处理逻辑层面,讲解如何使用 Elasticsearch 的分页、高亮等功能。本节会从前端页面的角度,讲解如何请求分页和高亮数据,并渲染形成新闻列表页。

新闻列表页中,重点在于分页逻辑的梳理,页面初次加载时,默认请求的是第一页,假定每页条数为 N,则将页码 1 和每页条数 N 以参数的形式传递到后端,请求相应的数据。当用户单击分页时,则获取用户单击的页码,将页码传到后端,获取数据后渲染到页面。

分页开始前,需要准备两个 DOM 容器,用于容纳分页数据以及分页插件。

```
1.  <div class="main ">
2.      <div class="newslist">
3.          <div class="list-group"></div>
4.          <div class="pager" id="pager"></div>
5.      </div>
6.  </div>
```

接下来,通过对 Layui 框架中的 layPage 简单配置,即可向服务器端请求数据,完成分页,核心代码如下。

```
1.  function initpage(pageNum,pageSize,keyword){
2.      $.get('[[@{/news/search0}]]',{
3.          keyword:keyword,pageNum:pageNum,pageSize:pageSize
4.      },function(result){
5.          fillPage(result.data);
6.          laypage.render({
7.              elem:'pager',
8.              count:result.count,
9.              limit:3,
10.             limits:[3,6,9],
11.             groups:5,
12.             prev:'上一页',
13.             next:'下一页',
14.             first:'首页',
15.             last:'尾页',
16.             layout:['count','prev','page','next','limit','refresh','skip'],
17.             jump:function(obj,first){
18.                 if(!first){
19.                     $.get('[[@{/news/search0}]]',{
20.                         keyword:$("#searchInput").val(),
21.                         pageNum:obj.curr,
22.                         pageSize:obj.limit
23.                     },function(result){
24.                         fillPage(result.data);
```

```
25.                    });
26.                 }
27.               }
28.            });
29.        });
30. };
```

上述代码中,elem 参数为容纳分页插件的 DOM 容器 id,当用户单击分页插件时,前端会封装关键字、页码、每页记录数 3 个参数,向/news/search0 接口请求分页数据,并将数据渲染到浏览器。最终,具有分词、分页、高亮等功能的新闻列表页如图 6-14 所示。

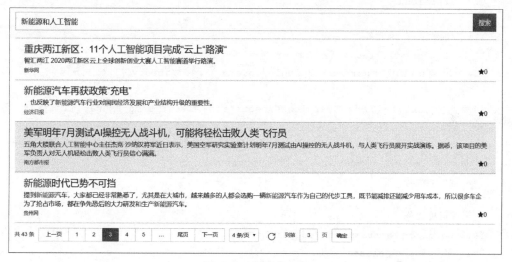

图 6-14　新闻列表页

6.5.4　静态页面优化

用户在访问网页时,最直观的感受就是页面内容出来的速度,优化工作也主要是为了这个目标。提高页面加载(或者渲染)速度,一般来说有以下 3 个方面。

(1) 代码逻辑:优秀的代码逻辑结构,可以有效减少渲染页面占用的内存并提高速度。

(2) SSR 服务器渲染,也就是所谓的"直出"。将首屏所有内容在服务器端渲染成HTML 静态代码后,直接输出给浏览器,可以有效加快用户访问站点时首屏的加载时间。

(3) 提升静态文件的加载速度,减少静态文件的文件大小,减少静态文件的请求数量。

以优化代码逻辑结构为例,可以将网页中通用的代码提取到公共的文件中,这样可以提高代码的复用性,如每个页面都需要的页头、页脚部分,公共的 CSS、JS 部分。

Thymeleaf 模板引擎中,支持将公共的前端代码提取到 HTML 文件中,一行代码即可引用,提高了页面的复用性,公共部分的抽取方法如下所示。

```
//加载头部 CSS 文件
1.  <th:block th:fragment="header">
```

```
2.        <meta charset="utf-8">
3.        <meta http-equiv="X-UA-Compatible" content="IE=edge">
4.        <meta name="viewport" content="width=device-width, initial-scale=1">
5.         <link rel="stylesheet" th:href="@{/plugin/bootstrap-4.2.1/css/
bootstrap.min.css}">
6.         <link rel="stylesheet" th:href="@{/plugin/font-awesome-4.7.0/css/
font-awesome.min.css}">
7.        <link rel="stylesheet" th:href="@{/css/style.default.css}" id="theme
-stylesheet">
8.        <link rel="shortcut icon" th:href="@{/image/news.png}">
9.  </th:block>
10.
11. //加载底部 JS 文件
12. <th:block th:fragment="footer">
13.        <script th:src="@{/plugin/jquery-3.4.1/jquery-3.4.1.min.js}"></
script>
14.        <script th:src="@{/plugin/bootstrap-4.2.1/js/bootstrap.min.js}"></
script>
15.        <script th:src="@{/plugin/malihu-custom-scrollbar-plugin/jquery.
mCustomScrollbar.concat.min.js}"></script>
16. </th:block>
17.
18. //版权部分
19. <th:block th:fragment="copyright">
20.      <footer class="main-footer">
21.          <div class="container-fluid">
22.            <div class="row center-block">
23.                  <p class="text-center">Copyright © 2020. zk All rights
reserved.</p>
24. </div>
25.          </div>
26.      </footer>
27. </th:block>
```

引用公共模块的方法如下所示。

```
1.  //加载公共 CSS
2.  <th:block th:insert="/system/include::header"></th:block>
3.  //加载公共 JS
4.  <th:block th:insert="/system/include::footer"></th:block>
5.  //加载公共页脚
6.  <th:block th:insert="/system/include::copyright"></th:block>
```

第7章 视频图像情报深度学习车牌识别

视频图像情报是情报大数据的一个典型分支,是当前人工智能领域正在取得突飞猛进成果的重要领域。它从海量视频图像中挖掘分析和提取高价值信息,及时发现、预测并展现核心关键情报信息,为公共安全等重要领域的科学管理、科学运营和科学决策提供可靠保障。例如图像情报运用于刑事案件侦破、涉案车辆大数据研判、重点车辆人员管控、目标车辆布控查缉等场景,对可疑车辆、人员实现重点监测和预警跟踪,破解安全威胁因素,保障社会安全。又例如在智能交通领域,图像情报实现智能检测、全程管控重点监测对象和关键环节,对交通违法行为自动监测识别和预警处置,推动交通运输管理更为高效快捷。本章通过深度学习方法实战车辆号牌识别,作为视频图像情报的小试牛刀。

通过本章的学习,将掌握以下技能知识点。

(1) 基于 Keras 框架搭建神经网络模型。

(2) 基于 NumPy 函数库进行车牌定位和车牌字符截取。

(3) 基于 Hadoop 大数据框架下对 HDFS 的数据进行增、删、改、查和下载并识别。

7.1 总 体 设 计

7.1.1 需求分析

随着平安城市、智慧城市和雪亮工程等项目建设的全面铺开,遍布大街小巷的摄像头产生了海量的视频图像情报大数据。随着高清化、智能化、网络化、数字化的要求,数据量迅速增加。视频图像大数据一般具有几个特点:首先,数据量巨大,一个地级市30天的视频录像数据就已经是皮字节(PB)级;其次,区别于传统的数据结构,视频图像的数据结构比较复杂,超过80%都是非结构化数据,例如智慧型平安城市建设中的视频监控数据、公路视频卡口的抓拍照片、车辆图像智能分析输出的特征数据等;再次,数据更新快,视频监控时时都在进行;最后,这些更个性化的数据在存储后被要求能随机访问,这就要求大数据系统更加快捷地处理数据,更具智能地保存和管理数据。

面对海量视频图像情报数据,如果检索技术还是以特征文本描述检索为主,那将需要耗费大量的人力、物力。当数据持续增长时,这对于人力将是一个不可能完成的任务。采用图像识别及模糊匹配技术,能真正满足公共安全管理的业务需求,并促进车辆匹配、特征匹配和行为匹配等应用的开展。

视频图像识别技术是利用计算机对现实中视频图像进行分析和理解的技术,多年以来视频图像识别领域取得了显著的成就,并将识别技术成功应用在日常生活当中,应用领域非常广阔,包括道路识别、障碍物检测、车辆检测、车牌识别和车型识别等。

　　针对交通管理部门的需求以及道路特点,可通过整合图像处理、模式识别等技术,实现对监控路段的机动车道、非机动车道进行全天候实时监控和数据采集。前端卡口处理系统对所拍摄的图像进行分析获取号牌号码、号牌颜色、车身颜色、车标、车辆子品牌等数据,并将获取到的车辆信息连同车辆的通过时间、地点、行驶方向等信息通过计算机网络传输到卡口系统控制中心的数据库中进行数据存储、查询、比对等处理,当发现肇事逃逸、违规或可疑车辆时,系统会自动向拦截系统及相关人员发出告警信号,为交通违章查纠、交通事故逃逸、盗抢机动车辆等案件的及时侦破提供重要的信息和证据。

　　同时,智能监控前端也将成为一个卡口系统,这使得城市卡口系统更加严密,能够获取更多的过车数据,能更准确地描绘出车辆动态信息。前端卡口系统还能及时准确地记录经过卡口的目标信息,随时掌握出入辖区的车辆流量状态,为交通诱导提供重要的参考数据。为了解决海量过车数据分析的挑战,智能交通要转变思路,积极尝试使用大数据技术来解决智能交通数据分析和挖掘问题。

　　车牌识别技术以计算机视觉处理、数字图像处理和模式识别等技术为基础,对摄像机所拍摄的车辆图像或者视频图像进行处理分析,得到每辆车的车牌号码,从而完成识别过程。大数据研判包括异常预判、昼伏夜出、行驶轨迹和区间测速等,可有效地实现自动比对报警,避免出现大量的误报,可以为防盗抢车辆、套牌车辆、非法抢劫车辆等犯罪破案提供有力可靠的破案信息。

　　视频图像情报的来源不停扩大。不但汇聚了交通道路上卡口的过车记录,而且将社会资源不断接入,从停车场出入口、加油站、公共停车位等交通流量重点地区调取监控视频。通过海量视频云分析平台,将监控视频中的车辆相关数据取出,包括车牌、车型和驾驶员特征,并存入大数据平台。

　　套牌车分析采用两种方案对比。对于本地车辆,通过比对同一个车牌记录中的车管库的车型,如果不一致,有可能是套牌车,可以提取出来进行下一步分析。对于外地车辆,采用时空分析方案。同一个车牌如果在同一时间段出现在距离很远的两处,则说明是套牌车,提取出来进行下一步分析。

　　通过查询卡口过车记录中车牌缺失的车辆,即可查询到车牌被遮挡的车辆。但是光发现车牌被遮挡车辆还远远不够,还需要找到这辆车的真正车牌。这就需要使用视频图像情报的以图搜图功能,通过被遮挡车牌车辆的特征在所有过车记录中搜索,找到相似度最高的车辆,提取出来进行下一步分析。

　　以上这些工作都依赖于最底层的车辆识别技术。近年来我国机动车保有量快速增长,每年新增超过 1500 万辆。城市交通卡口拍摄的视频图像,动辄以 PB 级容量储存,对上亿张图片同时运算。如何在大数据的基础上,做好车牌内容的快速准确识别,现实意义巨大。

7.1.2　技术分析

　　车辆识别是如何实现的呢?首先需要对图像或视频中的车辆的车牌号码进行定位,然后对车牌进行截取,对截取的车牌进行筛选,把筛选后的车牌按照每个字符去拆分,然后对拆分后的字符图像进行识别。简单说来,就是首先进行车牌定位和车牌截取,然后对截取的字符进行识别得出车牌号。

车牌定位之前首先需要对图像进行预处理,目的在于为车牌的定位做好准备。图片预处理后是车牌定位。先从预处理过的图片中获取轮廓,然后求轮廓外接矩形,接着通过外接矩形的长、宽和长宽比值排除一部分非车牌的轮廓。最后发现,排除后的车牌轮廓还包含部分非车牌轮廓,可以通过背景色进一步排除非车牌区域。最后获取到的那几块疑似车牌的区域,然后开始在这几块区域里进行字符分割,即把车牌上的字符一个一个分开,按照固定的大小进行分开,然后依次放入卷积神经网络中进行字符识别。

受不同光照条件、可视角度、新旧程度及背景光亮等条件影响,不同场景中对于车牌的识别具有相对难度。因为对于非车牌区域的文字提出、车牌区域的正确切割、字符的孤立与识别等都需要提升的技术空间,其任何一项的断层都会对整个车牌的识别过程造成困难。

下面将基于深度学习卷积神经网络,使用构造自动存储系统来对含有车牌的视频图像情报进行归类,在不同光照、可视角度和场景中采集足够数量的车牌与切割字符图像,然后使用一系列深度神经网络进行车牌检测与识别的训练,得到的模型再由切割好的字符单独进行检测与识别,最终合并成为结果。

7.1.3　开发流程

经过对本次业务的需求分析,得出如图 7-1 所示的业务开发流程。

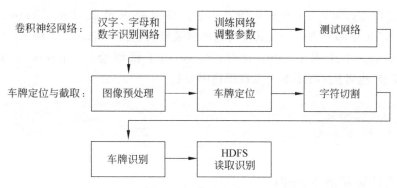

图 7-1　业务开发流程

开发流程包含 3 部分。第一部分是进行字符识别的,隶属于深度学习卷积神经网络范畴,在 Python 3.5 版本下使用 Keras 搭建和使用 OpenCV 对图像进行加载和预处理,在Theano 或 TensorFlow 下训练。第二部分是对要识别的图像进行处理,首先使用 OpenCV加载图像,然后使用 OpenCV 和 NumPy 处理图像,最后达到车牌字符切割的效果。第三部分是测试部分,分两种测试:一种是直接读取计算机中的图像进行测试;另一种是读取Hadoop 中的分布式文件系统里的测试图片进行测试。

7.2　实战环境搭建

接下来准备实战基于 Hadoop 平台下的卷积神经网络车牌识别,在 Windows 系统下实现和测试,并且卷积神经网络车牌识别程序使用 Python 进行编写。本项目的软件开发及运行环境具体如下。

(1) 开发环境操作系统：Windows 10 64 位。

(2) Java 环境版本：JDK 1.8 64 位。

(3) Python 版本：Python 3.5。

(4) Anaconda 版本：Anaconda3。

(5) Hadoop 版本：Hadoop 3.0.0。

7.2.1　人工神经网络库 Keras

Keras 的前身是 François Chollet 为 ONEIROS（Open-ended Neuro-Electronic Intelligent Robot Operating System）项目编写的代码，在 2015 年分离成为开源的人工神经网络工具。Keras 的最初版本以 Theano 为后台，设计理念参考了 Torch 但完全由 Python 编写。2015 年 11 月的 Keras 测试版本 0.3.0，TensorFlow 被加入了后台选项。自 2017 年起，Keras 得到了 TensorFlow 团队的支持，其大部分组件被整合至 TensorFlow 的 Python API 中。在 2018 年 TensorFlow 2.0.0 公开后，Keras 被正式确立为 TensorFlow 高阶 API，即 tf.keras。

Keras 是一个由 Python 编写的开源人工神经网络库，可以作为 TensorFlow 和 Theano 的高阶应用程序接口进行深度学习模型的设计、调试、评估、应用和可视化。

Keras 支持 Python 2.7 ～ 3.6 版本，且安装前要求预装 TensorFlow、Theano 和 Microsoft-CNTK 中的至少一个。其他可选的预装模块包括：h5py 用于将 Keras 模型保存为 HDF 文件；cuDNN 用于 GPU 计算；PyDot 用于模型绘图。Keras 可以通过 pip、Anaconda 安装，也可从 GitHub 上下载源代码安装。

```
pip install keras
conda install keras
```

7.2.2　数值计算扩展 NumPy

NumPy（Numerical Python）是 Python 语言的一个扩展程序库，支持大量的维度数组与矩阵运算，此外也针对数组运算提供大量的数学函数库。

NumPy 的前身 Numeric 最早由 Jim Hugunin 与其他协作者共同开发，2005 年 Travis Oliphant 在 Numeric 中结合了另一个同性质的程序库 Numarray 的特色，并加入了其他扩展而开发了 NumPy。NumPy 为开放源代码并且由许多协作者共同维护开发。

NumPy 是一个运行速度非常快的数学库，主要用于数组计算，包含如下。

(1) 一个强大的 N 维数组对象 ndarray。

(2) 广播功能函数。

(3) 整合 C/C++ /FORTRAN 代码的工具。

(4) 线性代数、傅里叶变换和随机数生成等功能。

Python 官网上的发行版是不包含 NumPy 模块的，安装 NumPy 最简单的方法就是使用命令提示符 cd 进入 Python 目录，再使用 pip 工具安装。

```
pip install numpy
```

7.2.3　Python 库 Theano

Theano 是一个 Python 库,可有效地定义、优化和评估涉及多维数组的数学表达式。Theano 的功能包括如下。

(1) 与 NumPy 紧密集成,在 Theano 编译的函数中使用 numpy.ndarray。

(2) 透明使用 GPU,比 CPU 更快地执行数据密集型计算。

(3) 速度和稳定性的优化,$\log(1+x)$ 即使 x 是很小的值,也可以获得正确的答案。

(4) 动态 C 代码生成,更快的评估表达式。

(5) 广泛的单元测试和自我验证,检测和诊断许多类型的错误。

安装 Theano 时,Python 的版本大于或等于 3.4 并小于 3.6,NumPy 的版本大于或等于 1.9.1 且小于 1.12,SciPy 的版本大于或等于 0.14 且小于 0.17.1,具备以上条件后,使用命令提示符 cd 进入 Python 的目录,再使用 pip 工具安装。

```
pip install theano
```

7.2.4　安装 Sklearn

Sklearn(Scikit-learn)是机器学习中常用的第三方模块,对常用的机器学习方法进行了封装,包括回归(Regression)、降维(Dimensionality Reduction)、分类(Classfication)和聚类(Clustering)等方法。具备以下 4 个特点。

(1) 简单高效的数据挖掘和数据分析工具。

(2) 可在各种环境中重复使用。

(3) 建立在 NumPy、SciPy 和 matplotlib 上。

(4) 开源,可商业,需使用-BSD 许可证。

Sklearn 安装要求 Python($>=2.7$ or $>=3.3$)、NumPy ($>= 1.8.2$)、SciPy ($>= 0.13.3$)。如果已经安装 NumPy 和 SciPy,安装 Scikit-learn 可以使用:

```
pip install -U scikit-learn
```

7.2.5　安装 OpenCV

OpenCV 的全称是 Open source Computer Vision Library,即开放源代码计算机视觉库。也就是说,它是一套关于计算机视觉的开放源代码的 API 函数库。这也就意味着,①不管是科学研究,还是商业应用,都可以利用它来开发;②所有 API 函数的源代码都是公开的,可以看到其内部实现的程序步骤;③可以修改 OpenCV 的源代码,编译生成需要的特定 API 函数。但是,作为一个库,它所提供的仅仅是一些常用的、经典的、大众化的算法 API。

一个典型的计算机视觉算法,应该包含以下一些步骤:①数据获取;②预处理;③特征提取；④特征选择；⑤分类器设计与训练；⑥分类判别。

　　该库采用 C 和 C++ 语言编写，可以在 Windows、Linux、Mac OSX 系统上运行。该库的所有代码都经过优化，计算效率很高，因为它更专注于设计成为一种用于实时系统的开源库。OpenCV 采用 C 语言进行优化，而且在多核机器上面运行速度会更快。它的一个目标是提供友好的机器视觉接口函数，从而使得复杂的机器视觉产品可以加速面世。该库包含了横跨工业产品检测、医学图像处理、安防、用户界面、摄像头标定、三维成像和机器视觉等领域的超过 500 个接口函数。

　　OpenCV 的应用领域非常广泛，除了图像拼接、图像降噪、产品质检、人机交互、人脸识别、动作识别、动作跟踪、无人驾驶等，还提供了机器学习模块，可以使用正态贝叶斯、K 最近邻、支持向量机、决策树、随机森林和人工神经网络等机器学习算法。

　　在 OpenCV 官网（https://opencv.org/）单击 Releases 进入下载页，找到 OpenCV 3.4.2 版本，单击 Windows 下载。下载完成后双击开始安装，选择解压地址后等待解压完成。

　　图 7-2 是解压后的目录，其中 build 是 OpenCV 使用时要用到的一些库文件，而 sources 中则是 OpenCV 官方提供的一些 Demo 示例源码。

build	2020-04-16 14:20	文件夹	
sources	2020-04-16 14:21	文件夹	
LICENSE.txt	2018-07-04 21:09	文本文档	3 KB
LICENSE_FFMPEG.txt	2018-07-04 21:09	文本文档	28 KB
README.md.txt	2018-07-04 21:09	文本文档	1 KB

图 7-2　解压后的目录

　　接下来是配置环境变量，把 OpenCV 文件夹解压后，依次选择计算机→属性→高级系统设置→环境变量，找到 Path 变量，选中并单击“编辑”按钮，然后如图 7-3 一样不断新建，

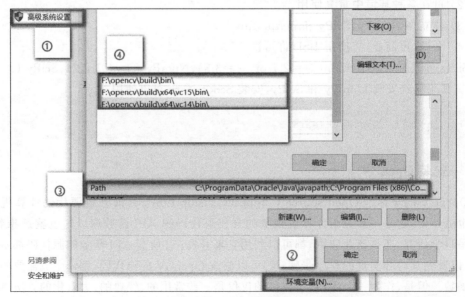

图 7-3　配置环境变量

把 OpenCV 执行文件的路径填进去,然后一直单击"确定"按钮,这样环境变量就配置好了。

7.3　业 务 开 发

完成了 Hadoop 等实战环境的工具安装,以及各个引用包的下载与安装后,就可以根据总体设计的业务开发流程进行业务的开发。

7.3.1　卷积神经网络

搭建卷积神经网络主要是用来作为汉字、字母和数字的识别网络,在这里已经对训练图片进行了预处理,即按指定大小截取、RGB 图片转灰度化等。图片转灰度化,可以大大减少数据量、减少训练难度和提高训练速度。识别网络的搭建涉及加载训练数集、随机打散数据集、重新格式化和标准化、卷积神经网络的搭建、最后一层全连接层的分类、定义损失函数、调参设置训练轮数和每次训练的样本数、保存训练后的模型数据,以及输出模型评估。下面主要介绍加载训练数据集和卷积神经网络的搭建。

1. 加载训练数据集

数据集按照特定字符分类好了,只需要按照每个目录读取文件即可。如图 7-4 所示,训练数据集包含 65 个文件夹,16 148 个训练文件。

cnn_char_train	
类型:	文件夹
位置:	E:\Eclipse-EE\eclipse-workspace\PLRCNN\src\imag
大小:	10.5 MB (11 076 167 字节)
占用空间:	19.3 MB (20 299 776 字节)
包含:	16 148 个文件, 65 个文件夹

图 7-4　训练数据集

下面将列举各个文件夹对应的目录。细心的读者会发现车牌里没有字母 O,因为 O 与 0 容易混淆。

```
1.  #车牌数字
2.  numbers = ['0', '1', '2', '3', '4', '5', '6', '7', '8', '9']
3.  #车牌字母
4.  alphbets = ['A', 'B', 'C', 'D', 'E', 'F', 'G', 'H', 'I', 'J', 'K', 'L', 'M', 'N', 'P', 'Q', 'R', 'S', 'T','U', 'V', 'W', 'X', 'Y', 'Z']
5.  #车牌文字对应的文件夹名
```

```
6.  chinese = ['zh_cuan', 'zh_e', 'zh_gan', 'zh_gan1', 'zh_gui', 'zh_gui1', 'zh_
    hei', 'zh_hu', 'zh_ji', 'zh_jin', 'zh_jing', 'zh_jl', 'zh_liao', 'zh_lu', 'zh_
    meng', 'zh_min', 'zh_ning', 'zh_qing', 'zh_qiong','zh_shan', 'zh_su', 'zh_sx', '
    zh_wan', 'zh_xiang', 'zh_xin', 'zh_yu', 'zh_yu1', 'zh_yue', 'zh_yun','zh_zang',
    'zh_zhe']
7.  #拼音与中文对照
8.  spell_chinese ={'zh_cuan':'川', 'zh_e':'鄂', 'zh_gan':'赣', 'zh_gan1':'甘',
    'zh_gui':'贵', 'zh_gui1':'桂', 'zh_hei':'黑', 'zh_hu':'沪', 'zh_ji':'冀', 'zh_
    jin':'津','zh_jing':'京', 'zh_jl':'吉', 'zh_liao':'辽', 'zh_lu':'鲁', 'zh_meng
    ':'蒙', 'zh_min':'闽', 'zh_ning':'宁', 'zh_qing':'青', 'zh_qiong':'琼','zh_shan
    ':'陕', 'zh_su':'苏', 'zh_sx':'晋','zh_wan':'皖', 'zh_xiang':'湘', 'zh_xin':'新
    ', 'zh_zang':'藏', 'zh_zhe':'浙'}
```

读取训练数据集时，由于卷积神经网络识别的是图片，训练数据集也是图片，所以在读取数据集时，就得对要读取的目录下的文件进行筛选，判断是不是符合训练数据集要求，代码如下，s是传入的文件全称，* endstring是文件后缀名。

```
1.  def endwith(s, * endstring):
2.      resultArray =map(s.endswith,endstring)
3.      if True in resultArray:
4.          return True
5.      else:
6.          return False
```

有了读取训练数据集的筛选器后，开始读取训练数据集，即根据输入的文件夹的绝对路径，将该文件夹下的所有指定suffix的文件读取存入一个列表中，该列表中的第一个元素就是该文件夹名。

```
1.  #根据指定路径读取出图片、标签、文件名和类别数
2.  imgs,labels,filenames,counter =readFile(path)
3.  def readFile(path):
4.      img_list = []                          #图片
5.      label_list = []                        #标签
6.      filename_list = []                     #子文件夹名
7.      dir_counter =0                         #子目录夹数
8.      IMG_SIZE =20                           #截取大小:20x20
9.      #对路径下的所有子文件夹中的所有JPG文件进行读取并存入一个list中
10.     for child_dir in os.listdir(path):
11.         child_path =os.path.join(path, child_dir)
12.         file_str =child_path.split("\\")[len(child_path.split("\\"))-1]
13.         for dir_image in  os.listdir(child_path):
14.             if endwith(dir_image,'jpg','JPG','png','PNG'):
15.                 filename_list.append(file_str)
```

```
16.                 img =cv2.imread(os.path.join(child_path, dir_image))
17.                 cv2cv2image =cv2.cvtColor(img, cv2.COLOR_BGR2RGBA)
18.                 recolored_img =cv2.cvtColor(img, cv2.COLOR_BGR2GRAY)
19.                 resized_img =cv2.resize(recolored_img,(IMG_SIZE, IMG_SIZE))
20.                 img_list.append(resized_img)
21.                 label_list.append(dir_counter)
22.           dir_counter +=1
23.       #返回的 img_list 转成了 np.array 的格式
24.       img_list =np.array(img_list)
25.       return img_list,label_list,filename_list,dir_counter
```

加载好训练数据集后,需要对训练数据集打乱随机分组,可以有效防止过度拟合。

```
1.   #将数据集打乱随机分组,交叉验证中常用的函数,功能是从样本中随机地按比例选取
traindata 和 testdata
2.   #traindata:所要划分的样本特征集。train_target:所要划分的样本结果。test_
size:样本占比,如果是整数的话就是样本的数量。random_state:随机数的种子
3.   X_train,X_test,y_train,y_test =train_test_split(imgs,labels,test_size=0.
1,random_state=random.randint(0, 100))
```

由于是 Keras 搭建,需要到 C:\Users\UsersName\.keras 下对 keras.json 进行底层训练框架的指定,代码如下所示。想使用 Theano 训练时,把 backend 对应的值修改成theano;想使用 TensorFlow 训练时,需把 backend 对应的值修改成 tensorflow。

```
1.   {
2.       "image_data_format": "channels_last",
3.       "floatx": "float32",
4.       "backend": "theano",
5.       "epsilon": 1e-07
6.   }
```

在这里使用的是 Theano,加载好训练数据集和指定好底层训练框架后,就可以开始对图像数据进行标准化了,值得注意的是,Theano 和 TensorFlow 有一定的区别,代码如下。

```
1.   import keras.backend as K
2.   if K.image_data_format() =='channels_last':
3.       #基于 Theano
4.       X_train =X_train.reshape(X_train.shape[0], 1, self.img_size, self.img
_size)/255.0          #数值为 0~255,除以 255 图像化为 0~1
5.       X_test =X_test.reshape(X_test.shape[0], 1, self.img_size, self.img_
size) / 255.0
6.   else:
7.       #基于 TensorFlow
```

```
8.      X_train =X_train.reshape(X_train.shape[0], self.img_size, self.img_
size, 1)/255        #数值为 0~255,除以 255 图像化为 0~1
9.      X_test =X_test.reshape(X_test.shape[0], self.img_size, self.img_size,
1)/255
```

上面是对图像数据进行标准化,接下来是要对标签进行二进制转换。

```
1.  #将 labels 转成二进制矩阵
2.  Y_train =np_utils.to_categorical(y_train, num_classes=counter)
3.  Y_test =np_utils.to_categorical(y_test, num_classes=counter)
```

对训练图像数据进行标准化和标签二进制转化后,就可以放入神经网络中进行训练了。

做深度学习和大数据可以说大部分时间都是在进行数据正规化,使得全部数据和目标训练数据的偏差越来越小。训练数据集汇总如图 7-5 所示。

```
num of dim: 4
shape: (1615, 1, 20, 20)
size: 646000
num of dim: 4
shape: (14533, 1, 20, 20)
size: 5813200
```

图 7-5　训练数据集汇总

第一个 num of dim 是测试数据的层数,第一个 shape 是测试数据的标签,第一个 size 是测试数据的尺寸。第二个 num of dim 是训练数据的层数,第二个 shape 是训练数据的标签,第二个 size 是训练数据的尺寸。

2. 卷积神经网络的搭建

卷积神经网络使用了 Keras 框架进行搭建,涉及三层卷积层、三层池化层、三层全连接层。首先指定建立的网络为按顺序建立,模型名称为默认名。

```
1.  from keras.models import Sequential
2.  self.model =Sequential()
```

指定建立的网络为按顺序建立,可以避免起网络名和排序的烦恼,接下来是搭建卷积神经网络,在此卷积神经网络都伴随着激活函数和池化层,代码如下。

```
1.  from keras.layers import Activation,Conv2D,MaxPooling2D
2.  self.model.add(
3.      Conv2D(
4.          filters=32,                    #滤波器数量,最后出现多少层特征
5.          kernel_size=(3, 3),            #row,low
6.          padding='same',                #padding(边界)模式,为 valid 或 same
7.          #作为第一层需要提供 input_shape 参数
8.          input_shape=self.modeldataset.X_train.shape[1:]
9.      )
10. )
11. self.model.add(Activation('relu'))    #激活
12. self.model.add(
```

```
13.     MaxPooling2D(
14.         pool_size=(2, 2),              #向下取样的长度和宽度
15.         strides=(1, 1),               #跳的长度和宽度
16.         padding='same'                #padding(边界)模式,为 valid 或 same
17.     )
18. )
19. self.model.add(
20.     Conv2D(
21.         filters=64,
22.         kernel_size=(3, 3),
23.         padding='same')
24.     )
25. self.model.add(Activation('relu'))
26. self.model.add(MaxPooling2D(
27.     pool_size=(2, 2),
28.     strides=(1, 1),
29.     padding='same'
30.     )
31. )
32. self.model.add(
33.     Conv2D(
34.         filters=128,
35.         kernel_size=(3, 3),
36.         padding='same')
37.     )
38. self.model.add(Activation('relu'))
39. self.model.add(MaxPooling2D(
40.     pool_size=(2, 2),
41.     strides=(1, 1),
42.     padding='same'
43.     )
44. )
```

卷积神经网络的激活函数普遍使用 ReLU 函数,循环神经网络的激活函数普遍使用 ReLU 或 Tanh 函数。值得注意的是,第一层卷积层才有 input_shape 输入参数,其他层的输入均来自于上一层网络。剩下的是全连接层,在第一层需要把 N 维数据抹平成一维,最后一层使用 Softmax 函数进行分类。

```
1. from keras.layers import Dense,Activation,Flatten
2. self.model.add(Flatten())                    #把 N 维数据抹平为一维
3. self.model.add(Dense(2048))
4. self.model.add(Activation('relu'))
5. self.model.add(Dense(3 * 3 * 128))
```

```
6.  self.model.add(Activation('relu'))
7.  self.model.add(Dense(1024))
8.  self.model.add(Activation('relu'))
9.  self.model.add(Dense(self.modeldataset.num_classes))
10. self.model.add(Activation('softmax'))        #分类
11. self.model.summary()
```

　　上面代码的解释就是,首先把输入的 N 维数据抹平为一维,然后使用 ReLU 激活函数提取 2048 个特征,接着提取 $3 \times 3 \times 128$ 个特征,再接着提取 1024 个特征,最后使用 Softmax 函数进行分类。提取的特征值越来越少,这有利于加快训练速度,虽然提取的特征一直在减少,但是对于识别字符完全够用,只要能记住每个字符的笔画如何绘制即可,而不去管手写字符的差异性。卷积神经网络如图 7-6 所示。

```
Model: "sequential_1"

Layer (type)                   Output Shape              Param #
=================================================================
conv2d_1 (Conv2D)              (None, 1, 20, 32)         5792

activation_1 (Activation)      (None, 1, 20, 32)         0

max_pooling2d_1 (MaxPooling2   (None, 1, 20, 32)         0

conv2d_2 (Conv2D)              (None, 1, 20, 64)         18496

activation_2 (Activation)      (None, 1, 20, 64)         0

max_pooling2d_2 (MaxPooling2   (None, 1, 20, 64)         0

conv2d_3 (Conv2D)              (None, 1, 20, 128)        73856

activation_3 (Activation)      (None, 1, 20, 128)        0

max_pooling2d_3 (MaxPooling2   (None, 1, 20, 128)        0

flatten_1 (Flatten)            (None, 2560)              0

dense_1 (Dense)                (None, 2048)              5244928

activation_4 (Activation)      (None, 2048)              0

dense_2 (Dense)                (None, 1152)              2360448

activation_5 (Activation)      (None, 1152)              0

dense_3 (Dense)                (None, 1024)              1180672

activation_6 (Activation)      (None, 1024)              0

dense_4 (Dense)                (None, 65)                66625

activation_7 (Activation)      (None, 65)                0
=================================================================
Total params: 8,950,817
Trainable params: 8,950,817
Non-trainable params: 0
```

图 7-6　卷积神经网络

　　搭建好卷积神经网络之后,就可以开始定义损失函数,选择优化器和训练输出信息,还有设置训练轮数和每次训练的样本数。

```
1.  self.model.compile(
2.      optimizer='adam',                     #优化器
3.      #目标函数,即损失函数,binary_crossentropy:对数损失
4.      # categorical_crossentropy:多类的对数损失,需要将标签转化为形如(nb_
    samples, nb_classes)的二值序列
5.      loss='categorical_crossentropy',
6.      metrics=['accuracy'])
7.
8.  #epochs、batch_size为可调的参数,epochs为训练多少轮,batch_size为每次训练多少
    个样本
9.  self.model.fit(self.modeldataset.X_train, self.modeldataset.Y_train,
    epochs=10,batch_size=15)
```

创建完网络模型和训练完网络模型后开始对模型进行评估,即使用训练后的模型数据对训练数据集进行识别,输出测试损失度和测试精准度。

```
1.  loss, accuracy = self.model.evaluate(self.modeldataset.X_test, self.
    modeldataset.Y_test)
```

神经网络模型评估如图 7-7 所示。

```
测试中----------------

  32/1615 [..............................] - ETA: 0s
 192/1615 [==>...........................] - ETA: 0s
 320/1615 [====>.........................] - ETA: 0s
 448/1615 [=======>......................] - ETA: 0s
 576/1615 [=========>....................] - ETA: 0s
 704/1615 [============>.................] - ETA: 0s
 864/1615 [===============>..............] - ETA: 0s
1024/1615 [==================>...........] - ETA: 0s
1152/1615 [====================>.........] - ETA: 0s
1248/1615 [======================>.......] - ETA: 0s
1376/1615 [=========================>....] - ETA: 0s
1536/1615 [===========================>..] - ETA: 0s
1615/1615 [==============================] - 1s 427us/step
测试损失度: 0.23646296516785992
测试精准度: 0.9622290730476379
Model保存.
```

图 7-7　神经网络模型评估

字符识别代码如下所示。

```
1.  def predict(self,img):
2.      img = img.reshape((1,1, self.IMAGE_SIZE, self.IMAGE_SIZE))
                                  #Reshape 层用来将输入 shape 转换为特定的 shape
3.      img = img.astype('float32')
4.      img = img/255.0                          #标准化
```

```
5.    result = self.model.predict_proba(img)
                                    #测算一下该 img 属于某个 label 的概率
6.    max_index = np.argmax(result)          #找出概率最高的
7.    return max_index, result[0][max_index]
                #第一个参数为概率最高的 label 的 index,第二个参数为对应概率
```

7.3.2　车牌定位与截取

已经有了识别车牌字符的神经网络,接下来要做的就是在视频图像中找到车牌,然后把车牌按照训练数据集一样的大小和维度去截取,然后再把截取后的图片数据放入字符识别网络中。

图片的定位与截取经过 3 个步骤:图片预处理、车牌定位和字符分割。

训练数据来源于 GitHub:https://github.com/simple2048/CarPlateIdentity。

1. 图片预处理

车牌定位之前首先需要对图像进行预处理,图像预处理的目的在于为车牌的定位做好准备,图像预处理的过程如下:①加载原始图像;②RBG 图像转成灰度图,减少训练量和训练难度;③均值处理,柔化一些小的噪声点;④sobel 获取垂直边缘,因为车牌垂直边缘比较多;⑤再次加载原始图片做 HSV 转换以便从 sobel 中获取疑似的车牌区域;⑥从 sobel 处理后的图片找到设定的车牌颜色区域,从 HSV 中取出设定颜色区域,并和 sobel 处理后的图片相乘;⑦二值化;⑧闭运算。

最后,图片预处理的代码如下。

```
1.  img = cv2.imread('../PLRCNN/src/images/1.jpg')
2.  pred_img = pre_process(img)
3.  #1.图像预处理(orig_img:原始图片)
4.  def pre_process(orig_img):
5.      #RGB 图像转成灰度图:减少数据量
6.      gray_img = cv2.cvtColor(orig_img, cv2.COLOR_BGR2GRAY)
7.      #机器学习进阶——阈值与平滑、图像平滑操作(去噪声操作):①cv2.blur(均值滤
波);②cv2.boxfilter(方框滤波);③cv2.Guassiannblur(进行高斯滤波);④cv2.
medianBlur(进行中值滤波)
8.      blur_img = cv2.blur(gray_img, (3, 3))    #均值模糊:柔化一些小的噪声点。参数
说明:gray_img 表示输入的图片,(3, 3) 表示进行均值滤波的方框大小
9.      #sobel 获取垂直边缘:因为车牌垂直边缘比较多
10.     sobel_img = cv2.Sobel(blur_img, cv2.CV_16S, 1, 0, ksize=3)
11.     sobel_img = cv2.convertScaleAbs(sobel_img)
12.     #原始图片从 RGB 转 HSV:车牌背景色一般是蓝色、黄色、绿色
13.     hsv_img = cv2.cvtColor(orig_img, cv2.COLOR_BGR2HSV)
14.     #从 sobel 处理后的图片找到蓝色、黄色、绿色区域:从 HSV 中取出蓝色、黄色、绿色区
域,和 sobel 处理后的图片相乘
```

```
15.    h, s, v =hsv_img[:, :, 0], hsv_img[:, :, 1], hsv_img[:, :, 2]
16.    #黄色色调区间为[26,34],蓝色色调区间为[100,124],绿色色调区间为[35,77]
17.    blue_img = ((h >26) & (h <34)) | ((h >100) & (h <124)) | ((h >35) & (h <77))
& ((s >43) & (s <255)) & ((v >46) & (v <255))
18.    blue_img =blue_img.astype('float32')
19.    #二值化:最大类间方差法
20.    max_img =np.multiply(sobel_img, blue_img)
21.    #cv2.imshow('max_img', max_img)
22.    max_img =max_img.astype(np.uint8)
23.    #图像阈值处理:彻底转换成黑白图(二值化)
24.    #INV 表示的是取反;BINARY 将一个灰色的图片,变成要么是白色要么就是黑色
25.    ret, binary_img = cv2.threshold(max_img, 0, 255, cv2.THRESH_BINARY |
cv2.THRESH_OTSU)
26.    #闭运算:将车牌垂直的边缘连成一个整体,注意核的尺寸
27.    kernel =cv2.getStructuringElement(cv2.MORPH_RECT,(21,5))
28.    close_img =cv2.morphologyEx(binary_img, cv2.MORPH_CLOSE, kernel)
29.    return close_img
```

一般对颜色空间的图像进行有效处理都是在 HSV 空间进行的,然后对于基本色中对应的 HSV 分量需要给定一个严格的范围,HSV 分量参数区间如表 7-1 所示。

表 7-1　HSV 分量参数区间

值	黑	灰	白	红		橙	黄	绿	青	蓝	紫
hmin	0	0	0	0	156	11	26	35	78	100	125
hmax	180	180	180	10	180	25	34	77	99	124	155
smin	0	0	0	43		43	43	43	43	43	43
smax	255	43	30	255		255	255	255	255	255	255
vmin	0	46	221	46		46	46	46	46	46	46
vmax	46	220	255	255		255	255	255	255	255	255

2. 车牌定位

图片预处理完成后就是车牌定位,车牌定位是从预处理后的图片里较准确地找出车牌位置,车牌定位的基本过程:①从预处理过的图片中获取轮廓;②得出轮廓外接矩形;③通过外接矩形的长、宽和长宽比值排除一部分非车牌的轮廓。

车牌定位的代码如下。

```
1.    car_plate_list =locate_carPlate(img,pred_img,car_plate_w=136,car_plate_h=36)
2.    #2.车牌定位(orig_img 为原始图片,pred_image 为预处理图片):返回多个车牌位置
3.    def locate_carPlate(orig_img,pred_image,car_plate_w,car_plate_h):
4.        carPlate_list =[]
```

```
5.        temp1_orig_img =orig_img.copy()    #调试用
6.        temp2_orig_img =orig_img.copy()    #调试用
7.        #检测物体的轮廓
8.        contours, heriachy = cv2.findContours (pred_image, cv2.RETR_EXTERNAL,
cv2.CHAIN_APPROX_SIMPLE)
9.        #求得轮廓外接矩形
10.       for i,contour in enumerate(contours):
11.           #绘制轮廓:图像为三通道才能显示轮廓
12.           cv2.drawContours(temp1_orig_img, contours, i, (0, 255, 255), 2)
13.           #cv2.imshow('temp1_orig_img',temp1_orig_img)
14.           #获取轮廓最小外接矩形,返回值 rotate_rect
15.           rotate_rect =cv2.minAreaRect(contour)
16.           #根据矩形面积大小和长宽比判断是不是车牌
17.           if verify_scale(rotate_rect):
18.               ret,rotate_rect2 =verify_color(rotate_rect,temp2_orig_img)
19.               if ret ==False:
20.                   continue
21.               #车牌位置矫正
22.               car_plate =img_Transform(rotate_rect2, temp2_orig_img)
23.               car_plate =cv2.resize(car_plate,(car_plate_w,car_plate_h))
                                    #调整尺寸为后面 CNN 车牌识别做准备
24.               #根据 minAreaRect 的返回值计算矩形的 4 个点
25.               box =cv2.boxPoints(rotate_rect2)
26.               for k in range(4):
27.                   n1,n2 =k%4,(k+1)%4
28.                    cv2.line(temp1_orig_img,(box[n1][0],box[n1][1]),(box[n2]
[0],box[n2][1]),(255,0,0),2)
29.                   cv2.imshow('license plate number' +str(i), car_plate)
30.               carPlate_list.append(car_plate)
31.           cv2.imshow('contour', temp1_orig_img)
32.       return carPlate_list
```

值得注意的是物体检测那里,OpenCV 旧版返回 img、contours 和 hierarchy 3 个参数,OpenCV 新版调用返回 contours 和 hierarchy 两个参数。如果希望返回 3 个参数,只需要在终端输入 pip install opencv-python＝＝3.4.3.18,把 OpenCV 的版本降级成 3.4.3.18 就可以了。

检测完物体轮廓后,获取轮廓最小外接矩形,获取轮廓最小外接矩阵之前需要在图片上绘制轮廓,而绘制轮廓需要的图像是三通道的图像才行。然后根据矩形面积大小和长宽比判断是不是车牌。

```
1.  #根据矩形面积大小和长宽比判断是不是车牌
2.  def verify_scale(rotate_rect):
```

```
3.       error = 0.4
4.       aspect = 4                              # 4.7272
5.       min_area = 10 * (10 * aspect)
6.       max_area = 150 * (150 * aspect)
7.       min_aspect = aspect * (1 - error)
8.       max_aspect = aspect * (1 + error)
9.       theta = 30
10.      # 宽或高为 0, 不满足矩形直接返回 False
11.      if rotate_rect[1][0] == 0 or rotate_rect[1][1] == 0:
12.          return False
13.      r = rotate_rect[1][0] / rotate_rect[1][1]
14.      r = max(r, 1/r)
15.      area = rotate_rect[1][0] * rotate_rect[1][1]
16.      if area > min_area and area < max_area and r > min_aspect and r < max_aspect:
17.          # 矩形的倾斜角度不超过 theta
18.          if ((rotate_rect[1][0] < rotate_rect[1][1] and rotate_rect[2] >= -90
and rotate_rect[2] < -(90 - theta)) or
19.              (rotate_rect[1][1] < rotate_rect[1][0] and rotate_rect[2] >
-theta and rotate_rect[2] <= 0)):
20.              return True
21.      return False
```

当判断是不是车牌后,假如是车牌,将进入排除非车牌的过程。在这里用到漫水填充法,通过在矩形区域生成种子点,种子点的颜色必须是蓝色、黄色或绿色,在填充后的掩模上绘制外接矩形,再依次判断这个外接矩形的尺寸是否符合车牌要求,最后再把矩形做仿射变换校准位置。做漫水填充的目的有两个:第一个目的是预处理时车牌轮廓可能有残缺,做完漫水填充后可以把剩余的部分补全;第二个目的是进一步排除非车牌区域。程序代码如下。

```
1.  # 给候选车牌区域使用漫水填充算法, 一方面补全上一步求轮廓可能存在轮廓歪曲的问题, 另
一方面也可以将非车牌区排除掉
2.  def verify_color(rotate_rect, src_image):
3.      img_h, img_w = src_image.shape[:2]
4.      mask = np.zeros(shape=[img_h+2, img_w+2], dtype=np.uint8)
5.      connectivity = 4    # 种子点上、下、左、右 4 邻域与种子颜色值在 [loDiff, upDiff] 的
被涂成 new_value, 也可设置 8 邻域
6.      loDiff, upDiff = 30, 30
7.      new_value = 255
8.      flags = connectivity
9.      flags |= cv2.FLOODFILL_FIXED_RANGE    # 考虑当前像素与种子像素之间的差, 不设
                                             # 置的话则和邻域像素比较
10.     flags |= new_value << 8
```

```
11.        flags |=cv2.FLOODFILL_MASK_ONLY        #设置这个标识符则不会去填充改变原始图
                                                  #像,而是去填充掩模图像(mask)
12.        rand_seed_num =5000                    #生成多个随机种子
13.        valid_seed_num =200                    #从 rand_seed_num 中随机挑选 valid_
                                                  #seed_num 个有效种子
14.        adjust_param =0.1
15.        box_points =cv2.boxPoints(rotate_rect)
16.        box_points_x =[n[0] for n in box_points]
17.        box_points_x.sort(reverse=False)
18.        adjust_x =int((box_points_x[2]-box_points_x[1]) * adjust_param)
19.        col_range =[box_points_x[1]+adjust_x,box_points_x[2]-adjust_x]
20.        box_points_y =[n[1] for n in box_points]
21.        box_points_y.sort(reverse=False)
22.        adjust_y =int((box_points_y[2]-box_points_y[1]) * adjust_param)
23.        row_range =[box_points_y[1]+adjust_y, box_points_y[2]-adjust_y]
24.        #如果以上方法种子点在水平或垂直方向可移动的范围很小,则采用旋转矩阵对角线来
           #设置随机种子点
25.        if (col_range[1]-col_range[0])/(box_points_x[3]-box_points_x[0])<0.4\
26.            or (row_range[1]-row_range[0])/(box_points_y[3]-box_points_y[0])
<0.4:
27.            points_row =[]
28.            points_col =[]
29.            for i in range(2):
30.                pt1,pt2 =box_points[i],box_points[i+2]
31.                x_adjust,y_adjust = int(adjust_param * (abs(pt1[0]-pt2[0]))),
int(adjust_param * (abs(pt1[1]-pt2[1])))
32.                if (pt1[0] <=pt2[0]):
33.                    pt1[0], pt2[0] =pt1[0] +x_adjust, pt2[0] -x_adjust
34.                else:
35.                    pt1[0], pt2[0] =pt1[0] -x_adjust, pt2[0] +x_adjust
36.                if (pt1[1] <=pt2[1]):
37.                    pt1[1], pt2[1] =pt1[1] +adjust_y, pt2[1] -adjust_y
38.                else:
39.                    pt1[1], pt2[1] =pt1[1] -y_adjust, pt2[1] +y_adjust
40.                temp_list_x =[int(x) for x in np.linspace(pt1[0],pt2[0],int
(rand_seed_num /2))]
41.                temp_list_y =[int(y) for y in np.linspace(pt1[1],pt2[1],int
(rand_seed_num /2))]
42.                points_col.extend(temp_list_x)
43.                points_row.extend(temp_list_y)
44.        else:
45.            points_row =np.random.randint(row_range[0],row_range[1],size=
rand_seed_num)
```

```
46.        points_col =np.linspace(col_range[0],col_range[1],num=rand_seed_
num).astype(np.int)
47.    points_row =np.array(points_row)
48.    points_col =np.array(points_col)
49.    hsv_img =cv2.cvtColor(src_image, cv2.COLOR_BGR2HSV)
50.    h,s,v =hsv_img[:,:,0],hsv_img[:,:,1],hsv_img[:,:,2]
51.    #将随机生成的多个种子依次进行漫水填充,理想情况是整个车牌被填充
52.    flood_img =src_image.copy()
53.    seed_cnt =0
54.    for i in range(rand_seed_num):
55.        rand_index =np.random.choice(rand_seed_num,1,replace=False)
56.        row,col =points_row[rand_index],points_col[rand_index]
57.        #限制随机种子必须是车牌背景色
58.        if (((h[row,col]>26) & (h[row,col]<34)) | ((h[row,col]>100) & (h[row,
col]<124)) | ((h[row,col]>35) & (h[row,col]<77))) & ((s[row,col]>43) & (s[row,col]
<255)) & ((v[row,col]>46) & (v[row,col]<255)):
59.            cv2.floodFill(src_image, mask, (col,row), (255, 255, 255),
(loDiff,) * 3, (upDiff,) * 3, flags)
60.            cv2.circle(flood_img,center=(col,row),radius=2,color=(0,0,
255),thickness=2)
61.            seed_cnt +=1
62.            if seed_cnt >=valid_seed_num:
63.                break
64.    show_seed =np.random.uniform(1,100,1).astype(np.uint16)
65.    #获取掩模上被填充点的像素点,并求点集的最小外接矩形
66.    mask_points =[]
67.    for row in range(1,img_h+1):
68.        for col in range(1,img_w+1):
69.            if mask[row,col] !=0:
70.                mask_points.append((col-1,row-1))
71.    cnt =np.array(mask_points)
72.    if len(mask_points)>0:
73.        mask_rotateRect =cv2.minAreaRect(np.array(mask_points))
74.        if verify_scale(mask_rotateRect):
75.            return True,mask_rotateRect
76.        else:
77.            return False,mask_rotateRect
78.    else:
79.        return False,[]
```

　　上面的漫水填充算法对于种子点的选取比较关键,因为一旦选取不好,前面的努力就会白费,后面也别想得到车牌区域了。一般情况下得到的车牌多少会存在倾斜的情况,可以将矩形 4 个顶点的 x、y 值做了排序,分别取 x 和 y 中间两个值作为水平、垂直的上下限来生成

随机种子点,这样能比较好地覆盖整个车牌区域。另一种情况是车牌倾斜太严重,对于这种情况有个简单方法,直接在矩形的两条对角线上生成种子点,也能比较好地覆盖整个车牌区域。另外在生成种子点时还可以加调节系数,不要让生成的种子点太靠近矩形边缘。程序代码如下。

```python
1.  # 车牌校正
2.  def img_Transform(car_rect,image):
3.      img_h,img_w = image.shape[:2]
4.      rect_w,rect_h = car_rect[1][0],car_rect[1][1]
5.      angle = car_rect[2]
6.      return_flag = False
7.      if car_rect[2]==0:
8.          return_flag = True
9.      if car_rect[2]==-90 and rect_w < rect_h:
10.         rect_w, rect_h = rect_h, rect_w
11.         return_flag = True
12.     if return_flag:
13.         car_img = image[int(car_rect[0][1]-rect_h/2):int(car_rect[0][1]+rect_h/2),
14.                     int(car_rect[0][0]-rect_w/2):int(car_rect[0][0]+rect_w/2)]
15.         return car_img
16.     car_rect = (car_rect[0],(rect_w,rect_h),angle)
17.     box = cv2.boxPoints(car_rect)
18.     heigth_point = right_point = [0,0]
19.     left_point = low_point = [car_rect[0][0], car_rect[0][1]]
20.     for point in box:
21.         if left_point[0] > point[0]:
22.             left_point = point
23.         if low_point[1] > point[1]:
24.             low_point = point
25.         if heigth_point[1] < point[1]:
26.             heigth_point = point
27.         if right_point[0] < point[0]:
28.             right_point = point
29.     if left_point[1] <= right_point[1]:        # 正角度
30.         new_right_point = [right_point[0], heigth_point[1]]
31.         pts1 = np.float32([left_point, heigth_point, right_point])
32.         pts2 = np.float32([left_point, heigth_point, new_right_point])
                                                    # 字符只是高度需要改变
33.         M = cv2.getAffineTransform(pts1, pts2)
34.         dst = cv2.warpAffine(image, M, (round(img_w * 2), round(img_h * 2)))
35.         car_img = dst[int(left_point[1]):int(heigth_point[1]), int(left_point[0]):int(new_right_point[0])]
```

```
36.        elif left_point[1] > right_point[1]:           #负角度
37.            new_left_point = [left_point[0], heigth_point[1]]
38.            pts1 = np.float32([left_point, heigth_point, right_point])
39.            pts2 = np.float32([new_left_point, heigth_point, right_point])
                                              #字符只是高度需要改变
40.            M = cv2.getAffineTransform(pts1, pts2)
41.            dst = cv2.warpAffine(image, M, (round(img_w * 2), round(img_h * 2)))
42.            car_img = dst[int(right_point[1]):int(heigth_point[1]), int(new_
left_point[0]):int(right_point[0])]
43.        return car_img
```

3. 字符分割

最后会得到几块疑似车牌的坐标，然后开始进行字符截取。

```
1.  #3.字符分割
2.  def extract_char(car_plate, char_w, char_h):
3.      gray_plate = cv2.cvtColor(car_plate, cv2.COLOR_BGR2GRAY)
4.      ret, binary_plate = cv2.threshold(gray_plate, 0, 255, cv2.THRESH_BINARY |
cv2.THRESH_OTSU)
5.      char_img_list = get_chars(binary_plate, char_w, char_h)
6.      return char_img_list
7.  #字符截取
8.  def get_chars(car_plate, char_w, char_h):
9.      img_h, img_w = car_plate.shape[:2]
10.     h_proj_list = [] #水平投影长度列表
11.     h_temp_len, v_temp_len = 0, 0
12.     h_startIndex, h_end_index = 0, 0          #两个参数是记录水平投影中的开始索引和结
                                                   #束索引,这行代码是对两变量进行初始化
13.     h_proj_limit = [0.2, 0.8]                 #车牌在水平方向的轮廓长度少于 20%或多于
                                                   #80%过滤掉
14.     char_imgs = []
15.     #将二值化的车牌水平投影到 Y 轴,计算投影后的连续长度,连续投影长度可能不止一段
16.     h_count = [0 for i in range(img_h)]
17.     for row in range(img_h):
18.         temp_cnt = 0
19.         for col in range(img_w):
20.             if car_plate[row, col] == 255:
21.                 temp_cnt += 1
22.         h_count[row] = temp_cnt
23.         if temp_cnt/img_w < h_proj_limit[0] or temp_cnt/img_w > h_proj_limit[1]:
24.             if h_temp_len != 0:
25.                 h_end_index = row-1
```

```
26.                  h_proj_list.append((h_startIndex,h_end_index))
27.                  h_temp_len = 0
28.             continue
29.          if temp_cnt > 0:
30.              if h_temp_len == 0:
31.                  h_startIndex = row
32.                  h_temp_len = 1
33.              else:
34.                  h_temp_len += 1
35.          else:
36.              if h_temp_len > 0:
37.                  h_end_index = row-1
38.                  h_proj_list.append((h_startIndex,h_end_index))
39.                  h_temp_len = 0
40.      #手动结束最后将水平投影长度累加
41.      if h_temp_len != 0:
42.          h_end_index = img_h-1
43.          h_proj_list.append((h_startIndex, h_end_index))
44.      #选出最长的投影,该投影长度占整个截取车牌高度的比值必须大于 0.5
45.      h_maxIndex,h_maxHeight = 0,0
46.      for i,(start,end) in enumerate(h_proj_list):
47.          if h_maxHeight < (end-start):
48.              h_maxHeight = (end-start)
49.              h_maxIndex = i
50.      if h_maxHeight/img_h < 0.5:
51.          return char_imgs
52.      chars_top,chars_bottom = h_proj_list[h_maxIndex][0],h_proj_list[h_
maxIndex][1]
53.      plates = car_plate[chars_top:chars_bottom+1,:]
54.      cv2.imwrite('./images/opencv_output/car.jpg',car_plate)
55.      cv2.imwrite('./images/opencv_output/plate.jpg', plates)
56.      char_addr_list = horizontal_cut_chars(plates)
                              #判断有部分问题,"川"字被排除在外(即"川"不是一个连接体)
57.      for i,addr in enumerate(char_addr_list):
58.          char_img = car_plate[chars_top:chars_bottom+1,addr[0]:addr[1]]
59.          char_img = cv2.resize(char_img, (char_w,char_h))
60.          char_imgs.append(char_img)
61.      return char_imgs
62. #左右分割
63. def horizontal_cut_chars(plate):
64.      char_addr_list = []
65.      area_left,area_right,char_left,char_right=0,0,0,0
66.      img_w = plate.shape[1]
```

```
67.     img_h =plate.shape[0]
68.     #获取车牌每列边缘像素点个数
69.     def getColSum(img,col):
70.         sum =0
71.         for i in range(img.shape[0]):
72.             sum +=round(img[i,col]/255)
73.         return sum;
74.     sum =0
75.     for col in range(img_w):
76.         sum +=getColSum(plate,col)
77.     #每列边缘像素点必须超过均值的 60%才能判断属于字符区域
78.     col_limit =0
79.     #每个字符宽度也进行限制
80.     charWid_limit =[round(img_w/16),round(img_w/5)]
81.     charLen_limit =[round(img_h/5),round(img_h/1)]
82.     is_char_flag =False
83.     temp =True
84.     for i in range(img_w):
85.         colValue =getColSum(plate,i)
86.         print(colValue)
87.         #if colValue >col_limit:
88.         if temp:
89.             if (colValue>charLen_limit[0]) and (colValue<charLen_limit[1]):
90.                 temp =False
91.                 if is_char_flag ==False:
92.                     area_right =round((i+char_right)/2)
93.                     area_width =area_right-area_left
94.                     char_width =char_right-char_left
95.                     if (area_width> charWid_limit[0]) and (area_width<
charWid_limit[1]):
96.                         char_addr_list.append((area_left,area_right,char_width))
97.                     char_left =i
98.                     area_left =round((char_left+char_right) / 2)
99.                     is_char_flag =True
100.            else:
101.                if is_char_flag ==True:
102.                    char_right =i-1
103.                    is_char_flag =False
104.        else:
105.            if colValue >col_limit:
106.                if is_char_flag ==False:
107.                    area_right =round((i+char_right)/2)
108.                    area_width =area_right-area_left
```

```
109.                    char_width = char_right - char_left
110.                     if (area_width > charWid_limit[0]) and (area_width <
charWid_limit[1]):
111.                        char_addr_list.append((area_left, area_right, char_width))
112.                    char_left = i
113.                    area_left = round((char_left + char_right) / 2)
114.                    is_char_flag = True
115.                else:
116.                    if is_char_flag == True:
117.                        char_right = i - 1
118.                        is_char_flag = False
119.    #手动结束最后未完成的字符分割
120.    if area_right < char_left:
121.        area_right, char_right = img_w, img_w
122.        area_width = area_right - area_left
123.        char_width = char_right - char_left
124.        if (area_width > charWid_limit[0]) and (area_width < charWid_limit
[1]):
125.            char_addr_list.append((area_left, area_right, char_width))
126.    return char_addr_list
```

观察上方的代码可以发现在左右分割时，做了分类判断，专门解决了"川"字被筛选掉的问题。

7.3.3 车牌号码识别

下面通过两种方式识别车牌号：一种是调用本地图像数据；另一种是从 HDFS 中远程调用网络图像数据。

1. 本地数据

把车牌分割好后，就可以放入神经网络中进行识别。识别的过程首先要加载模型，接着开始让代码知道中文部分的文件夹对应的是哪部分的中文。程序代码如下。

```
1.  #引用字符模型
2.  model = trainModel()
3.  #加载模型
4.  model.load()
5.  #加载子文件列表
6.  filename_dict = readFileName('../src/images/cnn_char_train')
7.  #遍历替换：spell_chinese
8.  for parent_k, parent_v in filename_dict.items():
9.      for k, v in spell_chinese.items():
10.         if parent_v == k:
```

```
11.            filename_dict[parent_k]=v
12. char_img_list =extract_char(car_plate,char_w=20,char_h=20)
13. if len(char_img_list)>0:
14.     j =1
15.     for char_img in char_img_list:
16.         cv2.imshow('char_img'+str(j), char_img)
17.         j =j +1
18.         label,prob =model.predict(char_img)    #利用模型对截取的字符进行识别
19.         temp =label
20.         label =filename_dict[label]
21.         print(temp,label,prob)
22.         text_list.append(label)
23.     print("车牌号:")
24.     print(text_list)
```

测试图片如图 7-8 所示。

图 7-8　测试图片(一)

预处理后的图片如图 7-9 所示。

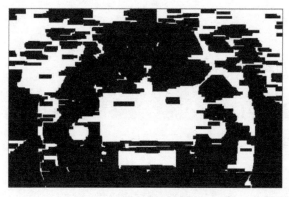

图 7-9　预处理后的图片(一)

漫水填充算法后的疑似车牌定位如图 7-10 所示。

图 7-10　漫水填充算法后的疑似车牌定位(一)

最后的可疑车牌如图 7-11 所示。

车牌截取后的字符图像经过灰度化处理后,如图 7-12 所示。

图 7-11　可疑车牌(一) 　　　　　　　　图 7-12　车牌字符截取(一)

车牌字符识别如图 7-13 所示。

```
46 辽 0.9944704
11 B 0.99958813
25 R 0.574648
7 7 1.0
7 7 1.0
7 7 1.0
7 7 1.0
车牌号:
['辽', 'B', 'R', '7', '7', '7', '7']
```

图 7-13　车牌字符识别(一)

2. HDFS 数据

HDFS 里的文件加载需要安装 HDFS 模块,安装语句:

```
pip install hdfs
```

连接 HDFS,代码如下。

```
1.  from hdfs.client import Client
2.  client =Client("http://localhost:9870/")
```

测试文件下载或直接读取:

```
1.  from hdfs.client import Client
2.  client =Client("http://localhost:9870/")
3.  path ="../src/images/8.jpg"
4.  #下载
5.  client.download("/tmp/1.jpg", path ,overwrite=False, n_threads=1,temp_dir
    =None)
6.  #读取
7.  with client.read("/tmp/1.jpg") as reader:
8.      content =reader.read()
```

测试图片如图 7-14 所示。

图 7-14　测试图片(二)

预处理后的图片如图 7-15 所示。

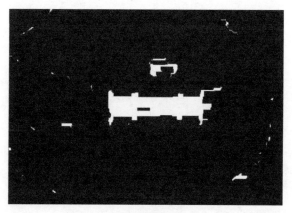

图 7-15　预处理后的图片(二)

漫水填充算法后的疑似车牌定位如图 7-16 所示。

最后的可疑车牌如图 7-17 所示。

车牌截取后的字符图像经过灰度化处理后,如图 7-18 所示。

车牌字符识别如图 7-19 所示。

图 7-16　漫水填充算法后的疑似车牌定位(二)

图 7-17　可疑车牌(二) 　　　　　　　　　图 7-18　车牌字符截取(二)

```
61 粤 0.9999517
11 B 1.0
5 5 0.999748
9 9 1.0
4 4 1.0
26 S 0.99532074
11 B 1.0
车牌号:
['粤', 'B', '5', '9', '4', 'S', 'B']
```

图 7-19　车牌字符识别(二)

第8章 公共卫生情报可视化态势展示

随着社会发展,公共卫生事业得到飞速发展,同时其安全形势随着环境的改变而不断变化,影响公共卫生安全的因素也相应增多。以2020年年初全球大爆发的新冠疫情为例,在党和国家的统一部署下,全国人民团结一心,社会各界众志成城,各项疫情防控工作正有序开展。在这样的背景下,数据可视化技术就显得格外重要,利用数据可视化技术,在分析、整合疫情相关数据后,以可视化的形式呈现给用户,实现疫情综合监控管理与决策辅助。

通过本章的学习,将掌握以下技能知识点。

(1) Elasticsearch 搜索引擎技术。

(2) Spring Data JPA 技术。

(3) ECharts,一个使用 JavaScript 实现的开源可视化库。

(4) Zookeeper 以及 Kafka 技术。

(5) 完成数据缓存、数据持久化、数据可视化展示等功能。

8.1 总 体 设 计

8.1.1 技术选型

计算机存储的信息量已进入大规模和超大规模的海量数据时代,如何高效地存储、分析、处理和挖掘海量数据已成为大数据技术领域的热点和难点问题。如何采集、运营管理和分析这些数据也是大数据处理中一个至关重要的环节,这就需要相应的基础设施对其提供支持。针对这个需求,目前业界已有很多开源的消息系统应运而生,Kafka 就是其中非常优秀的一款。

Kafka 是一款开源的、轻量级、分布式、可分区和具有复制备份的、基于 Zookeeper 协调管理的分布式流平台的消息系统。与传统消息系统相比,Kafka 能够很好地处理活跃的流数据,使得数据在各子系统之间高性能、低延迟地不停流转。

根据 Kafka 官方网站介绍,Kafka 的定位是一个分布式流处理平台,具备以下3个特点:能够允许发布和订阅流数据,存储流数据时提供相应的容错机制,当流数据到达时能被及时处理。

通过 Kafka 能够很好地建立实时流数据通道,由该通道可靠地获取系统或应用程序的数据。也可以通过 Kafka 方便地构建实时流数据应用来转换或者对流数据进行响应处理。

作为一个消息系统,Kafka 至少应该包括产生消息的组件以及消费消息的组件,Kafka 消息系统的基本结构如图 8-1 所示。

图 8-1 Kafka 消息系统的基本结构

8.1.2　技术分析

本节将从技术和业务两个角度,分析如何获取疫情相关数据、如何利用 Kafka 技术实现系统之间解耦等关键问题,打造一个可适用于疫情态势掌握及疫情联防联控两大核心应用场景的疫情分析系统。

为了方便学习,并快速掌握 Kafka 消息系统的应用,本章采用了 Zookeeper ＋Kafka ＋MySQL＋Elasticsearch 的技术架构,实现疫情可视化分析系统。公共卫生情报态势展示的主要技术如表 8-1 所示。

表 8-1　公共卫生情报态势展示的主要技术

技　　术	功　　能
MySQL 数据库	存储完整疫情数据
Elasticsearch	提供搜索服务
Zookeeper	分布式协调框架,在此用来协调 Kafka
Kafka	消息系统,提供消息缓存服务

8.1.3　数据库设计

在疫情分析系统中,主要涉及疫情新闻表、省市疫情表、国内疫情统计表和国外疫情统计表等,本节以 UML 实体关系图的形式展示具体的数据库设计细节。

疫情新闻表实体关系如图 8-2 所示。

省市疫情信息表实体关系如图 8-3 所示。

图 8-2　疫情新闻表实体关系　　　　　图 8-3　省市疫情信息表实体关系

国内疫情统计表实体关系如图 8-4 所示。

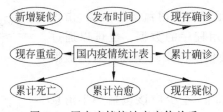

图 8-4　国内疫情统计表实体关系

国外疫情统计表实体关系如图 8-5 所示。

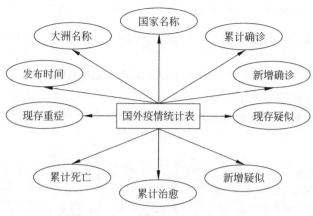

图 8-5　国外疫情统计表实体关系

8.2　实战环境搭建

本节主要安装部署 Zookeeper 环境、Kafka 环境和 Elasticsearch＋MySQL 环境,并搭建 SpringBoot 后端框架。

8.2.1　搭建 Zookeeper 环境

Zookeeper 是一个分布式应用程序协调框架,分布式应用程序可以基于 Zookeeper 来实现同步服务、配置维护和命名服务等,Zookeeper 能提供基于类似文件系统的目录节点树方式的数据存储,通过监控各节点数据状态的变化,达到基于数据的集群管理。

Kafka 依赖 Zookeeper,通过 Zookeeper 来对代理、消费者上下线管理,集群、分区元数据管理等。因此,Zookeeper 也是 Kafka 得以运行的基础环境之一。

进入 Zookeeper 官方网站 https://zookeeper.apache.org/releases.html 下载 Zookeeper 到 Linux 服务器指定目录,本章使用的版本为 Apache Zookeeper 3.6.0。下载指令和解压指令如下所示。

```
wget https://downloads. apache. org/zookeeper/zookeeper - 3. 6. 0/apache -
zookeeper-3.6.0-bin.tar.gz
#解压指令
tar -zxvf apache-zookeeper-3.6.0-bin.tar.gz -C /usr/local/softins/
```

进入 Zookeeper 解压目录的 conf 目录下,打开配置文件 zoo_simple.cfg,在该配置文件中只需要更改 dataDir 和 dataLogDir 配置,具体配置如下所示。

```
1.  dataDir=/usr/local/data/zookeeper/zkdata
2.  dataLogDir=/usr/local/data/zookeeper/log
3.  clientPort=2181
```

接下来需要将 Zookeeper 环境变量添加在/etc/profile 文件中,如下所示。

```
1.  export ZOOKEEPER_HOME=/usr/local/softins/zk36
```

在该文件的 PATH 配置项最后加入 ＄ZOOKEEPER_HOME/bin,最后执行 source /etc/profile 命令使得所做的操作立即生效。

进入 Zookeeper 解压文件的 bin 目录中,执行以下命令可以启动 Zookeeper 以及查看 Zookeeper 状态。

```
#启动 Zookeeper
./zkServer.sh start
#查看 Zookeeper 状态
./zkServer.sh status
```

8.2.2　搭建 Kafka 环境

本节介绍在 Linux 系统中如何搭建 Kafka 运行环境。由于 Kafka 是用 Scala 语言开发,运行在 JVM 之上,因此在安装 Kafka 之前需要安装 1.8 版本或以上的 JDK,具体安装步骤在此不再赘述。

Kafka 安装比较简单,不同操作系统下安装步骤基本相同。针对大多数用户来说,一般选择在 Linux 系统中部署 Kafka。本章的 Kafka 应用也基于 Linux 环境进行讲解。

进入 Kafka 官方网站 http://kafka.apache.org/downloads 下载当前最新版本的 Kafka,本章中使用的版本为 kafka_2.13-2.4.1,其中 2.13 代表 Scala 的版本,2.4.1 代表 Kafka 的版本。Kafka 安装包并没有区分是 Windows 安装包还是 Linux 安装包,仅在 bin 目录下将 Windows 环境执行 Kafka 的相关脚本放在/bin/windows 目录下。下载命令和解压命令如下所示。

```
#下载命令
wget https://downloads.apache.org/kafka/2.4.1/kafka_2.13-2.4.1.tgz
#解压命令
tar -zxvf kafka_2.13-2.4.1.tgz
```

打开解压包下 bin 目录,编辑 kafka-server-start.sh 文件,调整启动 Kafka 时所需分配的内存大小,防止因内存不足而导致启动失败,默认分配内存为 1GB,在服务器内存不多的情况下可更改至 256MB,如下所示。

```
1.  #编辑启动文件
2.  vi  kafka-server-start.sh
3.  …
4.  if [ "x$KAFKA_HEAP_OPTS" = "x" ]; then
5.      export KAFKA_HEAP_OPTS="-Xmx256M -Xms256M"
6.  fi
```

至此单机版的 Kafka 安装完毕,可启动试试。注意在启动 Kafka 之前应该确保 Zookeeper 处于启动状态。启动 Kafka 并让其在后台运行的命令如下所示。

```
nohup bin/kafka-server-start.sh config/server.properties &
```

通过 jps 命令查看 Java 进程后发现,Kafka 已经正常启动,如下所示。

```
[root@VM_0_8_centos bin]#jps
15700 QuorumPeerMain
4757 Kafka
8603 Jps
2155 --process information unavailable
```

8.2.3　搭建 Elasticsearch+MySQL 环境

数据存储是每个系统都需要重点考虑的问题,主要考虑的问题包括是否需要高精确度的搜索支持以及预估系统数据量大小,选择合适的数据库。

本次实战中会涉及疫情新闻数据,检索时通常是输入中文,检索出匹配度最高的数据,一般的模糊查询难以解决该问题,所以采用 Elasticsearch 搜索引擎存储、检索该类数据。

关于数据量问题,以疫情实时播报为例,全球大多数国家/地区每天均会产生一条播报数据,包括国家/地区名称、现存确诊人数、新增确诊人数、累计死亡人数、累计治愈人数等,每天的数据量不超过 200 条,一年的数据量累计不超过 8 万条。类似规模的表还有不超过 10 张,以此类推,所有疫情数据累计一年的数据量不超过百万级别,所以选择比较灵活的 MySQL 数据库。

到此,或许有人会疑问,既然 Elasticsearch 搜索引擎可以解决搜索和存储问题,那么为什么还要使用 MySQL 数据库呢? 因为 Elasticsearch 不具备事务特性,为了保证数据不会丢失,将完整的记录存储在 MySQL 数据库中,将需要中文检索的字段以及记录 id 存储在 Elasticsearch 搜索引擎中。用户搜索时,先到 Elasticsearch 检索相关信息,如果有相关结果,取出记录 id,再到 MySQL 数据库中查询出完整数据,这样既可以保证数据安全,又可以提高检索效率和精确度。

关于 Elasticsearch 搜索引擎环境搭建,可参考第 6 章讲解,而 MySQL 数据库的安装过程相对简单,建议参照网上相关教程亲自动手实践。

8.2.4　后端框架搭建

本章中依旧使用第 6 章介绍的 SpringBoot 作为后端开发框架,访问 SpringBoot 官方推荐的项目构建网站 https://start.spring.io/,并选择开发语言、Java 版本、项目基本信息和 pom 依赖等,如图 8-6 所示。

所有信息选择完毕后,单击 GENERATE 按钮,下载项目压缩包到本地,解压该压缩包,并以 Maven 项目的形式导入开发工具 Eclipse。到此,后端框架搭建完毕,接下来需要用代码实现来完善相关功能。

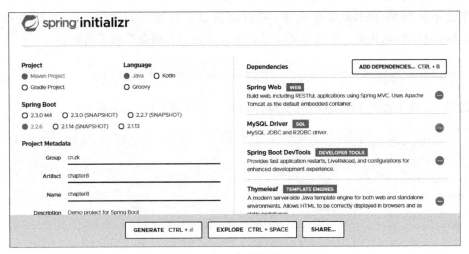

图 8-6　生成 SpringBoot 项目

8.3　业务开发

经调查发现,目前获取新冠疫情数据主要通过爬虫、接口调用两种方式。网络爬虫的优点是可依据自己需求,爬取相关网站数据,灵活度较高,缺点是需要具备 Python 爬虫或者 Java 爬虫基础。

接口调用的方式较为简单,但也存在一定缺陷,诸如 GitHub 网站上有大量的开源接口,但数据参差不齐,在调用前需要仔细辨别。由于本章中主要讲解 Kafka 的应用以及可视化态势展示技术,所以采取较为简单的接口调用方式采集数据。

8.3.1　请求疫情接口数据

以"天行数据"为例进行数据采集。接口调用之前需要用户提前注册,在个人中心中获取个人唯一标识 APIKEY。该官网中主要提供抗击疫情、省市疫情、周边疫情和海外新冠疫情数据,如图 8-7 所示。

通过测试"天行数据"提供的疫情数据接口,发现有 3 个接口提供的数据较为完整,分别是抗击疫情数据接口、海外新冠疫情数据接口和省市疫情数据接口,在官网获取接口地址以及个人身份标识,将信息配置在 SpringBoot 项目的配置文件中,如下所示。

```
1.  #海外新冠疫情数据请求地址
2.  epidemic.overseas=http://api.tianapi.com/txapi/ncovabroad/index
3.  #省市疫情数据请求地址
4.  epidemic.province=http://api.tianapi.com/txapi/ncovcity/index
5.  #抗击疫情数据请求地址
6.  epidemic.broadcast=http://api.tianapi.com/txapi/ncov/index
7.  #用户身份标识码
8.  epidemic.key=d82849771c78c203d22adbd3b791ca4e
```

图 8-7　数据的接口调用

接下来，将上述地址信息通过 SpringBoot 的方式配置在实体类中，并为之设置 get()、set()方法方便后续使用，代码如下所示。

```
1.   @Configuration
2.   public class CustomConfig {
3.       /** 海外新冠疫情数据 URL */
4.       @Value("${epidemic.overseas}")
5.       private String oserseasUrl;
6.       /** 省市疫情数据 URL */
7.       @Value("${epidemic.province}")
8.       private String provinceUrl;
9.       /** 抗击疫情数据 URL */
10.      @Value("${epidemic.broadcast}")
11.      private String  broadcasrUrl;
12.      /** 用户身份标识 */
13.      @Value("${epidemic.key}")
14.      private String key;
15. //get()、set()方法
16. }
```

以获取海外疫情数据为例，在请求数据之前，需要拼接请求地址、用户身份标识 key 以及日期 date，其中 URL 和 key 都可以通过上述的 CustomConfig 配置类获得。

```
1.  #从配置类中获取 URL
2.  String overseasUrl=config.getOserseasUrl();
3.  #拼接参数 key 和 date
4.  String httpUrl=overseasUrl+"? key="+key+"&date="+date;
```

```
5.  #请求数据,返回 String 类型的结果
6.  String result=request(httpUrl);
```

上述代码中,由 request()方法负责向指定接口请求指定日期的数据,返回结果为 String 类型,方法实现如下所示。

```
1.  private  String request(String httpUrl) {
2.      BufferedReader reader =null;
3.      String result =null;
4.      StringBuffer sbf =new StringBuffer();
5.      try {
6.          URL url =new URL(httpUrl);
7.          HttpURLConnection connection =(HttpURLConnection) url
8.              .openConnection();
9.          connection.setRequestMethod("GET");
10.         InputStream is =connection.getInputStream();
11.         reader =new BufferedReader(new InputStreamReader(is, "UTF-8"));
12.         String strRead =null;
13.         while ((strRead =reader.readLine()) !=null) {
14.             sbf.append(strRead);
15.             sbf.append("\r\n");
16.         }
17.         reader.close();
18.         result =sbf.toString();
19.     } catch (Exception e) {
20.         e.printStackTrace();
21.     }
22.     return result;
23. }
```

8.3.2 发布数据到 Kafka

Kafka 是一款分布式消息系统,允许通过发布/订阅的方式处理消息,消息经过 Kafka 处理后,可以平稳输出到下游系统,这样做不仅可以实现模块间解耦,还有削峰填谷的好处, 保证下游系统接收到的数据是平稳的。

本次实战中,获取疫情数据后,会将疫情数据发布到 Kafka 主题,并在业务层中通过订 阅主题消息的方式,消费 Kafka 中的消息。在发布消息到 Kafka 之前,需要在 SpringBoot 项目中添加相关配置。

首先,在 pom.xml 中添加 Kafka 相关依赖,如下所示。

```
1.  <dependency>
2.      <groupId>org.springframework.kafka</groupId>
```

```
3.        <artifactId>spring-kafka</artifactId>
4.    </dependency>
```

其次,在 application.properties 配置文件中配置 Kafka 服务端信息,如下所示。

```
1.  spring.kafka.bootstrap-servers=49.233.184.95:9092
2.  spring.kafka.consumer.group-id=default_consumer_group
```

到此,与 Kafka 相关信息配置完毕,本节采用定时任务的方式采集数据。采集数据结束后会自动将采集结果发布到 Kafka 主题,发布消息至主题的关键代码如下所示。

```
1.  @Autowired
2.  private KafkaTemplate<String ,Object>template1;
3.  //请求数据
4.  String result=request(httpUrl);
5.  //发布海外肺炎疫情数据到相关主题
6.  template1.send("overseasData", result);
```

8.3.3　整合 MySQL 和 Elasticsearch

在开始数据持久化之前,需要在 SpringBoot 项目中添加一些依赖和配置项,为数据持久化做准备。本项目中选择的持久化规范为 JPA,它是对象关系映射框架的一种规范,负责完成由实体类和数据库表的映射工作。

在 pom.xml 文件中添加 JPA、MySQL 和 Elasticsearch 相关依赖,如下所示。

```
1.  <dependency>
2.     <groupId>org.springframework.boot</groupId>
3.     <artifactId>spring-boot-starter-data-jpa</artifactId>
4.  </dependency>
5.  <dependency>
6.     <groupId>mysql</groupId>
7.     <artifactId>mysql-connector-java</artifactId>
8.  </dependency>
9.  <dependency>
10.     <groupId>org.springframework.boot</groupId>
11.     <artifactId>spring-boot-starter-data-elasticsearch</artifactId>
12.  </dependency>
```

上述依赖中,包含了一个 JPA 依赖以及 MySQL 和 Elasticsearch 的驱动依赖。接下来,需要在配置文件 application.properties 中添加相关的配置文件,保证项目启动时,可以连接至相关数据库,如下所示。

```
1.  #MySQL数据库配置
2.    spring. datasource. url = jdbc: mysql://localhost: 3306/chapter8?
serverTimezone = GMT% 2B8&useUnicode = true&characterEncoding = utf -
8&allowMultiQueries=true&useSSL=false&allowPublicKeyRetrieval=true
3.  spring.datasource.username=root
4.  spring.datasource.password=root
5.  spring.datasource.driver-class-name=com.mysql.cj.jdbc.Driver
6.  #Elasticsearch配置
7.  spring.data.elasticsearch.cluster-nodes=localhost:9400
```

接下来就需要根据数据库表的设计,编写实体类,用 JPA 的语法将实体类的属性一一映射到数据库相关表、相关字段。关于 JPA 的注解语法,如@Table、@Id 和@Column 等,在第 6 章中有所涉及,不再赘述,以疫情新闻表 news 为例,完整的数据将存储在 MySQL 数据库中,相关实体类如下所示。

```
1.  @Entity
2.  @Table(name="news")
3.  public class News {
4.
5.      @Id
6.      private String id;
7.      /**发布日期*/
8.      @Column(name="pub_date")
9.      private LocalDateTime pubDate;
10.     /**标题*/
11.     private String title;
12.     /**概要*/
13.     private String summary;
14.     /**信息源*/
15.     @Column(name="info_source")
16.     private String infoSource;
17.     /**URL*/
18.     @Column(name="source_url")
19.     private String sourceUrl;
20. //get()、set()方法省略
21. }
```

除了上述实体类之外,还要将疫情新闻中的 title 标题、summary 主要内容以及 infoSource 信息源存储到 Elasticsearch 搜索引擎中,供检索时使用。因此,还需要编写一个实体类,负责将属性信息映射到 Elasticsearch 相关索引,如下所示。

```
1.  @Document(indexName="epidemic",type="epidemicnews")
2.  public class EpidemicNews implements Serializable {
```

```
3.
4.    /**
5.     * @Description:
6.     */
7.    private static final long serialVersionUID =1L;
8.    @Id
9.    private String id;
10.
11.   //启用中文分词和拼音分词
12.   @MultiField(mainField=@Field(type=FieldType.Text,analyzer="ik_max_
word"),
13.       otherFields=@InnerField(suffix="inner",type=FieldType.Text,analyzer
="pinyin"))
14.   private String  title;
15.
16.   @MultiField(mainField=@Field(type=FieldType.Text,analyzer="ik_max_
word"),
17.       otherFields=@InnerField(suffix="inner",type=FieldType.Text,analyzer
="pinyin"))
18.   private String  summary;
19.
20.   @MultiField(mainField=@Field(name="info_source",type=FieldType.Text
,analyzer="ik_max_word"),
21.       otherFields=@InnerField(suffix="inner",type=FieldType.Text,analyzer
="pinyin"))
22.   private String  infoSource;
23. }
```

8.3.4　数据持久化

本节主要讲解如何从 Kafka 中订阅消息，并在业务层将需要搜索的字段存储到
Elasticsearch，将完整的数据保存到 MySQL，数据持久化流程如图 8-8 所示。

使用 Kafka 消息队列消费者时，通过@KafkaListener（topics＝""）注解监听对应的主
题。在 Kafka 完善的监听机制支撑下，消费者可以及时获取消息队列中未消费的数据，并进
行持久化。以海外疫情数据对应的 provinceData 主题为例，消费者监听消息并进行持久化
的代码如下。

```
1.  @KafkaListener(topics="provinceData")
2.      public void saveProvinceData(ConsumerRecord<?, ?>record) {
3.          Optional<?>message=Optional.ofNullable(record.value());
4.          if(message.isPresent()) {
5.  //如果消息内容不为空,则进一步处理消息
```

```
6.    }
7.    }
```

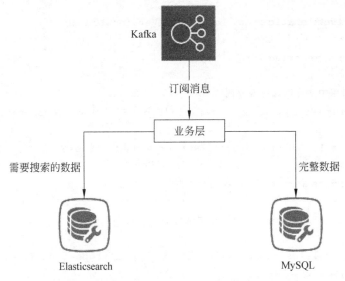

图 8-8　数据持久化流程

接下来,就是从 JSON 形式的消息中解析出相应的字段数据,并用相关实体的 set()方法,为实体设置 id、数据入库时间和疫情数据相关字段等内容,最后采用 JPA 默认的 save()方法将数据持久化到数据库。

以省市疫情数据为例,代码如下所示。

```
1.  @KafkaListener(topics="provinceData")
2.      public void saveProvinceData(ConsumerRecord<?, ?>record) {
3.          Optional<?>message=Optional.ofNullable(record.value());
4.      if(message.isPresent()) {
5.          String message1=(String) message.get();
6.          JSONObject result=JSONObject.parseObject(message1);
7.          JSONArray provinceArray=result.getJSONArray("newslist");
8.          ProvinceDetail provinceData=new ProvinceDetail();
9.          ProvinceDetail citiesData=new ProvinceDetail();
10.         if(provinceArray!=null) {
11.             String provinceName=null;
12.             for(int i=1;i<provinceArray.size();i++) {
13.                 JSONObject province=provinceArray.getJSONObject(i);
14.                  provinceData.setId(UUID.randomUUID().toString().replace
("-",""));
15.                 provinceData.setPubTime(Timestamp.valueOf(LocalDateTime.
now()));
```

```
16.                   provinceData.setSuperiorName("中国");
17.                   provinceData.setProvinceName(province.getString
("provinceName"));
18.              provinceName=province.getString("provinceName");
19.         provinceData.setProvinceShortName(province.getString
("provinceShortName"));
20.      provinceData.setCurrentConfirmedCount(province.getInteger
("currentConfirmedCount"));
21.             provinceData.setConfirmedCount(province.getInteger
("confirmedCount"));
22.             provinceData.setSuspectedCount(province.getInteger
("suspectedCount"));
23.               provinceData.setCuredCount(province.getInteger
("curedCount"));
24.               provinceData.setDeadCount(province.getInteger
("deadCount"));
25.               provinceData.setSaveTime(Timestamp.valueOf
(LocalDateTime.now()));
26.               provinceDetailRepo.save(provinceData);
27.            JSONArray citiesArray=province.getJSONArray("cities");
28.            if(citiesArray !=null) {
29.                for(int j=1;j<citiesArray.size();j++) {
30.                  JSONObject cities=citiesArray.getJSONObject(j);
31.                  citiesData.setId(UUID.randomUUID().toString().
replace("-",""));
32.                  citiesData.setPubTime(Timestamp.valueOf
(LocalDateTime.now()));
33.                  citiesData.setSuperiorName(provinceName);
34.                  citiesData.setProvinceName(cities.getString
("cityName")); citiesData.setCurrentConfirmedCount(cities.getInteger
("currentConfirmedCount"));
35.                  citiesData.setConfirmedCount(cities.getInteger
("confirmedCount"));
36.                  citiesData.setSuspectedCount(cities.getInteger
("suspectedCount"));
37.                  citiesData.setCuredCount(cities.getInteger
("curedCount"));
38.                  citiesData.setDeadCount(cities.getInteger
("deadCount"));
39.                  citiesData.setSaveTime(Timestamp.valueOf
(LocalDateTime.now()));
40.                  provinceDetailRepo.save(citiesData);
```

```
41.                          }
42.                       }
43.                    }
44.                 }
45.              }
46.           }
```

采用同样的方式监听 Kafka,并消费其他疫情数据,从 JSON 形式的返回结果中解析出相关字段,形成实体类,并通过 JPA 提供的 save()方法将数据保存到数据库。

8.4　可视化分析

数据可视化是以某种概要形式抽取出来的信息,包括相应信息单位的各种属性和变量,旨在借助图形化手段,清晰有效地传达与沟通信息。本节介绍数据可视化库 ECharts,以及如何使用 ECharts 进行疫情数据的态势展示。

ECharts 是一个使用 JavaScript 实现的开源可视化库,兼容性好,在 PC、移动端、IE8/9/10/11、Chrome、Firefox、Safari 等上都可以流畅地运行。底层依赖矢量图形库 ZRender,提供直观、交互丰富、可高度个性化定制的数据可视化图表。

ECharts 支持丰富的可视化类型,如折线图、柱状图、散点图、饼图、K 线图,用于统计的盒形图,用于地理数据可视化的地图、热力图、线图,用于关系数据可视化的关系图等。

除此之外,通过增量渲染技术(4.0+),配合各种细致的优化,ECharts 能够展现千万级的数据量,并且在这个数据量级依然能够进行流畅的缩放、平移等交互。ECharts 针对移动端交互做了细致的优化,例如移动端小屏上适于用手指在坐标系中进行缩放、平移。PC 端也可以用鼠标将图进行缩放(用鼠标滚轮)、平移等。

在正式开发 ECharts 可视化页面之前,登录 ECharts 官网 https://www.echartsjs.com/zh/download.html 下载 ECharts,并以 JS 文件的形式引入 HTML 页面中。由于使用了 Thymeleaf 作为模板引擎,所以在引入静态资源时,需要参照 Thymeleaf 的语法,具体代码如下所示。

```
1.  <!DOCTYPE html>
2.  <html lang="en">
3.  <head>
4.     <meta charset="UTF-8">
5.     <title>echarts 可视化</title>
6.  <!--引入静态资源 -->
7.     <script th:src="@{/echarts.min.js}"></script>
8.     <script th:src="@{/jquery-3.4.1.min.js}"></script>
9.  </head>
10. <body>
11. </body>
12. </html>
```

为了便于理解开发步骤,先绘制前后端交互逻辑图,如图 8-9 所示。

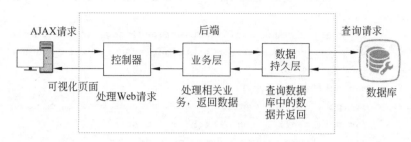

图 8-9　前后端交互逻辑图

从图 8-9 中可以看到,用户从浏览器中发起相关请求,后端的控制器层接收到请求后,会调用业务层处理相关业务,最终请求将会逐步发送至数据库层面,查询出相关数据并逐一返回,最终控制器返回相关 JSON 格式的数据以及可视化页面,一并交给浏览器渲染,这就是可视化页面的开发逻辑。

以国外肺炎疫情统计表为例,通过国家/地区名称,查询近 10 天的疫情数据,并绘制成折线图,形成可视化页面,具体开发步骤如下。

首先,在数据持久层,需要发起数据库查询请求,并以 list 集合的形式返回,关键代码如下所示。

```
1.  @Query(value="select distinct pub_time, province_name,current_confirmed_
count,"
2.          +"confirmed_count ,cured_count from global_datail where "
3.          +"province_name=?1 order by  pub_time desc  limit 10",
nativeQuery=true)
4.      List<JSONObject>getDateByName( String provinceName);
```

接下来,在业务中调用持久层的查询方法,在业务层中,遍历持久层返回的数据,并解析出每一天的确诊人数、治愈人数等数据,以集合的形成返回到控制器层,如下所示。

```
1.  public ResponseData  getDataByProvinceName(String provinceName) {
2.      List<JSONObject>result=globalDetailRepo.getDateByName
(provinceName);
3.      Map<String,Object>map=new HashMap<String, Object>();
4.      String[] type={"现存确诊人数","累计确诊人数","累计治愈人数"};
5.      List <Integer>current_confirm_count=new  LinkedList<Integer>();
6.      List <Integer>confirm_count=new  LinkedList<Integer>();
7.      List <Integer>cured_count=new  LinkedList<Integer>();
8.      List<Integer >time=new LinkedList<Integer>();
9.      for (JSONObject jsonObject : result) {
10.         time.add(jsonObject.getTimestamp("pub_time").toLocalDateTime
().getDayOfMonth());
```

```
11.              current_confirm_count.add(jsonObject.getInteger("current_
confirmed_count"));
12.              confirm_count.add(jsonObject.getInteger("confirmed_count"));
13.              cured_count.add(jsonObject.getInteger("cured_count"));
14.          }
15.       map.put("type",type);
16.       map.put("current_confirm_count", current_confirm_count);
17.       map.put("confirm_count", confirm_count);
18.       map.put("cured_count", cured_count);
19.       map.put("time",time);
20.       return ResponseData.ok(map);
21.    }
```

　　控制器层的逻辑相对简单,主要涉及两个方法:一个方法处理 Web 请求,并调用业务层方法处理数据;另一个方法响应 Web 请求,返回相关页面给浏览器,如下所示。

```
1.  /**
2.    * @描述:处理 Web 请求,返回数据
3.    * @return:
4.    * /
5.   @GetMapping("/getDataByName")
6.   @ResponseBody
7.   public ResponseData getDataByName(String provinceName) {
8.        return overSeasDataService.getDataByProvinceName(provinceName);
9.   }
10.
11.  /**
12.    * @描述:处理 Web 请求,返回页面
13.    * @return:
14.    * /
15.   @GetMapping("/getEcartsPage")
16.   public String getEcartsPage() {
17.        return "global_detail";
18.   }
```

8.4.1　印度疫情发展趋势折线图

　　前面讲解了 ECharts 应用实战的准备工作以及在 MVC 架构下,如何查询数据、处理数据并返回数据给前端,接下来重点介绍如何获取后端数据以及如何配置 ECharts。

　　以绘制折线图为例,通过 $.get()方法向服务器端发起请求,获取数据,返回的数据将通过 AJAX 请求的回调函数接收,并做下一步处理。echarts.init()方法会获取 dom 节点,初始化图形;echart.setOption()则负责对 Echarts 进行配置,绘制丰富的可视化图像。

以印度疫情数据为例,绘制发展趋势折线图,完整的代码如下所示。

```
1.  <head>
2.      <meta charset="UTF-8">
3.      <title>海外疫情数据可视化</title>
4.      <script th:src="@{/js/echarts.min.js}"></script>
5.      <script th:src="@{/js/jquery-3.4.1.min.js}"></script>
6.      <style>
7.          #globalDetail{
8.              width: 800px;
9.              height: 500px;
10.         }
11.     </style>
12. </head>
13. <body>
14.   <div id="globalDetail"></div>
15. </body>
16. <script>
17. $(function(){
18.     var echart =echarts.init(document.getElementById('globalDetail'));
19.     echart.setOption({
20.         title:{text:"印度确诊人数趋势分析"},
21.         tooltip:{},
22.         legend:{},
23.         xAxis:{},
24.         yAxis:{},
25.         series:[]
26.     });
27.     $.get("[[@{/overseas/getDataByName}]]",{provinceName:"印度"},
function(result){
28.         if(result.code==0){
29.             echart.setOption({
30.                 legend:{data:result.data.type},
31.                 xAxis:{type: 'category',data:result.data.time},
32.                 series:[{name:result.data.type[0],type:'line',data:
result.data.current_confirm_count,lineStyle:{normal:{ width:2,color:"#
5CB85C"  }
33.                     }},
34.                     {name:result.data.type[1],type:'line',data:result.data.
confirm_count},
35.                     {name:result.data.type[2],type:'line',data:result.data.
cured_count}]
36.             });
```

```
37.          }
38.      });
39.  })
40. </script>
41. </html>
```

印度疫情发展趋势折线图如图 8-10 所示。

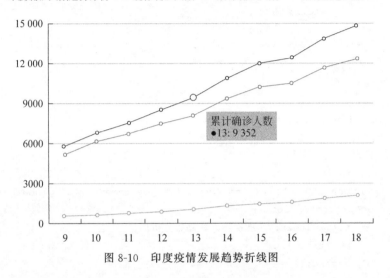

图 8-10　印度疫情发展趋势折线图

从效果图可以看到,使用 ECharts 进行数据可视化效果非常好。不仅可以直观地看到数据增长趋势,而且还可以进行拖动、缩放等动作,增加了交互性。

8.4.2　印度疫情发展趋势柱状图

还是以印度疫情数据为例,只需要在 ECharts 配置中把 type 类型设置成 bar,就可以将折线图改造成柱状图。

```
1.  $.get("[[@{/overseas/getDataByName}]]",{provinceName:"印度"},function
(result){
2.          if(result.code==0){
3.              echart.setOption({
4.                  legend:{data:result.data.type},
5.                  xAxis:{type:'category',data:result.data.time},
6.                  series:[{name:result.data.type[0],type:'bar',data:result.
data.current_confirm_count,lineStyle:{normal:{ width:2,color: "#5CB85C"  }
7.                      }},
8.                      {name:result.data.type[1],type:'bar',data:result.data.
confirm_count},
```

```
9.                              {name:result.data.type[2],type:'bar',data:result.data.
   cured_count}]
10.              });
11.          }
12.      });
```

印度疫情发展趋势柱状图如图 8-11 所示。

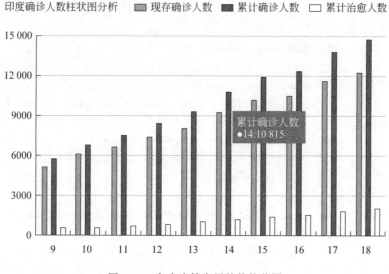

图 8-11　印度疫情发展趋势柱状图

8.4.3　欧洲疫情南丁格尔玫瑰图

相对于折线图和柱状图,饼状图的配置会相对复杂,需要后端处理数据,将数据拼接成key-value 形式的"键-值"对返回给前端进行渲染。以欧洲各国确诊人数为例,key 为国家/地区名称,value 为确认人数,后端返回的示例数据如下所示。

```
1.  {
2.      "name": "意大利",
3.      "value": 105418
4.  },
5.  {
6.      "name": "西班牙",
7.      "value": 88889
8.  },
9.  {
10.     "name": "英国",
11.     "value": 85264
12. }
```

业务层中处理数据的核心代码如下所示。

```
1.   public ResponseData getPieChartData() {
2.           List<JSONObject>result=globalDetailRepo.getPieChartData();
3.           List<Map<String , Object>>resultList=new LinkedList<Map<String,
     Object>>();
4.           String provinceName=null;
5.           Integer currentConfirmedCount=0;
6.           Integer other=0;
7.           if(result.size()>10) {
8.               for(int i=0;i<10;i++) {
9.                   Map<String, Object>resultMap=new HashMap<String, Object>();
10.                  provinceName=result.get(i).getString("province_name");
11.                  currentConfirmedCount=result.get(i).getInteger("current_
     confirmed_count");
12.                  resultMap.put("name",provinceName);
13.                  resultMap.put("value",currentConfirmedCount);
14.                  resultList.add(resultMap);
15.              }
16.              Map<String, Object>resultMap=new HashMap<String, Object>();
17.              for(int j=10;j<result.size();j++) {
18.                  other+=result.get(j).getInteger("current_confirmed_
     count");
19.              }
20.              resultMap.put("name","其他国家");
21.              resultMap.put("value",other);
22.              resultList.add(resultMap);
23.          }else {
24.              for (JSONObject jsonObject : result) {
25.                  Map<String, Object>resultMap=new HashMap<String, Object>();
26.                  resultMap.put("name",jsonObject.getString("province_
     name"));
27.                  resultMap.put("value",jsonObject.getInteger("current_
     confirmed_count"));
28.                  resultList.add(resultMap);
29.              }
30.          }
31.          return ResponseData.ok(resultList);
32.      }
```

接下来,需要在前端代码中配置饼状图信息,核心代码如下所示。

```
1.  $.get("[[@{/overseas/pieChart}]]",{provinceName:"欧洲"},function(result){
2.      if(result.code==0){
3.          pie_chart.setOption({
4.              series:[
5.                  {
6.                      name:'欧洲各国确诊人数分析',
7.                      type:'pie',
8.                      radius:'55%',
9.                      center:['50%','50%'],
10.                     data:(result.data).sort(function (a, b) { return a.
value -b.value; }),
11.                     roseType: 'radius',
12.                     label: {
13.                         color: 'rgba(0, 0, 0)'
14.                     },
15.                     labelLine: {
16.                         lineStyle: {
17.                             color: 'rgba(0, 0, 0)'
18.                         },
19.                         smooth: 0.2,
20.                         length: 10,
21.                         length2: 20
22.                     },
23.                     itemStyle: {
24.                         color: '#CE534F',
25.                         shadowBlur: 200,
26.                         shadowColor: 'rgba(0, 0, 0, 0.5)'
27.                     },
28.
29.                     animationType: 'scale',
30.                     animationEasing: 'elasticOut',
31.                     animationDelay: function (idx) {
32.                         return Math.random() * 200;
33.                     }
34.                 }
35.             ]
36.         });
37.     }
38. });
```

欧洲疫情分布如图 8-12 所示。

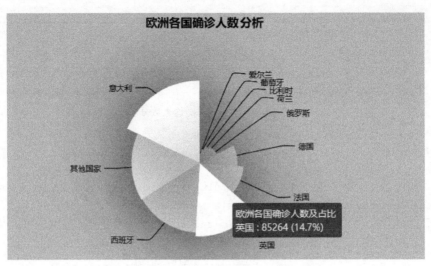

图 8-12　欧洲疫情分布图

　　南丁格尔玫瑰图将柱状图转化为更美观的饼状图形式,是极坐标化的柱状图。传统的饼状图通过角度大小来表现数值或占比,而南丁格尔玫瑰图使用扇形的半径长短来表现数值,各扇形的角度则保持一致。由于半径和面积其实是平方的关系,玫瑰图特别适合于比较门类较多而差别不大的数值。也可以事先通过升序或降序排列操作,以得到更为直观感受。

　　其他类型的可视化分析方法还有很多,请读者多多尝试探索。

参 考 文 献

[1] 高金虎. 情报分析案例选[M]. 北京：金城出版社,2016.

[2] 牛新春. 战略情报分析：方法与实践[M]. 北京：时事出版社,2016.

[3] 李俊莉,陈巍,宋培彦,等. 大数据视角下公安情报分析技术[M]. 北京：科学技术文献出版社,2016.

[4] 小理查兹·J. 霍耶尔,伦道夫·弗森. 情报分析：结构化分析方法[M]. 张魁,夏儒锋,刘耀军,译. 北京：金城出版社,2018.

[5] 萨拉·毕比,伦道夫·弗森. 情报分析案例·实操版：结构化分析方法的应用 [M]. 北京：金城出版社,2019.

[6] 闫鹏,张林. 基于 Hadoop 平台的交通大数据智能特征分析研究[J]. 华北理工大学学报(自然科学版),2020,42(3)：80-88.

[7] 胡治宇. 基于 Hadoop 的网络舆情关键字监控体系分析[J]. 公关世界,2020,(6)：80-82.

[8] 朱杰. 大数据处理平台 Hadoop 技术分析[J]. 科学与信息化,2019,(31)：63-64.

[9] 陶影辉,道瑶瑶,殷晓靓,等. 基于 Hadoop 的舆情分析系统模型研究[J]. 中国新通信,2019,21(14)：167.

[10] 刘红敏. 大数据分析平台 Hadoop 的关键技术[J]. 电子技术与软件工程,2018,000(004)：162.

[11] 马明清,袁武,葛全胜,等. "一带一路"若干区域社会发展态势大数据分析[J]. 地理科学进展,2019,38(7)：1009-1020.

[12] 刘坤佳,陈科第,乔凤才,等. 基于全球整合新闻数据库的开源情报关联与可视化分析[J]. 情报学科,2017,36(2)：152-158.

[13] 池志培,侯娜. 大数据与双边关系的量化研究：以 GDELT 与中美关系为例[J]. 国际政治科学. 2019,4(2)：67-88.

[14] 秦昆,罗萍,姚博睿. GDELT 数据网络化挖掘与国际关系分析[J]. 地球信息科学学报,2019,21(1)：14-24.

[15] 卢克. 基于 Wikipedia 的社会网络挖掘[D]. 哈尔滨工业大学,2009.

[16] 孟新萍. 维基百科人物属性自动获取及社会网络构建方法研究[D]. 东北大学,2011.

[17] 朱苏阳,惠浩添,钱龙华,等. 基于自监督学习的维基百科家庭关系抽取[J]. 计算机应用,2015,35(4)：1013-1016,1020.

[18] 张琳,熊斯攀. 基于 Neo4j 的社交网络平台设计与实现[J]. 情报探索,2018,250(8)：77-82.

[19] 王家林,孔祥瑞. Spark 零基础实战[M]. 北京：化学工业出版社,2016.

[20] 高彦杰,倪亚宇. Spark 大数据分析实战[M]. 北京：机械工业出版社,2016.

[21] 孙成. 基于 Spark 平台的混合推荐系统研究[J]. 电脑编程技巧与维护,2020,(04)：24-25.

[22] 王茜子. 基于混合算法的电影推荐系统的研究与设计[D]. 电子科技大学,2020.

[23] 陶健. 基于 Spark 的视频推荐系统研究与实现[D]. 重庆师范大学,2019.

[24] 雷畅. 基于 Spark 的电影推荐系统的设计与实现[D]. 华中科技大学,2019.

[25] 曾亚飞. 基于 Elasticsearch 的分布式智能搜索引擎的研究与实现[D]. 重庆大学,2016.

[26] 赖旦冉. 企业级海量数据搜索引擎相关技术实现与优化[D]. 华南理工大学,2016.

[27] 曾文. 基于科技大数据的情报分析方法与技术研究[M]. 北京：科学技术文献出版社,2018.

[28] 张广庆,朱登峰,岳琪佳. 中文分词在标准信息检索中的应用[J]. 质量探索,2017,79-82.

[29] 李志强,李永斌. 车牌识别技术的发展及研究现状[J]. 科技信息,2012,(05)：110-125.

[30]　朱克佳,郝庆华,李世勇,等. 车牌识别综述[J]. 现代信息科技,2018,2(05)：4-6.

[31]　张建国,齐家坤,李颖,等. 倾斜图像的车牌识别方法研究[J]. 机械设计与制造,2020,(06)：58-61,65.

[32]　陈慷. 车牌识别中去噪与字符识别算法的研究[D]. 安徽理工大学,2019.

[33]　杜晓刚. 车牌识别系统中牌照定位、倾斜校正及字符分割技术的研究[D]. 中北大学,2013.

[34]　胡雪婧. 基于 Zookeeper 的分布式系统的消息发送机制的设计与实现[D]. 吉林大学,2016.

[35]　何慧虹,王勇,史亮. 分布式环境下基 Zookeeper 服务的数据同步研究[J]. 信息网络安全,2015.

图书资源支持

感谢您一直以来对清华版图书的支持和爱护。为了配合本书的使用,本书提供配套的资源,有需求的读者请扫描下方的"书圈"微信公众号二维码,在图书专区下载,也可以拨打电话或发送电子邮件咨询。

如果您在使用本书的过程中遇到了什么问题,或者有相关图书出版计划,也请您发邮件告诉我们,以便我们更好地为您服务。

我们的联系方式:

地　　址:北京市海淀区双清路学研大厦 A 座 714

邮　　编:100084

电　　话:010-83470236　010-83470237

客服邮箱:2301891038@qq.com

QQ:2301891038(请写明您的单位和姓名)

资源下载:关注公众号"书圈"下载配套资源。

资源下载、样书申请

书圈

获取最新书目

观看课程直播